中国军事法学论丛 第六卷

海空安全、信息化建设和军民融合式发展

□ 主　　编／薛刚凌
□ 执行主编／张柔桑　李卫海
□ 主　　办／中国政法大学法学院

人民出版社

加速军队信息化建设
坚持军民融合式发展

  本卷汇集了军事法学人近三年来的部分研究成果。这三年,"中国军事法治前沿论坛"继续发力,先后以"信息化时代的中国军队与军事法治建设"、"战略机遇与军事法治的创新发展"、"军民融合式发展道路与军事法学的协同创新"为主题,组织专家学者进行了深入的研讨交流。本卷所收录的,就是上述三次学术盛会结出的部分绚烂果实。

  2012 年 11 月,举世瞩目的中国共产党第十八次全国代表大会胜利召开。十八大报告对加快推进国防和军队现代化建设提出了新任务、新要求。强调国防和军队现代化建设"要适应国家发展战略和安全战略新要求,着眼全面履行新世纪新阶段军队历史使命,贯彻新时期积极防御军事战略方针,与时俱进加强军事战略指导,高度关注海洋、太空、网络空间安全,积极运筹和平时期军事力量运用,不断拓展和深化军事斗争准备,提高以打赢信息化条件下局部战争能力为核心的完成多样化军事任务能力"。要"坚定不移把信息化作为军队现代化建设发展方向,推动信息化建设加速发展",要"坚持走中国特色军民融合式发展路子,坚持富国和强军相统一,加强军民融合式发展战略规划、体制机制建设、法规建设"。这些重大思想和战略部署,与中共十七大报告一脉相承,同时又具有鲜明的时代特征,指引着军事法学研究的正确方向。

令人欣慰的是,由于我们始终坚持紧紧围绕党中央对国防和军队建设的要求部署,紧紧围绕国防和军队建设的主题主线,紧贴国防和军队建设需求确定年度选题,组织开展军事法学研究,因而我们的研究成果完全契合了中共十八大精神。

"基础理论"部分所收录的论文,不仅研究探讨了军事法学领域的一些基本理论问题,更加关注海洋、外层空间以及核安全方面的法律规制。这些文章中,不仅有大陆学者的真知灼见,也有台湾学者的积极建言,反映了海峡两岸对这些问题的共同关切。这些研究尽管是初步的,但无疑提出了一些重要问题,有助于我们打开研究思路,进一步挖掘这一重点研究领域的"宝藏"。

"专题研究"部分收录的论文反映了军队信息化建设与军民融合式发展两个重要领域。信息化建设是国防和军队现代化建设的"双重历史任务"之一,如何为完成这一历史任务服务,怎样为信息化建设提供法治保障,一直是军事法学人关注的课题。同时,如何在信息化战争背景下加强军队和国防法制建设,也是信息化建设不可忽视的重要一环。在这方面,不仅要研究探讨适合中国国情、军情的信息化建设发展路径,还要了解外军在信息化战争条件下的未来行为指向,为中国的国防和军队建设提供经验和借鉴。本部分收录的相关论文,既反映了加快信息化建设应当关注和解决的问题,也有助于我们开阔军事法学研究的视野。

从中共十七大提出"走出一条中国特色军民融合式发展路子",到中共十八大强调"加强军民融合式发展战略规划、体制机制建设、法规建设",可以看出军民融合式发展作为国家发展战略得到进一步固化和深化,也体现出这一发展战略对法律制度支撑的强烈需求。有关军民融合式发展的论文分析了世界主要国家军民融合立法的经验,并提出了完善我国军民融合立法的建议,探讨了军民融合背景下合理、科学配置国防权力,研究了军民融合条件下有关战时民用运力征用补偿的主体、补偿标准、方式、程序、救济等法律完善问题,还分别从后勤保障、装备采购等角度研究了军民融合式发展的法治保障。红十字国际委员会东亚地区代表处武装部队合作代表彼得·埃文斯,介绍了红十字国际委员会对军民融合的看法以及开展这方面工作的方式和体会。值得一提的是,还有论文专门探讨了如何在军事法学研究中走军民融合式路径,秉持军事法学研究的开放性,构筑多样性的军事法学研究平台,促进军事法学教育的协同创新。军民融合式发展既是一个法学研究课题,也是包括军事法学研究在内的一项实践活动,我们既要继续深入研究军民融合式发展的法规制度及其法治建设,也要充分利用"中国军事法治前沿论坛"这一平台,积极探索军民融合、协同创新的军事法学研究和教育的实践活动。

学习贯彻中共十八大精神,为繁荣和发展军事法学研究提供了新的动力,也带来了新的机遇。习近平同志在中共十八大后视察广东期间会见驻穗部队师以上领导干部时特别指出,实现中华民族伟大复兴的"强国梦",也是"强军梦"。"必须坚持富国和强军相统一,努力建设巩固国防和强大军队。"他还提出了"三个牢记",强调"听党指挥是强军之魂","能打仗、打胜仗是强军之要","依法治军、从严治军是强军之基"。这些重要论述,是新形势下开展军事法学研究的重要指导思想。让我们借势而为,科学整合学术力量和资源,努力提高研究能力和水平,不断推进军事法学研究繁荣发展,为依法治军这一"强军之基"提供有力的理论支撑,为早日实现"强军梦"、"强国梦"贡献力量。

目　录

◉ **专题研究**

非战争军事行动中的法律支持与保障

● 谢　丹　相　敏　樊志彪*

内容提要:随着国家利益的拓展和非传统安全威胁的提升,非战争军事行动作为维护国家安全和发展利益的强有力的支撑,日益成为国家军事力量运用的重要方式。因此,为进一步加强非战争军事行动的能力建设,本文重点讨论了非战争军事行动在军队建设全局中的科学定位,分析当前非战争军事行动的法律支持与保障存在的主要问题,并就如何加强非战争军事行动中的法律支持与保障提出几点设想。

关键词:非战争军事行动　法律支持　法律保障

胡锦涛主席指出:"随着国家利益的拓展和非传统安全威胁的上升,非战争军事行动日益成为国家军事力量运用的重要方式,并对做好战争准备、提升军队作战能力具有重要而特殊的作用。"深入贯彻落实胡主席重要指示,积极加强非战争军事行动能力建设,需要准确把握非战争军事行动的科学定位,深入研究非战争军事行动的特点规律,为加强建设、遂行任务提供重要的理论支撑。

一、非战争军事行动在军队建设全局中的地位

我军组织实施非战争军事行动的实践由来已久。在美军提出"非战争军

---

* 谢丹,解放军军事法院审判监督庭庭长,中国政法大学法学院教授;相敏,解放军军事法院审判监督庭干事;樊志彪,解放军军事法院审判监督庭干事。

事行动"理论后,我军对非战争军事行动也进行了新的认识和探索。进入新世纪新阶段,胡主席和中央军委着眼新的时代要求,从国家安全和军队发展战略全局高度,明确提出非战争军事行动概念,并对加强军队非战争军事行动能力建设作出一系列重要指示,为我们全面、准确、科学认识非战争军事行动提供了根本遵循。

1.非战争军事行动对于维护国家安全和发展利益具有强有力的支撑作用,是履行军队新使命的生动体现。

进入新的历史时期,我国不仅依然面临着政治、军事、外交等传统安全威胁的挑战,而且面临着恐怖主义、跨国犯罪、自然灾害等非传统安全威胁。组织实施非战争军事行动,是应对日益上升的非传统安全威胁的客观需要。在非战争军事行动中,军队充分发挥遏制敌对势力的威慑作用、打击恐怖破坏活动的拳头作用、实施应急救援的突击作用,为维护国家安全和发展利益提供了强力支撑。有效遂行非战争军事行动任务,充分展示了军队在国家政治、经济、社会生活中的重要作用,集中体现了党和人民对军队的依托和信赖,是忠实履行军队新的历史使命的重要实践。

2.非战争军事行动是检验军队建设成果的实战性行动,是推动军队常态化建设的有效途径。

非战争军事行动不是打仗近似打仗,不论是组织指挥的难度,还是任务的艰险和复杂程度,都不亚于打一场现代条件下的局部战争。汶川抗震救灾对军队是近乎实战的严峻考验。海军护航行动是检验海军履行使命任务能力的实战性行动。这些非战争军事行动,对军事斗争准备与部队建设成果具有检验作用,对提高核心军事能力具有促进作用,对官兵综合素质具有锤炼作用。因此,非战争军事行动是部队"养兵千日,用兵千日"的现实反映,是和平时期提高部队战斗力的有效途径,是推动军事斗争准备与建设常态化、机制化的重要平台。

3.非战争军事行动促使军事实践的范围和内容大为拓展,是牵引新军事变革的现实动力。

非战争军事行动形式多样、任务多维,既有以遏制战争和危机发展为目的的应急军事行动,又有以维护世界和平为宗旨的国际军事行动;既有以保证国内稳定为立足点的处突维稳行动,又有以抢险救灾为主的军事支援行动。非战争军事行动的综合性、多样性、复杂性和多变性,既检验军队已有的实战能力,也推动核心军事能力的深化和拓展;既引导军队始终做好战争准备,又形成军队持续改善、避免僵化的变革动力。因此,非战争军事行动有利于增强军队的战略适应能力,提升军事创新能力,打造全维作战能力,是牵引和推进新军事变革的重要动力。

总之,非战争军事行动充分反映了新形势下军事力量建设和运用的内在规律。我们要站在军队发展战略全局的高度,科学把握非战争军事行动,深化对非战争军事行动法律支持与保障的理解与认识,不断增强工作的责任感使命感。

二、非战争军事行动法律支持与保障的重要作用

非战争军事行动作为信息化条件下军事力量运用的重要方式,具有政治政策性强、环境公开透明、参与力量多元、情况处置复杂等特点。做好非战争军事行动相关的法律支持与保障工作,是非战争军事行动正常启动的必要条件、顺利实施的重要保障和实现目的的有力措施,具有不可替代的重要作用。

1.保障非战争军事行动师出有名。

现代法治社会,动用国家武装力量介入非战争领域事务,既是一个敏感严肃的政治问题,也是一个十分重要的法律问题。近年来,随着国际战略格局的调整、国家利益的拓展和非传统安全威胁的增多,许多国家开始注重通过立法,赋予军队执行非战争军事行动任务的法定职能,明确动用军队的权力、时机、条件和程序等。美军2006年新版《联合作战纲要》中强调,"合法性的基础是法律、道义和所采取行动的正确性。"例如,对于撤侨行动,美国行政指令12656号就明确规定了参与行动的机构与职责,美国参联会《非战争军事行动》条令对撤侨行动的指导原则、责权区分、任务程序等也作了详细规定。俄军根据非战争军事行动的不同特点,全力推进常态一体化建设,积极构建应对各类灾害与危机的有效机制,不断加强实施紧急救援、联合军演、国际维和、反恐维稳等协同演练。日本自冷战结束以来,先后制定了64部与非战争军事行动有关的法规性文件,基本形成了以军事法制为代表的战争动员和紧急状态法律体系、以《国际和平合作法》和《国际紧急救援队派遣法》为代表的国际维和与救援法律体系,以及以《灾害对策基本法》为代表的救灾法律体系。从现实需要看,以法律形式明确赋予我军非战争军事行动职能,有助于宣示法理基础,掌握政治上的主动权,获取行动上的合法性,以期广大民众的支持和国际社会的理解。

2.保障非战争军事行动组织有序。

实践证明,为非战争军事行动的目标筹划、行动样式、指挥机制、流程控制、问题处理等,提供明确具体的法律遵循,将有力地促进非战争军事行动的顺利展开和有序实施。1995年,日本阪神大地震发生后,日本自卫队的救援行动迟缓、混乱,受到社会各界的广泛批评,军方在总结教训时认为,相关准备、指挥联络、组织实施等缺乏相应的法律依据是一个重要原因。2005年"卡特里娜"飓风,造成美国1800人死亡、812亿美元财产损失,美国民众对政府和军队在救援中应急机制反应迟缓极为不满,一个很重要的原因,就是缺乏相应的指挥协调规范,导致现役部队与国民警卫队推诿扯皮、贻误时机。汶川特大地震发生后,我军坚决贯彻党中央、中央军委和胡锦涛同志的决策指示,周密部署、协同动作、快捷高效,在抗震救灾和灾后重建中发挥了主力军和突击队的作用。其中,《突发事件应对法》、《军队参加抢险救灾条例》、《军队处置突发事件总体预案》等法规制度,为救灾行动有序、有效地进行,提供了有力的法律保障。

3.保障非战争军事行动行为有度。

军队遂行非战争军事任务,具有明确具体的行为规范,做到依法正确履行职责,是确保行动目的实现的重要因素。联合国为规范国际维和行动,专门制定了《维持和平行动部队地位协定范本》、《联合国人员和有关人员安全公约》、《使用武力和交战规则》等法律文件,对维和人员的相关权利义务特别是使用武力的条件和限度作了明确规定。美国2006年新版《联合作战纲要》在基本原则中专门增加了"约束"的内容,"要求行动慎重,并保持安全需要、军事行动实施和国家战略最终状态的平衡","目的是限制附带损伤并防止不必要地使用武力"。在藏区维稳行动中,我军依据《宪法》、《国防法》、《突发事件应对法》、《戒严法》、《防暴条令》、《人民警察法》和《关于武警部队内卫执勤任务范围的规定》等法律规范,既依国法,又守军规,严格履行职责,较好地完成了维稳任务。

4.保障非战争军事行动维权有据。

部队及军人在遂行非战争军事行动任务时,其合法权益应当得到充分保障,这也是凝聚和保证军心士气的重要措施之一。《北大西洋公约组织武装部队地位协定》就北约部队参与非战争军事行动的法律地位、出入境管理、税收豁免、损害赔偿、刑事管辖等内容进行了规范,形成了较为完备的维权制度。2007年我国通过缔结《中俄关于举行联合军事演习期间其部队临时处于对方领土的地位协定》,签署《上海合作组织成员国关于举行联合军事演习的协定》等,明确了部队在境外执行非战争军事行动任务时的基本权利,较好地维护了我军官兵的合法权益。实践证明,在各种非战争军事行动中,提供全面充分的法律支持与保障,及时妥善处置各种涉法问题,能够更好地维护国家军事利益和部队官兵的合法权益。

5.保障非战争军事行动结局有利。

对于因突发事件引发的非战争军事行动,何时结束、怎样结束,如何恢复行动区域的正常秩序等,往往涉及国际国内有关民事、行政和刑事诸多法律关系和复杂法律事务。如果处置不当,不仅直接影响行动目的的实现,而且可能产生连锁负面反应,损害或削弱军事行动的实际效果。美军2006年新版《联合作战纲要》用专章阐述了军事行动的终止问题,认为"行动终止是国家安全战略、防务战略、军事战略不可缺少的重要环节","在军事行动方案制定和组织实施时,应考虑到结束时机和稳定工作,周密部署军事行动向稳定行动的过渡"。近年来,我军在抢险救灾、处突维稳、反恐防暴、封边控边、缉毒打私等行动中,特别是行动结束时,注重通过法律渠道,妥善处理各种军地互涉事务,很好地维护了军政军民团结和我军威武文明之师的良好形象,保障了军委总部战略意图的实现。

三、当前非战争军事行动法律支持与保障存在的主要问题

非战争军事行动正式明确为我军重要职能之一的时间较短,有关部门围绕法律支持与保障虽然做了一些准备,但还不够系统深入,特别是应急反应、

指挥机制和伴随保障的能力还不是很强,与我军未来可能担负的非战争军事行动任务需要相比,存在较大差距,主要表现为以下几个方面:

1.依法遂行非战争军事行动的思想观念有待增强。

非战争军事行动的背景、目的、样式、环境和节奏的特殊性,对有关的指挥员和参与者提出了一些新的、更高的法律意识要求。从实际需要看,作为非战争军事行动任务部队的指挥人员,应当具备依法组织紧急动员、机动转进、指挥控制和综合保障的意识,依法妥善处理军政军民关系的意识,依法处置各种涉外事务的意识;作为非战争军事行动战略筹划的参谋人员,应当了解各类非战争军事行动的具体法律要求,注重从法律制度上提出解决可能遇到问题的对策建议;作为非战争军事行动具体动作的实施人员,应当具备依法履责意识、依法办事意识、依法维权意识和依法自律意识。目前,有的单位和官兵依法遂行非战争军事行动的思想观念与上述要求还有较大差距,在一定程度上影响着法律支持与保障的真正落实。

2.全面规范非战争军事行动的法规体系有待健全。

目前,有关非战争军事行动的法规体系尚处在建立和完善的过程中,存在的薄弱环节较多:一是重要规范的高层立法不足。比如,我军的非战争军事行动职能任务有待在《宪法》、《国防法》及其他有关法律中进一步明确,军队参与反恐处突、边境封控、国际维和、境外人道班底救援等行动,需要通过军委、总部制定法规和规章,纳入法制化轨道。二是有关法规的系统性不强。比如,军队参加抢险救灾虽然有一些法律依据,但在指挥关系、责任区分、综合保障、军地协调、官兵维权等方面,一些规范还比较原则、零散,需要尽快制定较为系统配套的法规。三是有的重要问题还存在立法空白。例如,关于非战争军事行动的权限程序、武力使用的具体规则、牺牲伤残军人的抚恤优待、地方群众和民用财产的损害赔偿、武装力量与武器装备的出入境管理、外国来华军人的司法管辖与责任追究等,还没有明确的规范性文件。这些,都需要有关部门认真总结近年来我军遂行非战争军事行动任务的经验做法,参照有关的国际惯例,促进我军非战争军事行动法规体系的完善。

3.非战争军事行动法律支持与保障的工作机制有待完善。

这方面的差距主要表现在:一是缺乏专门的工作机构。在我军各种非战争军事行动的指挥体制中,法律支持与保障还没有成为正式的指挥要素并设立专门的工作机构,相关工作在组织筹划、辅助决策、服务部队等方面的作用没有得到充分发挥。二是缺乏顺畅的工作程序。在非战争军事行动中遇到重大涉法问题,通过何种渠道呈报、采取什么方式处理、如何抓好过程控制、怎样评估处置效果等,都需要制订一套具有可操作性的工作流程。三是缺乏有效的协调机制。非战争军事行动往往持续时间较短、进程节奏很快,要妥善处理行动单位和非行动单位互涉、军地互涉或中外互涉的法律事务,需要建立规范高效的法律协调机制,以统筹利用各方法律资源,确保涉法问题解决的政治效果、法律效果和社会效果的统一。

4.相关法律支持与保障的工作力量和能力有待加强。

建立一支具有法律知识和相应工作能力的专业骨干队伍,是做好非战争军事行动法律支持与保障工作的重要保证。许多国家在打击恐怖主义、撤离非战斗人员、从事国内支援等非战争军事行动中,都配备有一定数量经过专门培训的法律顾问,负责辅助指挥决策、维护官兵权益和涉外沟通联络等法律事务。我军大规模非战争军事行动特别是涉外军事行动的实践较少,系统、专门的法律实务培训还没有普遍展开。目前,法律支持与保障的专业工作力量明显不足,专家咨询队伍和基层骨干队伍尚未建立,统筹谋划、临机应对和妥善处置相关涉法问题的能力亟待提高。

四、加强非战争军事行动法律支持与保障的几点设想

非战争军事行动是信息化条件下军队运用的重要方式,抓好相关的法律支持与保障建设已成为一项紧迫、重要的政治任务。结合军法工作实际,需要重点做好以下几个方面工作:

1.深化非战争军事行动涉法问题研究。

非战争军事行动法律支持与保障是我军政治工作的全新课题,要真正发挥实效,必须以系统科学的理论作支撑。深化安全战略形势研究,明确国家安全和发展利益的基本法律需求,掌握非战争军事行动的特点规律、指导原则和法律需求,深入研究军队遂行非战争军事行动的法律依据、武力使用规则、涉及对象处理权限、行动区域管控强度、部队和军人权利义务等重点涉法问题,不断完善军事法制建设。

2.探索非战争军事行动法律支持与保障的工作机制。

完备的工作机制是法律支持与保障切实发挥作用的重要保证。紧密结合军事实践,依托现有力量体系和指挥机构,积极探索为非战争军事行动提供法律支持与保障的有效途径,明确法律战工作流程,规范涉法问题呈报渠道、处理方式、过程控制、效果评估等事项,实施科学指导。针对多种力量、多军兵种、多部门联合行动的特点,建立顺畅高效、军地联动的协调机制,统筹利用法律资源,确保涉法问题解决的政治效果、法律效果和社会效果相统一。

3.制定非战争军事行动法律支持与保障的方案预案。

非战争军事行动往往任务繁重、样式复杂、应对突然,组织实施难度大。制定科学的方案预案是非战争军事行动法律支持与保障准备的重点内容,直接关系到相关工作的顺利实施和实际效果。依据《军队处置突发事件总体应急预案》,着眼部队和官兵最关注的问题,精心周密制定适应遂行非战争军事行动不同形态、不同阶段的法律支持与保障的方案预案。比如,在抗震救灾行动中,针对可能遇到的涉法问题,有关部门设置了50余种情况想定及处置预案,编写了《抗震救灾涉法问题解答》印发部队,取得良好效果。

4.加强非战争军事行动法律支持与保障的队伍建设。

非战争军事行动涉及法律门类众多、问题复杂,要完成好这项任务,不仅需要具有一定法律素质的联合指挥人员,还要培养一支熟悉相关法律的专业力量。充分利用军队既有的专业力量基础和人才培养机制,有效整合军地资源,加强非战争军事行动相关法律知识教育培训,着力培养一支由专业工作力量、辅助咨询力量和基层骨干力量组成,覆盖战略、战役及战术各层次,梯次配备、专群结合的法律支持与保障队伍,不断提高部队依法遂行非战争军事行动任务的能力。

Legal Basis and Protection for Military Operations other than War

Abstract: With the expansion of national interest and increasing of non-traditional security threats, it has become a very important way to safeguard national security and interests and employ national armed forces through military operations other than war.In this respect, this article focuses on the legal status of those operations in the construction of armed forces, examines main legal problems when conducting those operations and suggests the strengthening legal basis and protection for those operations.

Key words:military operations other than war;legal basis;legal protection

使用武力规则概念辨析

● 楼剑麒*

内容提要:使用武力规则是国际上全面认可和广泛流传的复杂概念。本文对有关使用武力规则概念的主要观点进行了分析比较,提出使用武力规则是国家(国际组织)指挥机构或者有权的指挥员规定所属部队使用武力的情形和限制的规范性文件,分析了使用武力规则的规范性、普遍性、层级性和内部性等特征,辨析了与使用武力规则密切相关的"国家使用武力权规则"、"作战行为规则"和"指挥"等概念的关系。

关键词:使用武力规则 概念 军事法

使用武力规则(Rules of Engagement)是国际上全面认可和广泛流传的复杂概念。[①] 随着我军开展对外军事交流和参与国际行动的实践,并受到国际上对使用武力规则研究氛围的影响,我国学者开始关注使用武力规则问题。目前的研究成果主要探讨了使用武力规则的基本概念、历史沿革和主要内容等,分析了国际上特别是美军使用武力规则的经验和做法,具有宝贵的开拓创新意义。但学术界对于使用武力规则一些基本理论问题还有许多争论,特别是对使用武力规则名称和概念的分歧较为明显,影响和制约了研究的进一步深入。为此,本文对使用武力规则的概念问题进行研究。

---

* 楼剑麒,中国政法大学博士研究生,军事科学院研究员。

① Sanremo International Institute of Humanitarian law, *Sanremo Handbook on Rules of Engagement*, 2009, p.ii.

一、使用武力规则的概念

使用武力规则（Rules of Engagement）这一概念在引入我国时,通常被翻译为交战规则、交火规则①或者迎战原则②。但"交战规则"这一译名不够准确,容易引起误解。交战是指敌对双方直接进行的作战。③ 顾名思义,交战规则易被理解为规范敌对双方交战行为的规则。但从制定主体、效力范围上看,使用武力规则（Rules of Engagement）由国家（国际组织）指挥机构或者有权的指挥员制定,只能适用于己方所属部队;既可以对武装冲突中的作战行为进行规范,也可以对非战争军事行动中的使用武力进行规范,其实质是明确使用武力的情形和限制。"Engagement"包括"开始（与敌人）作战"④的含义,因此译为使用武力规则更为准确,可简称动武规则。

"任何理论首先必须澄清杂乱的、可以说是混淆不清的概念和观念。只有对名称和概念有了共同的理解,才可能清楚而顺利地研究问题,才能同读者

① 参见圣雷莫国际人道法学院编:《交战规则手册》2009 年版;〔美〕约翰·R.墨菲著,梁毅、葛银林译:《非战争军事行动的交战规则》,载《海军译文》1997 年 2 月,第 51—52 页;〔美〕弗里德里克·M.罗兰兹上校著,葛银林、梁毅译:《交战规则的训练》,载《海军译文》1997 年 2 月,第 52—53 页;肖凤城:《维和行动中武装冲突法的适用》,载《西安政治学院学报》2001 年第 5 期,第 68—71 页;胡世洪:《〈交战规则手册〉评介》,载《西安政治学院学报》2010 年第 1 期,第 101—103 页;李卫海:《美军交战规则体系及军法顾问的作用》,载《西安政治学院学报》2011 年第 3 期,第 80—82 页;谢丹、胡文巧:《交战规则相关问题研究》,载《法学杂志》2012 年第 7 期,第 28—33 页;余蓉芳:《修改自卫队〈交战规则〉,制定岛屿有事作战方案》,载《中国国防报》2006 年 1 月 17 日第 4 版;荀潇:《交战规则:拒绝过度使用武力》,载《法制日报》2007 年 5 月 26 日第 3 版。
② 参见瞿志文:《维和警察防暴队迎战原则探析》,载《武警学院学报》2008 年 1 月,第 30 页。迎战原则反映了适用于己方所属部队的特点,较交战规则更为准确。但迎战只是使用武力的背景之一,未能包括协助执法等背景;内容为明确的有关使用武力的规则,而不是笼统的原则,不仅包括是否允许发起攻击,还包括是否允许继续使用武力。
③ 全军军事术语管理委员会、军事科学院编:《中国人民解放军军语》,军事科学出版社 2011 年版,第 77 页。国际法中的含义也基本相同。
④ 《朗文高阶英汉双解词典》,外语教育与研究出版社 2006 年版,第 671 页。英文为"To begin to fight with an enemy"。

常常站在同一个立足点上。"①因此在展开研究讨论之前,有必要准确界定使用武力规则的概念。

国际上对使用武力规则概念的认识较为统一。联合国认为使用武力规则是"规定联合国所属武装部队、宪兵或者民事警察可以使用武力的界限。并且,它们提供了对联合国维和行动保持政治和军事控制的最主要手段,辅助减少联合国所属武装部队、宪兵或者民事警察在执行任务时违反国际人道法(包括武装冲突法)的可能性,帮助维和部队司令实现依据相关安理会决议确定的维和使命及其军事目标。"②

《使用武力规则圣雷莫手册》认为:"使用武力规则由法定机关发布,帮助描述使用武装力量来达成目标时的情形和限制。使用武力规则可以以国家军事条令的不同形式出现,包括行政命令、部署命令、作战计划,或日常执行的规定。不管采取什么形式,它们都是对武力使用、部队的地位和态势以及某些具体能力使用的授权和(或)限制。在有些国家中,使用武力规则具有武装力量指导文件的地位;在其他国家,使用武力规则属于合法的命令。"③

美国对使用武力规则的定义是:"由有权军事指挥机关制定的,规定所属部队对遭遇的其他部队发起攻击和(或)继续使用武力的情形和限制的指示。"④

德国学者认为:"使用武力规则是对军队平时和发生危机时应当如何采取行动或对敌对行动应当如何作出反应的规定。"⑤

我国国内对使用武力规则概念的认识较为多样。有的学者认为:"交战

① 〔德〕克劳塞维茨著,中国人民解放军军事科学院译:《战争论》,商务印书馆1978年7月,第110页。

② Department of Peacekeeping Operations, *Guidelines for the Development of Rules of Engagement for the United Nations Peacekeeping Operations*, Nov 2000, p.1.

③ Sanremo International Institute of Humanitarian law, *Sanremo Handbook on Rules of Engagement*, 2009, p.1.

④ Joint Chiefs of Staff, Publication 1, *Department of Defense Dictionary of Military and Associated Terms*, 23 Mar 1994, p.298.

⑤ 〔英〕杜普伊著,军事科学院外军部编译:《国际军事与防务百科全书》,解放军出版社1998年12月,第2316页。

规则是在特定的武装冲突背景下,由军事指挥机关根据国际、国内法律规范制定,要求有关人员遵照执行的关于合法使用武力的具体操作规程。"①有的学者从调整对象角度研究使用武力规则,"规范……在何种条件下可以使用武力的规则。"②有的还从法律渊源角度认识使用武力规则,"战争法中约束交战国或交战方之间各种交战行为的规则。包括对作战手段和作战方法的限制、人道主义保护等规则"③、"国际人道法本身就是交战规则"④。

上述有关使用武力规则概念的共同之处是:

1.使用武力规则的制定主体是国家(国际组织)指挥机构或者有权的指挥员。如美国使用武力规则制定主体主要包括三个层次:战略层面为参联会主席;战役层面为战区司令;战术层面为联合特遣部队司令。战区或者联合特遣部队范围内使用武力规则是统一的,下级指挥员可以根据实际情况对其中的规则予以保留,适用于所属部队,但不得超越上级使用武力规则的授权范围。联合国维和行动使用武力规则由联合国负责维和事务的副秘书长制定,而任务区使用武力规则由任务区司令制定,并报联合国主管维和事务的副秘书长和任务区特别代表。下级指挥员可以在任务区使用武力规则的基础上,根据实际情况对其中的规则予以保留,适用于所属部队,但不得超越上级使用武力规则的授权范围。

2.使用武力规则的效力范围是所属部队。使用武力的主体是武装力量,即国家或政治集团所拥有的各种武装组织。⑤ 使用武力规则的效力范围与指挥权的效力范围一致。就单位性质而言,所属部队包括隶属和配属,不包括支援,因为支援的指挥权并没有转移。就人员性质而言,所属部队包括指挥员和

① 谢丹、胡文巧:《交战规则相关问题研究》,载《法学杂志》2012年第7期,第29页。
② 肖凤城:《维和行动中武装冲突法的适用》,载《西安政治学院学报》2001年第5期,第70页。
③ 全军军事术语管理委员会、军事科学院编:《中国人民解放军军语》,军事科学出版社2011年版,第575页。
④ 荀潇:《交战规则:拒绝过度使用武力》,载《法制日报》2007年5月26日第3版。
⑤ 全军军事术语管理委员会、军事科学院编:《中国人民解放军军语》,军事科学出版社2011年版,第19页。

战斗员。使用武力规则效力所及的范围并不能包括其他武装力量、敌对力量或者平民等其他单位和人员。

3.使用武力规则的调整对象是军事行动使用武力产生的法律关系,规范的是使用武力的情形和限制。使用武力包括发起攻击和继续使用武力;使用武力的情形包括自卫、对敌对人员、直接参与敌对行动的平民、执法时对违法犯罪嫌疑人等允许使用武力的情况;使用武力的限制包括目标选择、武力等级、武器弹药的状态、使用武力的程序等规定。

4.使用武力规则的性质是其他规范性文件①。各国使用武力规则往往采取命令、指示、规定、指南或者指导文件的形式,在其效力所及的范围内,对于所属部队的任何单位和个人都具有普遍约束力。但它不能与国家宪法和法律、军事法规和军事规章相抵触、相违背,也不能违反国际法。因此,使用武力规则属于其他规范性文件。

主要争议有两个:

1.使用武力规则是否必须在武装冲突的背景下? 武装冲突通常是指敌对双方或多方之间的武装争斗。在武装冲突背景下,冲突方诉诸武力的行为受使用武力规则的约束。除武装冲突之外,也有诉诸武力的情形,如戒严、反恐怖行动、防骚(动)乱行动、维护社会稳定行动,以及联合国维和行动、打击海盗行动等。应该说,使用武力规则在"平时与战时连续体"②中都可以适用,并且政治、军事和法律因素对规则的影响主要取决于军事行动在连续体所处的位置。《使用武力规则圣雷莫手册》也指出,"平时在自卫、行使执法权以及在完成由国家指挥当局或者其他主管机构,如联合国安理会,授权实施的行动和使命时,是允许使用武力的。"③当然在上述情况下,也是适用使用武力规则的。

---

① 其他规范性文件指除法律、法规、规章以外的规范性文件。参见罗豪才主编:《行政法学》,北京大学出版社 2001 年版,第 111 页。

② 参见 Kenneth B.Brown,*MOUT and ROE*:*Writing Rules for Chaos*,美国国防部科技报告 A389607:05 Feb 2001,p.4。

③ Sanremo International Institute of Humanitarian law,*Sanremo Handbook on Rules of Engagement*, 2009,p.4.

2.国际法是否为使用武力规则唯一的法律依据？显然,回答是否定的。使用武力规则的法律依据可分为三种情况:一是在武装冲突状态下,军事行动适用国际法,特别是武装冲突法包括国际人道法。国际法是使用武力规则的法律依据。同时,武装力量及其行动也必须遵守国内法,国内法也是使用武力规则的法律依据。二是在非武装冲突的国际行动中,如联合国维和行动、打击海盗行动等,需要对适用的国际法进行具体分析。联合国维和行动过去并不适用武装冲突法,而在 1994 年《联合国人员和有关人员安全公约》、1999 年《秘书长关于联合国部队遵守国际人道法的公告》实施后,维和行动适用国际人道法规则有了明文规定。打击海盗行动并不适用国际人道法,但根据联合国安理会第 1816 号、1846 号和第 1851 号决议的要求,在打击索马里海盗行动中遵守可适用的国际人道法、人权法。同样,武装力量及其行动也必须遵守国内法。三是在国内行动时,如戒严、反恐怖行动、防骚(动)乱行动和维护社会稳定行动,国内法就成为主要的法律依据,不涉及国际关系时国际法不再适用。如美国就严格将使用武力规则分为两类,一类适用于美国领土管辖范围(包括美国本土、波多黎各、北马里亚纳群岛)之外的任何军事行动和紧急行动,以及美国领土管辖范围内的空中与海上的国土防卫任务。① 以国内法和国际法作为其法律依据。另一类只适用于美国领土管辖范围之内的民事支援任务、陆上国土防卫任务和美国军事基地内由武装力量实施的执法行动,仅以国内法作为其法律依据。

综上所述,使用武力规则的概念是:国家(国际组织)指挥机构或者有权的指挥员规定所属部队使用武力的情形和限制的规范性文件。

二、使用武力规则的特征

(一)规范性

使用武力规则为所属部队规定了使用武力的情形和限制,是对行为规则、行为模式的设定。必须有法律、军事法规和军事规章的根据,不可自主规定法

---

① Brian Bill, Marie Anderson, J. Jeremy Marsh, *Operational Law Handbook*, International and Operational Law Department, 2009, p.74.

律后果,不可自行设定强制手段。这是与军事立法行为的主要区别。

（二）普遍性

使用武力规则以普遍的、不特定的人或事为规范对象。只要是所属部队遇到符合规则要求的特定情形,即可按规定使用武力。同时,使用武力规则具有普遍的效力,对某一类人或事具有约束力;并且具有后及力,它不仅适用于当时的行为或事件,而且适用于以后将要发生的同类行为和事件。这是区别于指挥等具体军事行政行为的特征。

（三）层级性

使用武力规则的效力与制定主体相对应,从上往下呈现多层级的特点。下级使用武力规则不得与上级使用武力规则的内容相抵触,并且分别从属于相应的军事法规和军事规章。

（四）内部性

使用武力规则的适用及效力对象是武装力量内部组织或人员,只对武装力量内部产生法律效力,依赖内部手段和方式去推进。这是使用武力规则区别于国防动员、军事征收征用等外部行为的特征。

三、使用武力规则与相关概念的关系

国际法关于使用武力的规范主要包括两个层面:一个层面用拉丁文"*jus ad bellum*"表示,意为"使用武力权"或者"诉诸战争权",是关于在国际关系中由谁、什么情形下使用武力的规则的统称。[1] "*jus ad bellum*"强调使用武力的主体,是国家或者其他的国际法主体;既是规定国家在特定条件下使用武力的权利,也是规定国家合法使用武力的标准和条件,所以可称为"国家使用武力权规则"。在各国国内法中,使用武力权绝对是垄断性的。只有国家通过警察和武装力量才能使用武力,要求个人通过求助国家为其设立的法庭而不是通过武力实现其诉求。而在国际社会,没有一个比国家更高的权威机构垄断使用武力的权力。因此,国际法中使用武力的权力属于国家。另一个层面用

① Robert Kolb, Richard Hyde, *An Introduction to the International Law of Armed Conflicts*, Hart Publishing in North America(US and Canada), 2008, p.9.

拉丁文"*jus in bello*"表示,意为"作战行为规则",指在战争或者武装冲突时,规范交战方、中立方行为和保护战争受难者的规则的统称。① "*jus in bello*"关注一旦战争或者武装冲突开始,对冲突各方作战行为的限制。它主要是国际人道法方面的规则。② 国际法关于使用武力的规范,是使用武力规则的法律依据。因此,有必要研究使用武力规则与国家使用武力权规则(*jus ad bellum*)、作战行为规则(*jus in bello*)之间的联系和区别。同时,制定使用武力规则和指挥都是指挥员实施的军事行政行为,也有必要弄清它们之间的联系和区别。

(一)使用武力规则与国家使用武力权规则的关系

国家使用武力权规则(*jus ad bellum*)涉及国家使用武力的正当性、合法性,主要包括《联合国宪章》和习惯国际法的有关规则。宪章第 2 条第 4 项确立了国际法中禁止使用武力原则。禁止使用武力原则不仅业已被确认是一项习惯国际法规则,而且还被视为是一项强行法规范而不允许毁损。③ 为了实现联合国的首要目标——维持国际和平与安全,为维护法律和正义,宪章也规定了禁止使用武力原则的例外,可归纳为联合国安理会采取或授权采取的行动和自卫④。宪章第 42 条赋予了联合国采取武力行动的权力,第 43 条至第 48 条规定了武力行动的程序要求。宪章第 51 条规定了国家自卫权及其行使的条件。习惯国际法也确立了自卫的必要性原则和相称性原则。上述这些规则统称为国家使用武力权规则。

使用武力规则与国家使用武力权规则既有区别,又有联系。区别表现在:一是性质不同。前者是其他规范性文件,由国家(国际组织)指挥当局或者指挥员制定。而后者则属于国际法规则。二是效力范围不同。前者的效力范围是所属部队,与指挥权效力范围相同。后者的效力范围是国家或者其他的国

---

① Robert Kolb, Richard Hyde, *An Introduction to the International Law of Armed Conflicts*, Hart Publishing in North America(US and Canada), 2008, p.15.

② 朱文奇著:《国际人道法》,中国人民大学出版社 2007 年版,第 12 页。

③ 黄瑶著:《论禁止使用武力原则——联合国宪章第二条第四项法理分析》,北京大学出版社 2003 年版,第 91 页。

④ 参见王铁崖主编:《国际法》,法律出版社 1981 年版,第 506—507 页。

际法主体。三是调整对象不同。前者调整的是战术层次、具体行动层面使用武力产生的法律关系,使用武力的主体是指挥员和战斗员。而后者调整的是战略层次、国家层面使用武力的法律关系,解决国家使用武力的正当性、合法性问题,并不规范具体的交战行为,使用武力的主体是国家或者国家集团。四是调整手段不同。前者的调整手段是国家和军队内部措施。后者的调整手段是联合国制裁、受害国行使单独集体自卫、违反禁武原则产生的权益无效、违反国承担国际法上的国家责任以及承担削减军备义务等。①

联系表现在:国家使用武力权规则是使用武力规则合法性的来源,使用武力规则是国家使用武力权规则的必要和有效的执行。

(二)使用武力规则与作战行为规则的关系

作战行为规则(*jus in bello*)并不关心战争或者武装冲突的正当性、合法性,而是关注战争或者武装冲突中对使用武力的行为加以限制,主要是国际人道法的规则。包括军事需要原则、区分原则、比例原则、人道原则、预防措施、具体作战方法与手段规则和战争受难者保护规则等。

使用武力规则与作战行为规则既有区别,又有联系。区别表现在:一是性质不同。前者是其他规范性文件,而后者则属于国际法规则。二是效力范围不同。前者对人的效力范围是所属部队,时间效力范围既可以包括战争或者武装冲突时,也可以包括戒严、反恐怖行动和维护社会稳定行动等履行对内职能时。后者的效力范围是交战各方和中立方,时间效力范围是战争或者武装冲突时。三是调整手段不同。前者的调整手段是国家和军队内部措施。后者的调整手段是由国家按照国际人道法义务实施制裁或者国际法庭实施制裁。

联系表现在:使用武力规则和作战行为规则都是调整战术层次、具体行动层面使用武力产生的法律关系,使用武力的主体是指挥员和战斗员。使用武力规则需要遵守作战行为规则,是作战行为规则在具体作战行动中的运用。

(三)使用武力规则与指挥的关系

指挥是各级指挥员及其指挥机关对所属部队的作战和其他行动进行组织

---

① 黄瑶著:《论禁止使用武力原则——联合国宪章第二条第四项法理分析》,北京大学出版社 2003 年版,第 343—344 页。

领导的活动。包括对行动的计划、组织、控制、协调等。① 战争是敌对双方之间的生死搏斗,充满着激烈的对抗。要夺取战争的胜利,就要充分发挥作战资源的潜力,提高整体作战效能。通过统一的指挥,使所有力量贯彻统一的作战思想,实施统一的作战行动,从而形成巨大的整体合力,最大限度地发挥战斗力。因此,指挥是作战和其他军事行动中使用武力的主要依据。各国都将指挥作为军事权的核心,通过法律、行政和司法等措施予以保障。由于使用武力规则与指挥都是调整使用武力中的各种关系,那么必须要回答和解决三个问题,使用武力规则与指挥的联系和区别,前者能否被后者所替代,如何解决两者的冲突?

1.使用武力规则与指挥的联系和区别

从性质上看,指挥属于具体军事行政行为,主要表现在:一是权威性。指挥必须由法律规定的上级主体发出,多以命令、指示等形式,具有强制性和约束力。指挥者与被指挥者表现为命令与执行的关系。指挥者利用自己的职权,通过指令来约束指挥对象的行动。接受指令的下级必须执行,不得讨价还价,更不得违抗命令、擅自行动,否则要承担法律后果。指挥的权威性是武装力量的职能与完成任务的特殊需要所决定的,是确保部队在险恶严酷的环境中,统一目的、意志和行动的需要。二是具体性。指挥是针对特定对象和特定事由发出的,具有特定的内容和范围。如明确具体部队的任务,行动方法,指挥、协同、保障关系等。三是层次性。指挥的权力与指挥主体的地位层次相对应,形成由高至低、逐级衔接的指挥链条。

从上述分析可以得出结论,制定使用武力规则与指挥都属于军事行政行为,主体相同,效力范围相同,调整对象也相同,都能够引起军事法律关系的产生、变更和消灭。制定使用武力规则属于抽象军事行政行为,而指挥属于具体军事行政行为。前者针对不特定的某类人,在遇到规定的情况时允许使用武力的限度,具有反复适用性,遇到相同情况可以同样处理;而后者针对特定对象和特定事由明确具体措施,不具有反复适用性,通常表现为上级向下级指派

① 全军军事术语管理委员会、军事科学院编:《中国人民解放军军语》,军事科学出版社2011年版,第167页。

任务,明确具体行动方式和要求。

2.指挥的局限性和使用武力规则的必要性

指挥在军事领域十分重要、不可或缺,是军事行动的第一推动力。指挥的最大优势在于统一思想,统一行动,统筹各种资源,提高军事行动的效能。那么在有指挥的情况下,还需不需要使用武力规则? 也就是说,使用武力规则的功能是否可以通过指挥来实现。这就要具体分析指挥的局限性和使用武力规则的必要性。

(1)指挥无法解决信息时滞和信息失真问题

信息时滞是指由于信息传递的时间损耗造成的信息滞后。信息时滞产生于两个方面原因:一是指挥手段的影响。指挥手段是实施指挥所使用的各种器材、设备及方法、措施等,影响信息搜集、传递和处理的效率。指挥手段的性能好以及使用的方式方法正确,就能缩短信息搜集、处理和传递的时间,提高指挥效率。现代信息技术的发展,使信息能力不断增强,信息时滞逐步缩短,但客观上仍然存在。二是指挥层级的限制。信息是按照指挥层级逐级流动的,每个指挥层级都会对信息进行接收、分析、判断、处理和传递,会占用大量的时间。通过减少指挥层级,能够加快信息的传递,缩短信息时滞。但随着指挥层级的减少,指挥跨度就会加大,与指挥对象发生联系的关系数就会按几何级数增加,会使指挥复杂程度增加,指挥员的负担加重。如果指挥跨度过大,就会使指挥员无法实施有效指挥,造成部队失去控制。信息时滞影响指挥的时效性,会导致军事行动错失良机。

信息失真是指信息在传递过程中形成了与原信息相比的偏差。也就是信息失去本意或本来面貌,跟原来的信息有出入。信息失真既有技术原因,更多的则是人为因素。紧急情况下,现场指挥员和战斗员只能将遇到的情况凝练成概要的报告或者有限的资料。在信息传递过程中,每个指挥层级都会对信息进行加工处理。信息传递到终端时,无论是内容还是形式都会产生变化,正如"传话游戏"所表现的那样。特别是在激烈对抗的情况下,信息失真难以避免。再加上现代战场信息量急剧膨胀,有用的信息可能淹没在信息洪流当中,这就使分析利用信息的难度加大,所需时间更多。信息失真影响指挥的有效性,会导致决策和执行的困难。

而使用武力规则较好地发挥了现场指挥员、战斗员的作用,能够实时地、动态地利用现场的各种信息,减少了信息的时滞和失真,有利于提高快速反应能力,有利于抓住战机,也有利于对情况做出正确的处置。使用武力规则是一种分散的行动方式,不利于统一行动,难以关照全局,但这种分散行动仍然贯彻了指挥员的总体意图和决心,本质上与各自为战并不相同。

(2)片面强调指挥容易造成风险积聚,明确使用武力规则有利于风险控制

军事领域充满着不确定性,突发事件和情况时有发生。如果单纯通过指挥进行处置,现场指挥员和战斗员在得到上级明确指令后才能采取行动,往往会将压力过多地集中在上级指挥员身上,导致风险高度集中。并由于信息滞后和失真的影响,造成处置延误和不可避免的损失。而通过使用武力规则,更多地发挥现场指挥员和战斗员的作用,按照预定规则对突发事件和情况进行先期处置,有利于抓住战机和减少突发事件造成的损失。而上级指挥员可以在诸多突发事件和情况中,集中精力对关系全局、可能导致最大损失的事件和情况优先处理。这种处置方式的多样化,有利于高效应对突发事件和情况,实现对风险的有效管理。

3.使用武力规则与指挥冲突的解决

使用武力规则与指挥之间发生冲突包括两种情况:

(1)指挥限制了使用武力规则允许实施的行为。在这种情况下,应当服从指挥。因为,使用武力规则是对使用武力的一种授权,这种权力具有逐级授予的特点。指挥员可以在上级使用武力规则的基础上,根据所属单位和担负任务的情况,对其中的规则或权力予以保留。这种保留可以通过下发使用武力规则时明确,也可以在对具体情况进行处置时,通过指挥来明确。下级应当服从上级的指挥,而不能以使用武力规则为理由拒绝执行上级的命令,这是军法军纪所不容许的。

(2)指挥要求实施的行为超越了使用武力规则的限制。这种冲突的情况,按照指挥主体与使用武力规则制定主体的相互关系又可分为两类。一类是指挥主体高于或者本身就是使用武力规则制定主体。在这类情况下,应当服从指挥。因为使用武力规则从属于指挥权,是指挥员规定所属部队使用武

力的底线规则,对所属部队指挥员和战斗员具有效力。但并不能限制上级或者其自身的权力。指挥员可以指挥所属部队采取任何必要的、合法的措施去完成军事任务,而不受自己或下级制定的使用武力规则的限制。同样,下级应当服从上级的指挥,而不能以使用武力规则为理由拒绝执行上级的命令。另一类是使用武力规则制定主体高于指挥主体。指挥员的指挥违反了上级使用武力规则的规定,构成违法命令。违法命令是无效的。但执行者并没有权力判定上级指挥的违法性,而只能向下达命令的指挥员提出质疑。如指挥员仍然坚持已下达的命令却不能或拒绝对违反上级使用武力规则的问题做出解释,当执行命令明显不会即刻或必然地引起不法后果,执行者应当执行命令。当执行命令明显会即刻或必然地引起不法后果,执行者可以抵制命令的执行。①

综上所述,使用武力规则与指挥不是互相对立、互相排斥的关系,而是相辅相成、相得益彰和互为保证的关系。以人体作比喻,对军事行动的指挥,类似于对人体动作的大脑控制;那么军事行动中的使用武力规则,就类似于人体的条件反射,是对预先设定情况产生的应激反应。从完成军事任务的角度看,指挥员及其指挥机关必须同时运用指挥和使用武力规则两种手段,缺一不可。正确处理两者的关系,应扬长避短,在综合运用的基础上,结合实际有所侧重。通常,特殊的、偶然性的情况侧重指挥,而重复出现的、普遍性的情况侧重使用武力规则;平时和正常状态应当集中权力侧重指挥,而战时、紧急状态下应当适度放权侧重使用武力规则;大规模作战、集中行动侧重指挥,而点多面广的行动如城市作战、维稳行动侧重使用武力规则。

The Concept of Rules of Engagement

Abstract:The concept of Rules of engagement(ROE)is widely accepted by international community. This article presents main arguments on the concept of

---

① 参见夏勇:《论军队中命令的执行》,载《中国军事法学论丛 2007 年卷》,中国法制出版社 2007 年版,第 183 页。

ROE for comparative analysis and suggests that ROE is a normative document developed by national or international authorities or commanders governing the use of force by their subordiantes.It also examines the characteristics of ROE such as normativeness, universality, hierarchy and internality and distinguishes the concept of ROE and that of *jus ad bellum ,jus in bello* ,and command.

Key words:Rules of Engagement ;concept ;military law

国际人道法关于军事目标的定义及其适用

● 丁玉琼*

内容提要:随着有关敌对行动的法律关注焦点已从禁止仅供不设防的城镇转变为强调仅能攻击军事目标的原则,军事目标的定义已显得至关重要。根据《第一附加议定书》的定义,一个物体必须同时符合两项标准才能构成一个军事目标,即对军事行动的实际贡献以及明确的军事利益。本文拟通过对军事目标定义的分析,澄清某些关键问题,从而促进武装冲突中该定义的正确适用。

关键词:军事目标 《第一附加议定书》 国际人道法

在国际性武装冲突中,必须以合法的目标为攻击对象,这是国际人道法赖以存在的基础。它基于这样一种理念,即在武装冲突中只有削弱敌方的军事力量是可以接受的,并最终形成了被国际社会普遍认可的区分原则。① 这一原则主要体现在两个方面:平民与战斗员之间的基本区分以及民用物体和军事目标之间的基本区分。② 它的目的是尽可能地保证平民人口和民用物体不受国际性武装冲突的影响。相似的是,国际人道法均直接对战斗员和军事目

---

* 丁玉琼,中国人民大学法学院博士研究生。

① 1868 年《圣彼得堡宣言》,第 3 段。

② 从语义上讲,"军事目标"(Military Objective)并不仅限于"物体"(Object),战斗员当然属于可被直接攻击的军事目标;同时它亦可指代军事行动的目的和宗旨,但这种无形的目标只能被实现而不能被攻击。结合国际人道法相关规则的条文并为了本文的目的,主要在"物体"这个意义上使用军事目标的概念。

标予以界定,①并将不属于上述类别的人员和物体全部纳入保护范围,以避免由于疏漏致使某些应受保护的对象被排斥在保护范围之外;不同的是,军事目标定义较之战斗员,在解释上尚存在诸多争议,②在实践中的适用也更加困难。同时,在国际性武装冲突中发展而来的军事目标的概念能否适用于非国际性武装冲突,也是必须予以澄清的重要问题。本文将从国际人道法的基本规则出发,从上述两个视角探讨军事目标的法律定义及其适用问题。

一、"军事目标"定义的形成

"军事目标"的定义是在国际性武装冲突的实践中逐步发展形成的,要准确理解这一概念,必须清楚地把握该定义形成的背景和脉络。事实上,较早的国际人道法规则并未提及"军事目标"这一术语。为了实现区分原则,这些规则强调的重点是禁止攻击或轰击不设防的城镇、村庄、住所和建筑物,并通过"军事工程"、"军事设施"、"武器或战争物资仓库"等具体表述将这类军事目标排斥在保护范围之外。③ 最早使用该术语的是一个非官方机构——法学家委员会(Commission of Jurists),④并通过列举的方式初步表述了军事目标应具备的内涵。该委员会于 1923 年起草的《战时无线电管制和空战规则》第 24 条第 1 款作出如下规定:"空中轰击仅能针对军事目标,譬如其全部或部分毁坏能构成交战一方明显军事优势的目标。"⑤遗憾的是,其后通过的 1929 年两个《日内瓦公约》却并未采纳该术语,尽管它们都是基于区分原则。直至 1949

---

① 1949 年《关于战俘待遇之日内瓦公约》(《日内瓦第三公约》)第 4 条对"战斗员"的范围作出界定;1977 年《关于保护国际性武装冲突受难者的附加议定书》(《第一附加议定书》)第 52 条第 2 款对"军事目标"作出了定义。

② Jean Pictet, ed., *Commentary on the Additional Protocols of 8 June 1977 to the Geneva Convention of 12 August 1949*, Geneva: Martinus Nijhoff Publishers, 1987, p.635.

③ 如 1899 年和 1907 年《海牙章程》第 25 条、1907 年《海牙第九公约》第 1 条。

④ 该委员会成立于 1922 年,旨在起草有关空战和战时无线电使用的规则,其成员来自法国、意大利、日本、荷兰、英国和美国。See Jean Pictet, p.630。

⑤ Rules concerning the Control of Wireless Telegraphy in Time of War and Air Warfare, Drafted by Commission of Jurists at the Hague, December 1922-February 1923, Article 24, available at http://www1.umn.edu/humanrts/instree/1923a.htm(last visited 2 May 2012).

年四个《日内瓦公约》通过,"军事目标"这一措辞才正式在有拘束力的国际法文件中被反复使用,但仍然不存在该术语的准确定义。① 不过自此以后,国际人道法的相关规则从上述禁止性规定开始转而强调仅能攻击军事目标,在扩大了保护范围的同时,也使军事目标的定义显得尤为重要。②

尽管措辞不同,但从本质上讲,国际性武装冲突中仅能攻击军事目标这一原则早在 20 世纪初就已得到国际社会公认。不过在很长一段时间里,各国就该术语的定义始终不能达成共识。实践中,军事目标的判定往往依赖于交战各方各自的理解。从某种程度上说,这样的实践削弱了国际人道法存在的基础。特别是第二次世界大战期间,战争双方(轴心国和同盟国)的实践使得当时本就不够精准的相关规则变得更加模糊。③ 直至 1954 年《关于发生武装冲突时保护文化财产的公约》通过,国际人道法才首次尝试界定军事目标的范围。该公约第 8 条第 1 款采用不完全列举的方式,认为军事目标包括"机场、广播电台、用于国防的设施、相当重要的港口或火车站或交通干线"。但这一界定并未引起足够的注意,同时这种列举也稍嫌粗糙。就定义军事目标而言,真正的贡献来自国际法学会(The Institute of International Law)和红十字国际委员会(International Committee of the Red Cross)。在 1923 年定义的基础上,这两个机构分别于 1969 年和 1970—1971 年提出的建议构成了 1977 年外交会议谈判的基础。④ 最终,

① 如《改善战地武装部队伤者、病者境遇之日内瓦公约》(《日内瓦第一公约》)第 19 条、《关于战时保护平民之日内瓦公约》(《日内瓦第四公约》)第 18 条。

② Marco Sassòli & Antoine A.Bouvier, *How does Law Protect in War*(2ⁿᵈ edition), Vol.I, Geneva:ICRC Publications, 2006, p.201.

③ Frits Kalshoven & Liesbeth Zegveld, *Constraints on the Waging of War:An Introduction to International Humanitarian Law*, Geneva:ICRC Publications, 2001, p.46.

④ 国际法学会将"军事目标"定义为:"由于其性质、目的或用途对军事行动有实际贡献,或显现出公认的军事上的重要性,而且在当时情况下其全部或部分毁坏能为对方提供实质的、具体的和直接的军事利益的那些物体。"See the Institute of International Law, *The Distinction Between Military Objectives and Non-Military Objects in General and Particularly the Problems Associated with Weapons of Mass Destruction*, Article 2, Session of Edinburgh, 1969. 红十字国际委员会将"军事目标"定义为:"由于其性质、目的或用途被认为有军事利益,而且在当时情况下其全部或部分毁坏能为对方提供明显和实质的军事利益的那些目标。"See Jean Pictet, p.633。

1977 年通过的《关于保护国际性武装冲突受难者的附加议定书》（以下简称《第一附加议定书》）第 52 条第 2 款正式确立了军事目标的定义，即"只限于由于其性质、位置、目的或用途对军事行动有实际贡献，而且在当时情况下其全部或部分毁坏、缴获或失去效用提供明确的军事利益的物体"，这也是该术语首次在一项国际条约中被界定。

二、"军事目标"定义的法律地位

军事目标定义的形成，经过了长期的研究和争论，并且是缔约各国相互妥协的结果。尽管直到 1977 年，该法律定义才正式出现，但至少在一些国家和组织看来，该定义反映了习惯法规则，甚至具有了强行法的色彩。譬如墨西哥在通过《第一附加议定书》的外交会议上就声称，对关于军事目标定义的条款"不能作出任何保留，否则将违背该议定书的目的和宗旨并破坏其基础"。① 事实上，《第一附加议定书》各缔约方均未对军事目标的定义提出保留。② 而红十字国际委员会在其 2005 年编纂的《习惯国际法人道法》中也将该定义明确列入。③ 此外，还有数量庞大的各国军事手册，也承认并采纳了《第一附加议定书》关于"军事目标"的定义，从某种程度上抵消了该议定书缔约国数量不足的缺陷。④

军事目标的定义还被许多国际人道法公约所采纳，《〈特定常规武器公

---

① See the Diplomatic Conference on the Reaffirmation and Development of International Humanitarian Law Applicable in Armed Conflicts, Geneva, 1974-1977（CDDH）, *Official Records*, Vol.Ⅵ, CDDH/SR. 41, 26 May 1977, p.188.

② 《第一附加议定书》第 52 条第 2 款以 79 票赞成、0 票反对和 7 票弃权通过。See CDDH, *Official Records*, Vol.Ⅵ, CDDH/SR. 41, 26 May 1977, p.168。正如谈判时墨西哥代表所言，第 52 条是如此重要，以致它"不能成为任何保留的对象，因为此类保留将与《第一附加议定书》的目的和宗旨不符，并将破坏该议定书的基础"。See ibid, p.193。

③ See Jean-Marie Henckaerts & Louise Doswald-Beck（ed.）, *Customary International Humanitarian Law*, Vol.Ⅰ（Rules）, London: Cambridge University Press, 2005, p.29, Rule 8.

④ 在军事手册中采纳该定义的国家有澳大利亚、比利时、加拿大、哥伦比亚、法国、德国、意大利、韩国、印度尼西亚、荷兰、菲律宾、南非、瑞士、英国、美国等近 30 个国家。尤其应注意的是，美国尚不是《第一附加议定书》的缔约国。See Jean-Marie Henckaerts & Louise Doswald-Beck（ed.）, *Customary International Humanitarian Law*, Vol.Ⅱ（Practice）, London: Cambridge University Press, 2005, p.183, para. 328。

约〉修正的第二号议定书》①第 2 条第 6 款、《〈关于发生武装冲突时保护文化
财产的公约〉的第二议定书》第 1 条第 6 款均原文采用了《第一附加议定书》
的定义。值得注意的是,这两个议定书同时也适用于非国际性武装冲突。事
实上,《〈特定常规武器公约〉第三号议定书》②亦涵盖军事目标的定义,并且
因公约第 1 条的修正而适用于非国际性武装冲突。由此可见,尽管 1977 年
《关于保护非国际性武装冲突受难者的附加议定书》(以下简称《第二附加议
定书》)未能涵盖军事目标的定义,但该定义通过间接的方式在某些限定的情
况下仍可适用于非国际性武装冲突。因此,通常认为,《第一附加议定书》关
于军事目标的定义已构成习惯国际法。③

三、"军事目标"定义的构成要素

《第一附加议定书》意义上的军事目标只针对物体(Objects),而且只能是
可见和有形的物体,意即通过视觉和触觉能够感知到,这也符合传统上人们对
物体的理解。但是,随着现代武装冲突中作战手段和方法的多元化与复杂化,
一种新的作战模式的出现,即计算机网络攻击,正给传统的国际人道法带来巨
大挑战。最为核心的问题是,区分原则能否适用于计算机网络攻击?如果答
案是肯定的,那么如何来判定计算机网络攻击中的军事目标?按照红十字国
际委员会的观点,计算机网络攻击在武装冲突中存在威胁、伤害平民及其生存
手段的潜在可能,使它直接被划入了国际人道法的范畴。④ 除此以外,对于军

---

① 1980 年《特定常规武器公约》的全称为《禁止或限制使用某些可被认为具有过分伤害
力或滥杀滥伤作用的常规武器公约》,其第二号议定书为《禁止或限制使用地雷(水
雷)、诱杀装置和其他装置的议定书》。
② 第三号议定书为《禁止或限制使用燃烧武器议定书》。
③ 尽管美国不是《第一附加议定书》的缔约国,但美国也承认第 52 条第 2 款的习惯法地位。
See Jean-Marie Henckaerts & Louise Doswald-Beck(ed.),*Customary International Humanitarian
Law*,*Vol.II*(*Practice*),London:Cambridge University Press,2005,p.188,para. 361.
④ 计算机网络攻击被定义为旨在"发现、改变、破坏、扰乱或转移计算机中储存的数据"
的敌对措施,并且这种敌对措施"是由电脑操作、或经电脑传输的"。Available at ht-
tp://www.icrc.org/chi/war-and-law/conduct-hostilities/information-warfare/overview-infor-
mation-warfare.htm(last visited 2 May 2012)。

民两用物体,如通信和交通等设施,如何确定其在武装冲突中的法律地位,很大程度上取决于军事目标的定义及其适用。

根据《第一附加议定书》对"军事目标"作出的定义,一个物体若构成可被直接攻击的合法对象,必须同时满足两项要求:一是该物体对军事行动有实际贡献,二是在那种特定情况下对该物体的攻击能向另一方提供明确的军事利益。简而言之,该定义从军事利用和军事利益两个方面对潜在目标作出限定。

1.军事利用

就第一项要求而言,可通过潜在目标本身来判定其是否进行了军事上的利用。《第一附加议定书》提出了四项标准:性质、位置、目的和用途。就性质而言,所有被武装部队直接使用的物体均可视为军事利用,如武器、装备、交通工具、防御工事、仓库以及武装部队、参谋部、通信中心等占据的建筑等。[1] 就目的而言,该标准意在将那些从功能而言有潜在军事利用可能性的物体纳入其中,这意味着所有民用物体事实上都有可能成为军事目标。[2] 必须强调的是,这类物体只有真正被用于军事目的时地位才会发生变化,如果仅具有军事利用的可能性或者是否用于军事目的尚存疑问,则只能推定为民用物体。[3] 目的标准在判断军民两用物体时可能会存在疑问。在这种情况下,必须综合考虑各种实际因素,尤其是攻击这种目标可能给平民居民的人身及财产带来的损失程度。换言之,这种判断要受比例原则的制约。至于用途标准,则是本项要求的应有之义。[4]

值得一提的是,与此前的建议草案相比,"军事目标"的定义增加了"位置"标准,不过无论是特别报告员还是起草工作小组,均未对增加这一标准给

---

[1] Jean Pictet, ed., *Commentary on the Additional Protocols of 8 June 1977 to the Geneva Convention of 12 August 1949*, Geneva: Martinus Nijhoff Publishers, 1987, p.636.

[2] 如学校属于民用物体,但如果完全被武装部队所占据,就会变成军事目标。

[3] 《第一附加议定书》第52条第3款。

[4] 在这里,仅能用军事用途作为衡量标准,一个物体具有政治、经济、社会或精神上的重要性与此无关,否则关于"军事目标"的定义将毫无意义。See Robert Kolb & Richard Hyde, *An Introduction to the International Law of Armed Conflict*, Portland: Hart Publishing, 2008, p.131.

出任何原因。① 一般认为,该标准意在规制那些在性质上没有军事功能,但由于其所在位置而对军事行动有实际贡献的物体,如处在交通枢纽位置的桥梁和建筑物,或者对军事行动特别重要从而必须夺取的场所等。② 因此,就该标准的解释问题,加拿大、德国、荷兰以及美国在对议定书文本进行最后讨论时发表声明,强调一个特定的区域或场所视其位置和当时情况可以构成合法的军事目标。③ 英国在批准《第一附加议定书》时也作出相似的声明。④ 这意味着在这些国家看来,能构成军事目标的不仅包括民用物体,还包括特定的区域。

2.军事利益

"军事目标"定义的第二项要求包含两个限定条件。在时间上,必须限于当时的情况,因为结合第一项要求中的"目的"标准,从抽象的意义上说,任何民用物体在其未来发展过程中都有可能成为军事目标,该项条件就是对"目的"标准作出的限制。如果没有这项限定,作为国际人道法基石之一的区分原则就可能无法实现。⑤

在效果上,该物体的毁坏、缴获或失去效用必须能为另一方提供明确的军事利益。⑥ 这意味着,对上述物体的攻击如果仅能提供潜在的或间接的军事利益,这种攻击就是不合法的。本项条件意在对攻击行为加以严格限制,以防

<hr />

① See CDDH, *Official Records*, Vol.XV, CDDH/III/224, 26 May 1977, pp.331-332.

② Jean Pictet, ed., *Commentary on the Additional Protocols of 8 June 1977 to the Geneva Convention of 12 August 1949*, Geneva: Martinus Nijhoff Publishers, 1987, p.636.

③ See CDDH, *Official Records*, Vol.VI, CDDH/SR.41, 26 May 1977, pp.178-179(Canada), pp.187-188(Germany), pp.194-195(The Netherlands), p.204(United States).

④ Available at http://www.icrc.org/ihl.nsf/NORM/0A9E03F0F2EE757CC1256402003FB6D2? OpenDocument(last visited 2 May 2012).

⑤ Marco Sassòli & Antoine A.Bouvier, *How does Law Protect in War*(2nd edition), Vol.I, Geneva: ICRC Publications, 2006, p.202.

⑥ 在日内瓦外交会议的讨论中,曾被建议使用的词汇还包括"明显的"(distinct or obvious)、"直接的"(direct or immediate)、"清晰的"(clear)、"具体的"(specific)、"实质的"(substantial),但讨论时间最长并被最终采纳的词语是"明确的"(definite)。See CDDH, *Official Records*, Vol.XV, CDDH/III/224, 26 May 1977, pp.331-332。

止对上述条款的滥用,这也是比例原则的必然要求。事实上,在《第一附加议定书》的其他条款中也有类似措辞的使用,它们无一例外都是对比例原则的重申。①

必须重申的是,在确定一个物体在武装冲突中的地位时,必须同时适用"军事利用"和"军事利益"两项要求,缺少任何一项都不能据此认定该物体为军事目标。譬如,军用飞机在武装冲突中属于合法的攻击目标,但如果一架军用飞机逃离战场并飞往中立的第三国投降,它就不再属于军事目标,因为它不可能对以后的军事行动再有任何实际贡献;同样,一个废弃的军事设施也不应成为攻击的目标,因为这种攻击不会给另一方带来明确的军事利益。② 事实上,对一方军事行动有实际贡献的某个物体的毁坏、缴获或失去效用却不构成敌方的军事利益,或者构成一方军事利益的某个物体的毁坏、缴获或失去效用却在任何意义上都不会对敌方的军事行动有所贡献,都是难以想象的。③

四、"军事目标"定义的适用

尽管《第一附加议定书》为军事目标提供了明确的定义,但由于在解释上仍存在争议的空间,④同时当代武装冲突中出现的新情况也给国际人道法的适用带来挑战,⑤该定义在实际适用时并不容易。

要准确适用该定义以实现区分原则,就必须理解国际人道法界定军事目标的目的。事实上,这一问题早在 1977 年日内瓦外交会议以前就由红十字国际委员会提出。当时该委员会正困惑于在一项人道条约中界定可被攻击的物体是否妥当。在经过大量思考后,它得出结论,如果不定义在武装冲突中可合

---

① 如《第一附加议定书》第 51 条第 5 款第 2 项、第 57 条第 2 款第 1 项和第 2 项。

② See Robert Kolb & Richard Hyde, *An Introduction to the International Law of Armed Conflict*, Portland: Hart Publishing, 2008, pp.131–132.

③ Marco Sassòli & Antoine A. Bouvier, *How does Law Protect in War* (2nd edition), Vol.I, Geneva: ICRC Publications, 2006, p.202.

④ 譬如实际贡献(effective contribution)的判断标准、在何种情况下才属于明确的军事利益(definite military advantage),目前都是不明确的,尤其需要指挥官结合具体情况进行个案判断。

⑤ 如平民参与敌对行动问题、人体盾牌问题等。

法予以攻击的目标,就不能确保为平民人口提供有效保护。① 因此,定义军事目标的本质仍是为了保护平民人口和民用物体。交战各方在实践中判定军事目标时,也必须服从于这一目的。

1.最小伤害原则

为了实现上述目标,军事目标的判定及攻击必须尽可能减少给平民带来的附带损害。根据《第一附加议定书》第57条第2款第1项第2目的规定,计划和决定攻击的人应"在选择攻击手段和方法时,采取一切可能的预防措施,以期避免,并无论如何,减少平民生命附带受损失、平民受伤害和民用物体受损害"。事实上,该条也意味着,在攻击的当时不仅要求能获得明确的军事利益,也必须尽可能确保避免或最小化平民的生命和财产损失。在这方面,《第一附加议定书》对攻击方和防御方都施加了义务。对攻击一方而言,在目标的选择上,如果现有的几个军事目标有可能取得同样的军事利益,那么选定的目标应是预计对平民生命和民用物体造成危险最小的目标;②在作战方法和手段的选择上,应避免不分皂白的攻击,即禁止"使用任何将平民或民用物体集中的城镇、乡村或其他地区内许多分散而独立的军事目标视为单一的军事目标的方法或手段进行轰击的攻击",同时禁止使用不能实现区分的攻击方法和手段。③ 对防御一方而言,其应在最大可能的范围内:(1)努力将其控制下的平民居民、平民个人和民用物体迁离军事目标的附近地方;(2)避免将军事目标设在人口稠密区内或其附近;(3)采取其他必要的预防措施,保护在其控制下的平民居民、平民个人和民用物体不受军事行动所造成的危害。④ 从本质上说,不分皂白的攻击本身就会导致对平民居民和平民物体的过分伤害,既不能保证最小伤害,也不符合比例原则的要求。

2.比例原则

比例原则要求攻击所造成的平民伤亡或民用物体的损害不能与所获直接

---

① Jean Pictet,p.635.

② 《第一附加议定书》第57条第3款。

③ 《第一附加议定书》第51条第4款和第5款第1项。

④ 《第一附加议定书》第58条。

军事利益不成比例。该原则源于 1868 年《圣彼得堡宣言》中那句著名的论断："各国在战争中应尽力实现的唯一合法目标是削弱敌人的军事力量。"从而引申出任何过分的不成比例的攻击都会超越这一合法目标。事实上，根据《第一附加议定书》的相关规定，在确定可攻击的军事目标时，比例原则贯穿始终。该原则经常与最小伤害原则相混淆，二者其实是相互联系又有区别的两个概念。比例原则不可能抽象地加以评估。如果攻击可以不造成或造成很小的附带损害，那么任何人员的伤亡都可以说与所获军事利益不成比例。①然而，现实并非如此，它存在很多无法估量的因素。因此，最小伤害原则实际上是促使交战各方遵守比例原则的一个具体要求。《第一附加议定书》对该原则的表述是，如果攻击可能附带造成的损害与预期的直接军事利益相比是过分的，那么该攻击就应取消或停止。② 该原则在涉及军民两用物体时尤其具有重要意义。不过在实践中，对比例的评估有时异常复杂③，因而在此种评估存在争议时，就应把平民人口的利益置于优先地位。④

3.攻击时的预防措施

在遵循比例原则的前提下，对一个军事目标的攻击并不因该目标内有平民受到伤害而变得非法。⑤ 如果不对指挥官的判定作出某种限制，就可能出现这样一种情况，为实现军事利益而侵蚀国际人道法的基本价值。譬如，武装冲突中运输军火前往某仓库的卡车是合法的军事目标，但平民驾驶员则是免受直接攻击的对象，从抽象的意义来说并无问题，在实践中则是一种悖论。⑥

① See Alexandra Boivin, *The Legal Regime Applicable to Targeting Military Objectives in the Context of Contemporary Warfare*, Research Paper Series of University Centre for International Humanitarian Law, No. 2/2006, p.38.

② 《第一附加议定书》第 57 条第 2 款第 1 项第 3 目和第 2 款第 2 项。

③ 譬如，"过分"的衡量标准是什么？如何判断预期的"具体和直接的军事利益"？实践中经常存在争议。

④ See Robert Kolb & Richard Hyde, *An Introduction to the International Law of Armed Conflict*, Portland: Hart Publishing, 2008, p.132.

⑤ 如攻击军工厂时导致其中工作的平民遭受伤害。

⑥ 红十字国际委员会：《国际人道法中直接参加敌对行动定义的解释性指南》，第 53—54页。

为此,《第一附加议定书》第57条规定了攻击时的预防措施,作为对第52条的补充。该条的核心是,即使是针对军事目标发动的攻击也不是无限制的,并要求:(1)如果发现某攻击行动属于被禁止之列,则应取消该行动;①(2)如果情况允许,就可能影响平民的攻击行动事先发出警告;(3)只要存在选择的余地,应尽可能选择带给平民居民危险最小的目标。同时,计划和决定采取攻击行动的指挥官还承担某些附带义务,即核实目标的合法性、选择避免平民伤亡或使其最小化的作战方法和手段以及根据比例原则取消可能造成平民不合理伤亡的攻击行动。

4.受特殊保护的物体

严格来说,任何民用物体在未来都有可能转化为军事目标,只要其符合了军事目标定义中规定的两个条件。但即使在这种假定的前提下,某些物体也因其自身的性质或特点在转化为军事目标时有着更高的要求和更苛刻的条件,甚至禁止这种转化。《第一附加议定书》规定的这类物体包括文化财产、不设防地方、非军事化地带、自然环境以及含有危险力量的工程和装置等。②这些民用物体有的在严格限制下可以成为攻击的对象,如文化财产;有的只能在对其攻击成为唯一方法的情况下才能转化为军事目标,如含有危险力量的工程和装置;有的则绝对禁止对其加以攻击,如不设防地方。因此,在确定某一物体是否为合法的攻击目标时,必须考虑受特殊保护的物体这一因素。

五、小结

《第一附加议定书》关于军事目标的定义构成了武装冲突中保护民用物体的规则的基础,该定义本身也是为界定民用物体的范围而服务,二者之间是非此即彼的关系,没有任何中间地带。因此,武装冲突中可予以合法攻击的军事目标的范围越窄,受保护的民用物体的范围就越宽泛。为此目的,《第一附加议定书》为军事目标的判定创设了严格的标准,并通过比例原则和攻击中

① 可能是由于军事目标的判定错误,也可能由于攻击行动不符合比例原则(如攻击一座满载平民的火车正在通过的大桥)。《第一附加议定书》第57条第2款。

② 《第一附加议定书》第53—56条、第59—60条。

的预防措施加以制约。因为某个物体之所以成为军事目标,并不是完全由其内在特征所决定的,更多地取决于敌方对它的利用或者攻击者对它的潜在利用。① 这一点在军民两用物品以及军民通用物品快速发展的今天,尤其具有重要意义。否则,区分原则将没有任何意义,国际人道法所追求的目标也不可能实现。

《第一附加议定书》是首次对军事目标作出法律定义的生效的法律文本,而且各缔约国在批准该议定书时均未对此作出保留。此后,这一定义陆续被一系列国际人道法条约所采用,如《特定常规武器公约》的三个议定书以及《保护文化财产公约的第二议定书》。许多国家的军事手册也涵盖了这一定义,甚至包括不是或当时不是《第一附加议定书》缔约国的国家。很多权威机构据此认定,关于"军事目标"的这一定义已构成习惯国际法。②

The Definition of Military Objectives under International Humanitarian Law

Abstract:As soon as the focus of the law on the conduct of hostilities shifted from the prohibition to attack undefended towns and villages to the rule that only military objectives may be attacked, the definition of military objectives became crucial.Under the definition provided for by Article 52(2)of Protocol I,an object must cumulatively fulfill two criteria to be a military objective, namely effective contribution to military action and a definite military advantage for the other side. This article examines the elements of the definition of military objectives and clarifies some key points,which will make contributions to the application of that definition in time of armed conflict.

---

① Marco Sassòli & Antoine A.Bouvier,*How does Law Protect in War*(2ⁿᵈ edition) ,Vol.I,Geneva:ICRC Publications,2006,p.201.

② 如红十字国际委员会以及审查北约对南联盟轰炸的委员会。See Jean-Marie Henckaerts & Louise Doswald-Beck(ed.) ,*Customary International Humanitarian Law*,Vol.I (*Rules*) ,London:Cambridge University Press,2005,pp.29–30.

Key words：military objectives；Additional Protocol I；International Humanitarian Law

外层空间法现状及"和平利用外空"之研究

● 孟凡明　郁海宝*

内容提要：广阔的外层空间就像辽阔的海洋一样，其和平利用将给全人类带来巨大的福祉。但和平利用的愿景与基于国家利益考虑推行的外空军事化活动，产生了难以回避的冲突。在这一矛盾面前，现有外空法体系因其漏洞与空白的存在，已难以有效发挥自身作用。因此，应采取切实措施，构建健全完善的外层空间法体系，以进一步强化落实和平利用原则的法律保障。

关键词：外层空间法　和平利用　现状研究

1957 年苏联发射了第一颗人造地球卫星，标志着人类的探索行为已经拓展到外层空间。伴随这一进程，人类的军事活动和立法实践也随之向外层空间扩展。在当今，"和平利用外层空间"的国际法原则与"外空军事化"进程炙热升级的现实冲突，进一步凸显了外空法律规制的不足。如何有效地和平利用外空资源为全人类谋福祉，已成为全人类共同关注和急需解决的难题。

一、经过联合国外空委员会的协调努力和国际社会的参与合作，和平利用外层空间的国际条约及相关国际法原则已被确立并被大多数国家所接受，但仍存在诸多缺陷。

外层空间法是伴随着外空技术发展进步和各国探索利用外空活动而诞生的。为逐步规范世界各国探索利用外层空间的各种行为，在美苏两个超级大国

---

* 孟凡明，国防大学教授；郁海宝，国防大学研究生院硕士研究生。

的主导下,联合国大会专门于 1959 年成立了由 67 个国家组成的"和平利用外层空间委员会"(COPUOS,简称外空委员会),下设法律和科技两个小组委员会。①

虽然外空委员会的设立不免具有东西方"冷战"色彩,但作为规范太空活动的常设机构和"和平探索和利用外层空间国际合作的协调中心",其宗旨仍是逐步制定和编纂和平利用外空的原则和规章,促进各国在和平利用外空领域的国际合作,研究探索和利用外层空间所引起的法律问题。

迄今为止,外空委员会制定、确立了一系列规范外空和平利用、防止外空军备竞赛的外层空间法公约和准则,对相关的外空利用问题做了法律规范。形成了以五个规范外层空间活动的国际条约②和以联合国大会通过的五项决议制定的五项法律原则③为主体,以联合国宪章及其他相关国际法规范④为补充的外层空间法律规范体系,从而确立了以"为和平利用原则"(即限制军事化原则)为主的十项基本法律原则⑤,对人类探索和利用外层空间活动进行了

① 成立于 1962 年的法律小组委员会,主要职责是拟订有关外空活动的条约、协定和其他法律文书草案,提交外空委员会和联合国大会审议通过。

② 五个有关外层空间活动的国际条约分别为:1967 年《关于各国探索和利用包括月球和其他天体在内外层空间活动的原则条约》(简称《外层空间条约》)、1968 年《关于营救宇航员、送回宇航员和归还发射到外层空间的实体的协定》(简称《营救协定》)、1972 年《空间物体造成损害的国际责任公约》(简称《国际责任公约》)、1975 年《关于登记射入外层空间物体的公约》(简称《登记公约》)、1979 年《指导各国在月球和其他天体上活动的协定》(简称《月球协定》)。

③ 联合国大会通过的五项决议制定的五项法律原则分别为:1963 年的《各国探索和利用外层空间活动的法律原则宣言》、1982 年《关于各国利用人造地球卫星进行国际直接电视广播所应遵守的原则》、1986 年《关于从外层空间遥感地球的原则》、1992 年《关于在外层空间使用核动力源的原则》、1996 年《关于开展探索和利用外层空间的国际合作,促进所有国家的福利和利益,并特别考虑到发展中国家的需要的宣言》。

④ 如《常规武器公约关于激光致盲武器第四议定书》禁止任何外空激光,特别是可以导致永久眼盲的激光的应用。《有限禁止核试验条约》规定禁止在外空进行核爆炸。美苏之间《战略武器削减条约 I》规定两国"不能以将核武器或任何其他种类的大规模杀伤性武器放入地球轨道或地球轨道的一部分为目的,生产、试验及配置包括导弹在内的有关系统。"

⑤ 这十项原则为:共同利益原则、自由探索和利用原则、不得据为己有原则、和平利用原则、援救宇航员原则、国家责任和赔偿责任原则、对空间物体的管辖权和所有权原则、外空物体登记原则、保护空间环境原则、国际合作和互助原则。

法律规制。除此之外,联合国大会及相关会议的决议也多次重申了"外层空间和平利用"原则①。

外空法在确立了"为和平利用原则"的同时,即对从事外空军事活动进行了明确的规制,力求解决和平利用和军事利用之间的两难选择困境。因为,外空军事化不仅会严重妨碍和平利用外空原则的落实,更会引发新一轮的军备竞赛,最终断送世界和平与共同发展的美好前景。

基于此,有着"外空宪章"美誉的《外层空间条约》,就直接规定了限制在外空发展和利用武器的内容。确认外层空间是人类共同利益所在,明确强调对外层空间的探索和利用只能用于和平目的并为所有国家谋利益。其第3条规定:"各缔约国在进行探索和利用外层空间(包括月球和其他天体)的各种活动方面,应遵守国际法和联合国宪章,以维护国际和平与安全,促进国际合作与了解。"第4条规定:"各缔约国承诺不在环绕地球的轨道上放置任何载有核武器或任何其他类型大规模毁灭性武器的物体,不在天体上装置这种武器,也不以任何其他方式在外层空间部署这种武器。所有缔约国应专为和平目的使用月球和其他天体。禁止在天体上建立军事基地、设施和工事,试验任何类型的武器和进行军事演习。"

在此基础上,《月球协定》重申了《外层空间条约》关于和平利用外层空间的原则,并包含了很多禁止军事行动的条款。指出"月球应供全体缔约国专为和平目的而加以利用。""在月球上使用武力或以武力相威胁,或从事任何其他敌对行为或以敌对行为相威胁,概在禁止之列;利用月球对地球、月球、宇宙飞行器或人造外空物体的人员实施任何此类行为或从事任何此类威胁,也

① 如1958年12月13日,联合国大会通过第1348号决议,确认外层空间是人类共同利益所在,强调外层空间只能用于和平目的。1999年第54届联合国大会再次以压倒性多数通过了防止外空军备竞赛的决议,强调谈判缔结一项或多项防止外空军备竞赛的国际协定仍是裁军谈判会议外空委员会的首要任务。1957年11月14日联合国大会关于裁军的决议提到,应保证射入"外层空间"的物体专门用于和平目的。1999年联合国第三次外空大会通过的《空间千年:关于空间和人的发展的维也纳宣言》再次重申:全人类对于为和平目的探索和利用外层空间方面的进步所具有的共同利益,并深信有必要将防止外层空间的军备竞赛作为促进这方面国际合作的基本条件。

应同样禁止。缔约各国不得在环绕月球的轨道上,或飞向或飞绕月球的轨道上放置载有核武器或任何其他种类的大规模毁灭性武器的物体,或在月球上或月球内放置或使用此类武器。禁止在月球上建立军事基地、军事装置及防御工事,试验任何类型的武器及举行军事演习。"

但从当下来看,虽然和平利用的原则早已为公约所确立,但外空真的实现了和平利用么?事与愿违,实践中出现的多是与外层空间和平利用背道而驰的外空军事化行为。

这与国际条约的法律效力弱化不无关系。一是相关法律术语概念界定过于原则、笼统,缺乏具体明确的法律界定,对条约条款易于做出符合本国国家利益的变通解释。二是条约受订立时的政治、军事和技术条件的影响较大,法律滞后性的弱点不可避免地在这一"年轻的"国际法分支上有所体现,出现法律规制盲区在所难免。三是缺少监督检查、争端解决和具体制裁等强制执行程序,导致和平利用的原则难以真正落实。这些缺陷与漏洞,为外层空间军事化进程和军备竞赛开辟了一条"绿色通道",从而对和平利用原则造成了巨大冲击和挑战。

对于法律术语的规定,如"和平"(peaceful)的概念,《外空条约》作了"非攻击性"的政治界定①,参照《联合国宪章》将"和平"界定为"和平目的包括自我防御的本质权利",仍缺乏明确性。因此,国际社会对其理解就存在"非军事性"和"非侵略性的或非敌对的"的分歧②。对于这一问题,也有观点认为,"纵观立法的背景以及现状,和平利用外空原则的目的并不在于全面禁止外空中的军事活动,其根本目的在于减少外空中武器的使用,各国承担义务在外

---

① 王孔祥:《从国际法角度析空间武器问题》,载《河北法学》2007 年 6 月第 25 卷第 6 期。

② 对于《外空条约》中"和平目的"的解释,中国、苏联等国家认为"和平目的"是指"非军事性",认为在外空开展包括部署军事卫星在内的任何军事活动都是被禁止的,无论是进攻性的还是防御性的,也即禁止在外空从事一切军事活动。"和平目的"即要求外空的利用是非军事的,"非侵略性的"实质是为外空武器化和军备竞赛提供借口。美国等西方空间强国则认为"和平目的"并未完全排斥军事应用,只是排除侵略性的军事化利用外空,并不排除非侵略性的用于军事目的的利用外空的情形,非侵略性的军事化利用外层空间属于"可允许的"。"和平目的"即要求外空的利用是非军事的,"非侵略性的"实质是为外空武器化和军备竞赛提供借口。

空采取措施裁军并限制军事行为"。①

再者,条约自身规定的模糊性也较为明显。如规定的"不禁止为科学研究或为任何其他和平目的而使用军事人员,也不禁止使用为和平探索和利用月球所必要的任何装备或设备。"然而军事人员和非军事人员的角色身份定位并不固定,完全可以根据国家利益需要随时进行自由转换,因此无法有效遏制军事人员在外空和天体从事名为"和平目的"实为军事目的的的活动。

以及《外空条约》第4条第1款仅强调"各缔约国不得在绕地轨道上放置任何载有核武器或者其他任何种类大规模杀伤性武器的物体,不在天体上装置这种武器,也不以任何其他方式在外层空间部署这种武器",这一规定并未禁止在其他外层空间特别是环地球轨道"建立军事基地或设施、进行军事演习和试验武器在内的一切军事利用",没有限制核武器和其他大规模毁灭性武器之外的新式外层空间先进武器,特别是作为新式常规武器的激光、定向能、动能等新式武器"在外层空间的部署、发展",也没有禁止在外层空间通过或使用此类武器。特别是对导致外层空间军事化的重要构成要素——军用卫星,并未作出任何限制性规定。这就为一些军事大国利用条约缺陷,突破"和平利用目的"、进行外层空间军事行动留下了很大的法律漏洞,提供了可乘之机。

二、美、日等空间大国意图通过外空军事化活动抢占未来战争新的制高点,以继续巩固、推行其霸权战略。

所谓的"外层空间军事化",其内容包括两个层面:一是指为军事目的而对人造地球卫星的利用,来支持和增强以地球(包括陆地、海洋和大气层)为基地的武器系统和地面部队的效能;二是指外空武器的发展,即指以外空为基地的武器系统的发展,以打击或摧毁对方在陆地、海洋、大气层以及外空中的目标,或损害其正常功能,也包括以陆地、海洋、大气层为基地的武器系统的发

---

① 赵云:《外层空间法中的热点问题评议》,载《北京航空航天大学学报(社会科学版)》2010年1月第23卷第1期,第45页。

展,以打击或摧毁对方的外空物体或损害其正常功能①。

　　由于谋取空间优势不仅可以拓展一国的战略边疆和领域,获得丰富的空间资源,而且对于维护国家安全具有难以替代的作用。随着空间技术的发展及其在军事领域的广泛应用,空间原有的寂静与平衡被打破了,夺取空间军事优势已成为军事强国发展空间技术的首要目标②。在外空的军事用途已被初步开发并被逐步引向深入的今天,外层空间法已难以有效限制并禁止外空军事行动从试验到实战的发展,外空军事化已成为不得不面对的客观现实。

　　在抢占外空这一"高边疆"的征途上,美国当仁不让地走在了世界前列。美国前总统肯尼迪曾指出,"谁能控制空间,谁就能控制地球"。美国参议院"国家安全太空管理和组织委员会"在报告中指出,"天空和海洋是20世纪的战场,太空将是21世纪的战场。"在"称霸全球"的战略指导下,作为《外空条约》主要缔约国之一的美国,力图凭借其强大的经济科技军事实力,推进外层空间军事化进程,以掌控未来战略主动权和战争主导权。

　　据此,美军在其制定的战略构想中,一直特别强调围绕争夺制天权开展外空军事对抗。早在20世纪50年代的早期外空活动阶段,美国就已提出了太空作战概念,并不断地通过实践加以完善。在20世纪80年代美苏对抗的最紧张阶段,里根总统提出的"战略防御计划"即著名的"星球大战",中心就是以外空为主要作战空间,建立一整套以先进外空技术为核心的监测控制打击系统,直接对敌人的导弹核武器进行防御,同时力争控制太空。1982年10月,美空军颁布了美军历史上第一部太空作战条令,即"AFM-6军事航天理论",从此航天活动已经正式成为美军编制内的军事活动。

　　进入21世纪,美国在其多份战略规划文件(包括《国家航天政策》、《国家安全太空战略报告》、《国家军事战略》)中,不断强化"控制太空"的主导思想,研发新的外空直接作战装备,以便在对陆海空军事行动进行作战支援的基础之上,发展从太空向地面各种目标进行打击摧毁的军事能力,并将美国的长远战略利益界定在"确保太空在内的全球公共区域以及全球关联区域内的进

---

① 贺其治:《外层空间法》,法律出版社1992年版,第295页。
② 常显奇:《军事航天学》,国防工业出版社2005年版,"前言"。

入和自由调动",特别明确强调了对美国太空系统进行干扰将被视为对美国国家利益的侵犯,提出要利用所有军事手段维护太空利益,确保美军"自由地进入和调动"。

基于以上战略思想,美国充分利用了外层空间法存在的"在外空中不禁止进行非核武器的试验"、"不禁止进行军事演习"等缺陷,大力推进外空军事化进程。并于2002年退出了"禁止、试验及设置外空反弹道导弹系统和设备"的《反弹道导弹条约》,进一步摆脱了发展天基反导系统的法律限制,为其研发部署导弹防御系统开辟了通道。

在近几场局部战争中,美军借助军用卫星实施侦察、监视、预警、通信、导航定位,为作战提供侦察情报及支援保障,也体现出美国的军事活动对空间军用卫星系统的依赖已达到前所未有的程度。如1991年海湾战争中,美国就动用了70%的军用卫星为作战提供服务,还征用了大量的民用卫星。

在外空武器装备试验方面,美军的外空部分装备已具备了实战能力。通过建立地基通信卫星干扰系统,初步具备了干扰同步轨道通信卫星的实战能力。地基激光武器在经过了多次试验后,已基本具备了实战能力。2008年2月21日,美国海军利用"标准-3"导弹在距地面247 km的高空成功击毁一颗时速超过282.88 km/t的报废侦察卫星(USA-193),虽然美国将这一举动解释为"为了人类和地球环境的安全",但意图并非如此简单。此举在军事上的价值是使美国具备了对低轨道卫星的摧毁能力,从而在发展反导和反卫星武器方面占据了主动。2011年,X-37B"轨道试验飞行器"和X-51"驭波者"巡航导弹先后试验成功,使其外空作战能力得到大幅提升。在争夺"制天权"的作战理论指导下,美军还依托7个太空作战实验室进行作战理论研究。2001年到2010年,在科罗拉多空军基地先后六次进行了以中国为假想敌、代号为"施里弗"的太空作战演习。上述举动不仅不利于外层空间的安全,而且不可避免地为外层空间军备控制产生了消极影响。

美国的亚洲盟友日本也极力突破和平宪法限制和《美日卫星采购协议》束缚,不断强化空间技术的军事化利用,大力推进太空军事化进程,借此彰显其政治军事大国地位。特别是日本在2008年通过了《空间基本法案》为其"太空军事化"解禁之后,进一步加速了其太空军事化步伐。

虽然日本提出其太空计划必须为"确保国际社会的和平与安全"以及"日本的国家安全"做贡献，确立的仍是对"和平利用"的遵守，但从整部法案来看，其"和平利用"实质上已经从"非军事"转向了"非侵略"。实际上是以维护国家安全保障为名，解除了"非军事原则"对日本军事利用太空的限制，为日本军事利用外空做了铺垫。因此该《法案》的实施在事实上推翻了1969年日本国会做出的要求日本空间开发活动奉行"非军事"原则，只能用于和平目的的决议。① 拉开了日本将太空用于"防卫性"军事目的的序幕。②

在此基础上，《法案》提出了发展军事卫星的建议，其中就包括探测和监视弹道导弹发射的早期预警卫星，以完善导弹防御系统并逐步将其向外空扩展。日本防卫省发布的《关于开发利用太空的基本方针》，全面阐述了日本军事利用太空的现状、面临的问题、解决的方法以及军事利用太空的基本原则，将指导2010年到2015年间日本军事利用太空的政策和实践，标志着日本的太空军事战略已具雏形。

在上述战略指导下，日本立足于建立自己的军事航天系统和反导系统，以谋求在未来战争中夺取空间信息优势。日本防卫省已经开始了预警卫星，特别是高灵敏度红外线传感器等早期预警卫星的关键性技术的研发工作，力争建立独立的天基预警系统，摆脱对美国预警情报的过度依赖。在卫星通信方面，除继续租用商用卫星外，自卫队计划发展军事专用通信卫星。在天基防护方面，防卫省计划对费效比和技术可行性进行研究，同时积极发展反卫星侦察技术。与此同时，日本还加速进行导弹试射，先后完成了"爱国者"-3地对空

---

① "和平目的"在日本一直被解释为"非军事目的"。日本教授青木节子认为，当时国际社会的普遍共识是将"和平目的"解释为"非侵略目的"，而同一术语在日本却被解释为"非军事目的"，并认为1967年的外空条约实质上采纳的也是将"和平目的"解释为"非侵略目的"，在自卫的限度内允许对空间的军事利用（参见《AJISS-Commentary: The Association of Japanese Institutes of Strategic Studies》2008年6月第34期，第3页）。对此，国内多数空间法学者在此问题上的观点与此相反，认为普遍的共识是将"和平目的"解释为"非军事目的"。转引自李寿平、吕卓艳：《日本〈空间基本法案〉及其启示》，载《北京理工大学学报（社会科学版）》2010年10月第12卷第5期，第103页。

② 李寿平、吕卓艳：《日本〈空间基本法案〉及其启示》，载《北京理工大学学报（社会科学版）》2010年10月第12卷第5期，第103页。

导弹和"标准"-3海基拦截导弹的试射,以提升其导弹防御系统实战能力。

可以说,《空间基本法案》不仅打开了日本空间军事利用发展的大门,而且还以"无侵略目的"这样用语模糊、难以定义且易于自我扩大解释的规定,为空间军事乃至空间武器的发展保留了大量发展空间①,有助于加快其外空军事化利用的步伐。

苏联作为唯一能与美国在外空抗衡的航天大国,在其解体后,其衣钵继承者俄罗斯,也逐渐加大了外空军事力量的建设力度。2000年通过的《俄联邦军事学说(草案)》明确指出:"未来战争的军事行动将以天基为中心,夺取制天权将成为夺取制空权和制海权的主要条件之一。"2001年通过的《俄罗斯2001—2010年国家航天计划》,提出了一整套完善的空间作战理论。② 俄军也提出了"空天一体"的作战构想,并明确规定了未来太空作战具体任务(包括战略进攻、战略防御、战略侦察及战略支援四类)。为整合太空军事力量,提升其作战能力,专门于2001年组建了一个直属俄罗斯武装力量总部指挥的新的兵种——太空部队(天军),由军事航天部队和反导弹防御部队组成。③并在航天飞机、空间站等太空军事平台研制以及反卫星技术、空天防御系统和以卫星为主的外空侦察力量建设上都取得了新进展。

亚洲大国印度也不甘落后,在近年来军费逐步升高的基础上,积极投身外空军事化进程之中。印度于2008年4月成功发射了一枚自行研制的极地卫星运载火箭,一举将10颗主要用于侦察监视周边国家导弹部署等军事动向的

---

① 李寿平、吕卓艳:《日本〈空间基本法案〉及其启示》,载《北京理工大学学报(社会科学版)》2010年10月第12卷第5期,第107页。

② 吴静、余凯:《俄罗斯当前空间力量及空间安全战略浅析》,载《国际问题调研》2009年第5期,第17页。

③ 吴静、余凯:《俄罗斯当前空间力量及空间安全战略浅析》,载《国际问题调研》2009年第5期,第14页。俄军事航天部队主要负责俄军用卫星的发射工作,并承担打击敌方太空武器系统的任务,其最重要的装备是已基本具有实战能力的反卫星平台和反卫星导弹。反导弹防御部队则是防御型部队,主要任务是监视美国等国的导弹发射装置,同时拦截其他国家对俄罗斯进行的导弹攻击。

卫星送入轨道,航天侦察、通信系统以及完善的全球导航定位系统也正在建设之中。① 印度希望借此提升在国际政治方面的影响力和争夺外空资源的话语权。

法国、以色列、巴西等国也纷纷加快了空间技术应用和国内相关立法的研究步伐,并极力利用其国内法为本国发展太空装备、提升外空对抗能力寻找冠冕堂皇的借口和法理依据。

美、日等国不断调整其空间战略政策,积极投身太空军事化,意图将其他国家拖入外空军备竞赛的行为,不可避免地将进一步破坏和平利用外层空间的发展趋势,损害其他国家和平利用外空的权利和利益。照此发展下去,"寂静的太空终有一天将会成为烽火连天的战场"。②

三、我国一直以来坚持和平利用外层空间的立场和做法,并在倡导和平利用外层空间方面作出了积极努力。

1970 年 4 月 24 日,我国在成功发射了第一颗人造地球卫星"东方红一号"后,也步入了中国的空间时代。作为一个发展中的航天大国,我国一贯主张外空是全人类的共同财富。认为"外空应服务于而非损害各国人民维护和平、增进福利、谋求发展的根本目的"。③ 应在为全人类谋利益的目的之上,和平利用外空、防止外空军备竞赛,反对任何国家为一己之私,谋求在外层空间建立军事优势的活动,反对任何国家将外空变成"军事竞技场"。主张按照包括《联合国宪章》、外层空间法等在内的相关国际法规则,在和平利用、平等互利、自由竞争、共同发展的原则基础上进行外空活动,增进和加强外空领域的国际合作。

随着我国航天事业的快速发展,特别是在 1980 年被正式接纳为联合国外空委员会成员后,我国通过参加联合国外空大会和外空委员会会议,积极参与

① 赵秀敏:《非战争军事行动中的外层空间法律问题探究》,载《空军航空大学学报》2010年 4 月第 3 卷第 2 期,第 76 页。

② John.T.Correll, "A roadmap for Space", *Air Force*, March 1999, Vol. 82, p.3.

③ 黄仪贞:《论外空军事化的发展及法律规制》,载《桂林空军学院学报》2010 年 7 月第 27 卷第 4 期,第 19 页。

到国际空间法的研究和制定之中,分别于 1983 年和 1988 年加入了《外空条约》和《营救协定》、《责任公约》、《登记公约》,并将其作为规范我国太空活动的主要法律依据。并依照我国加入的国家条约所承担的国际义务,我国制定了相关的配套法规,主要包括《空间物体登记管理办法》、《民用航天发射项目许可证管理暂行办法》、《军品出口管理条例》、《军品出口管理清单》等,以逐步规范我国和平利用外空的各项活动。在实践中,我国严格履行了相关责任和义务,遵守了包括和平利用外层空间原则在内的各项有关外空活动的原则,不对外层空间进行任何军事利用。2011 年《中国的航天》白皮书再次重申了中国坚持了为了和平目的的探索和利用外层空间的原则。阐明了中国对外层空间的探索和开发,完全是出于维护世界的和平与发展,这和其他太空大国意图抢占"高边疆"的战略优势根本不同。

作为一个负责任的发展中的航天大国,为解决外空军事化不断升级这一摆在全世界人民面前的迫在眉睫的难题,我国多次呼吁通过国际协商与合作早日达成一项防止外空军事化和外空军备竞赛的国际法律文件,以减缓外空军事化进程,制止外空军备竞赛日趋加剧的趋势,达成真正实现和平利用外空的愿望,为全人类创造一个更加美好的生存和发展空间。

早在 1984 年 10 月,中国就向联合国大会第一次提交了一项防止外空军备竞赛的决议草案,强调外空只应当被用于和平目的而不应该成为军备竞赛的场所,呼吁所有国家,特别是拥有巨大空间能力的国家采取及时有效的措施制止外空军备竞赛。[①]

在 2000 年举行的外空委第 43 届会议上,中俄等国又联合提交了一份题为"讨论拟订一项普遍、全面的国际空间法公约的适宜性和可取性"的文件,建议外空法律小组委员会自 2001 年起,开始讨论拟订一项普遍的、全面的外空法公约的可行性,得到了多数国家的支持。2002 年,中俄等国再次向联合国提交了《关于未来防止在外空部署武器、对外空物体使用或威胁使用武力国际法律文书要点》文件,以后又根据各国的意见起草了《关于外空法律文书

---

① 黄仪贞:《论外空军事化的发展及法律规制》,载《桂林空军学院学报》2010 年 7 月第 27 卷第 4 期,第 19 页。

的核查问题》和《现有国际法律文书与防止外空武器化问题》两份非正式文件，①呼吁国际社会尽快达成意向性的国家法律文书。

我国政府一向认为：外层太空军备竞赛问题，是国际军控和裁军领域最紧迫、最突出、对 21 世纪国际和平与安全影响最大的问题之一，理应成为日内瓦裁军谈判会议这一唯一的多边裁军谈判机构议程上最优先的项目之一。② 在 2006 年 5 月 22 日，中国与俄罗斯联合向联合国裁军谈判会议提交了《防止外空军备竞赛的核查》、《关于防止外空武器化法律文书的定义问题》及《现有国际法律文书与防止外空武器化》的建议。为有效应对外空安全面临严峻挑战，2008 年 2 月 12 日，中俄在日内瓦再次共同向裁军谈判会议全体会议提交了"防止在外空放置武器、对外空物体使用或威胁使用武力条约"草案，提出各国应通过谈判达成一项新的国际法律文书，防止外空武器化和外空军备竞赛，维护外空的和平与安宁。③ 虽然该草案遭到一些国家的反对，但是仍引起了国际社会的广泛关注，并就草案相关提议进行了研究与探讨，为达成国际共识奠定了基础。

四、推动国际社会建立健全外层空间法律法规，为和平利用外层空间提供完善的法制保障。

联合国前秘书长安南 1999 年在防止太空军事化国际会议上说："我们必须防止太空被不当使用。我们不能允许已经战火纷飞的本世纪将其遗产流传给后世，到那里我们所能够利用的技术将会更加可怕。我们不能坐视广阔的太空成为我们地面战争的另一个战场。"④

近年来，国际社会为防止外空军事化和外空军备竞赛进行了不懈努力，虽

---

① 李寿平、赵云：《外层空间法专论》，光明日报出版社 2009 年版，第 159—160 页。

② 黄仪贞：《论外空军事化的发展及法律规制》，载《桂林空军学院学报》2010 年 7 月第 27 卷第 4 期，第 19 页。

③ 李寿平、吕卓艳：《日本〈空间基本法案〉及其启示》，载《北京理工大学学报（社会科学版）》2010 年 10 月第 12 卷第 5 期，第 106 页。

④ 王孔祥：《太空军备竞赛对外层空间法的挑战》，载《武汉大学学报（哲学社会科学版）》2005 年第 5 期。

然这一进程面临着越来越严峻的现实挑战而进展迟缓。联合国裁军谈判会议自 1985 年至 1994 年连续 10 年设立特设委员会讨论外空问题。① 从 1981 年到 2005 年,几乎每年的联合国大会都会通过《防止外层空间军备竞赛》的决议。这些双边多边条约及提议对完善外层空间法,遏制外空军事化起了重要作用。

第一,继续推动发挥联合国的主导作用和外空委员会的协调促进作用,健全规制机制。应在现存国际条约对外空武器作出了限制性规定的基础上②,推动国际社会坚持外空和平利用原则,在反对外层空间武器化和国际军备控制谈判特别是涉及外空的武器装备问题上尽力达成共识,缔结一项全面的综合性空间法公约,弥补目前法律框架尚未跟上空间活动发展造成的缺陷。通过推动上述公约的签订和相关制度机制的建立,为有效阻止并最终全面禁止在外空进行任何武器的试验、设置和实战化部署打下法律基础。特别是在现行条约对卫星(包括军用卫星)作出保护性规定的基础上,禁止反卫星武器的试验和部署,特别是有效制止陆基、海基、天基的反卫星武器系统的发展。可考虑承诺不对民用通信卫星、军民两用导航卫星进行打击,禁止以任何种类的导弹和精确定位武器对其进行攻击,以及利用任何常规武器对缔约国卫星的安全运行造成威胁。在出现危及缔约国主权、领土安全的情势后,可对不法侵略方的军用卫星进行临时性干扰,使其在战争期间失效。但必须以不对该卫星实体造成永久性损害及不影响任何第三方国家卫星的正常运转为前提,以上干扰行为须在实施后的一定时间内通报联合国③。

第二,进一步明确界定相关概念的法律内涵。如"太空武器"、"和平利用","卫星的军用、民用属性"的甄别判断等。借以消除现有条约规定在概念上存在的模糊性、原则性而产生的缺陷与不足。可通过联合国大会就外空的

① 李寿平、吕卓艳:《日本〈空间基本法案〉及其启示》,《北京理工大学学报(社会科学版)》2010 年 10 月第 12 卷第 5 期,第 106 页。
② 主要是 1963 年《禁止在大气层、外层空间和水下进行核武器试验条约》和 1977 年《禁止为军事或其他敌对目的使用改变环境的技术的公约》。
③ 杨帆:《从美国反卫星试验看外空武器化的法律规制及完善》,《内蒙古社会科学》(汉文版)2009 年 9 月第 30 卷第 5 期,第 42 页。

"和平目的利用"问题请求国际法院发表咨询意见,通过国际法院的咨询意见对现行国际空间立法中的"和平目的利用"、"大规模杀伤性武器"等问题进行澄清①,进一步明确相关概念的法律内涵,堵塞法律漏洞。

第三,积极探索论证建立外空武器核查机制。美退役空军少将阿莫(James B.Amor)说:"如果不能对太空武器进行核查,就难以订立一项(禁止太空武器)条约"。美国新版《国家航天政策》也提出"支持建立透明与信任的措施以及适用情况下军备控制协议的监督、遵守与核查"。这对于建立相关机制具有一定的导向作用。在这一问题上,应进一步加强联合国安理会在外层空间非武器化及防止外层空间军备竞赛的监督与核查机制建设完善方面的重要作用。以此为契机逐步建立强有力的、便于操作的国际磋商机制、争端裁决机制和损害赔偿机制。逐步禁止在外层空间发展、试验和部署反导系统及其部件,对于已经设立的反弹道导弹防御系统和导弹防御系统进行全方位核查,并进行长效透明化监督,限制导弹防御系统的有效使用高度,避免对各类在轨卫星的威胁。②

第四,建立完善外空活动相关信息公布制度。一国应将其年度外层空间发展计划、航天发射场的数量、用途、位置以及拟射入外层空间物体的性质和技术参数、航天培训进展情况等航天情况及时公布,并在空间物体发射前后及时通报发射情况。与此同时,根据2005年第60届联大通过的《外层空间活动中的透明度和建立信任措施》决议精神,将国际合作和平利用外空资源信息,特别是商业开发进展情况及时公布。

五、结语

一国对从外空获取战略资源与优势的认识强化与现存外层空法在规制外空活动时的效力不断弱化的矛盾,使和平利用外空的原则受到外空军事化活

---

① 仪名海、马丽丽:《推进外层空间非军事化发展的必要途径》,《中国海洋大学学报(社会科学版)》2008年第6期。

② 杨帆:《从美国反卫星试验看外空武器化的法律规制及完善》,《内蒙古社会科学》(汉文版)2009年9月第30卷第5期,第42页。

动带来的无法回避的压力与挑战。爱因斯坦曾说,"现在我们的世界最缺乏的是善意和力量的结合"。作为处于"将强未强"的发展中空间大国,我国拥有推进外空非军事化、和平利用外空的善意,但同时我们也应加快发展我国的航天科技,增强航天实力,以自身的强大实力制止外层空间武器化和军备竞赛,积极配合联合国及外空委促成国际性共识,在健全完善外层空间法的基础上,使外层空间能够真正实现自由探索、和平利用的目的。归根结底,和平利用外空是全人类共同愿望和共同利益之所在。

The Use for Peaceful Purposes: The *Status Quo* of Outer Space Law and Its Developments

Abstract: The use of outer space for peaceful purposes will bring benefits and interests for all mankind. In this respect, the outer space is very similar with oceans. However, the militarization of outer space would run contrary to that expectation. It is very difficult for the established legal framework to play an effective role in this area owing to the legal loophole and legal gap. More concrete measures should be taken for the completion of outer space legal system, in order that space will be used exclusively for peaceful purposes.

Key words: Outer Space Law; The Use for Peaceful Purposes; *Status Quo* and developments

外空军事化的发展及法律制约

● 黄仪贞 *

内容提要:随着现代科学技术特别是航空航天技术的发展,世界各主要国家竞相进入外层空间拓展自身的国家利益,外空军事化已成现实。尽管现行外层空间法"和平探测与利用外层空间"的立法旨意在于外层空间的完全非军事化,然而,面对外空军事化趋势的加剧,现行外层空间立法的局限性也日趋明显。因此,积极倡导进一步完善和发展联合国框架下的现行国际空间法律制度,防止外层空间进一步军事化,具有重要的意义。

关键词:外空军事化　法律制约　外层空间法

一、 引言

近日,美国军方正在研制一种超五倍音速的新型武器技术得到了美国总统奥巴马的支持,如果研制顺利,在不久的将来,美国将会拥有一种在一小时之内对全球任何地点进行精确打击的能力,这种系统被称为"即时全球打击"系统。如果把美国空军正在研制的这种被称为 X-51 超音速巡航导弹比作"常规即时全球打击"系统的"拳头",那么将这记重拳送入太空的飞行器同样重要。美国当地时间 2010 年 4 月 22 日一天内,美国空军相继在加利福尼亚州范登堡空军基地和佛罗里达州卡纳维拉尔角空军基地将 HTV-2 高超音速无人机和 X-37B 空天飞机成功送入太空,这两种飞行器都具备短时间内到达全球任何目标的能力。

＊　黄仪贞,桂林空军学院政治工作系法学心理教研室副教授。

在"常规即时全球打击"系统中,比拳头和翅膀更重要的是在太空中俯瞰全球的眼睛。2010 年 3 月 10 日,美国空军在提交国会的报告中透露,今年要发射四颗顶尖级的军事卫星,这四颗卫星就相当于"常规即时全球打击"系统的眼睛。它们锁定美军不同的太空系统,特别是前三颗卫星,可极大地增强美军在作战时的指挥、控制、通信、计算机、情报及监视与侦察能力,这标志着美军的太空计划进入一个新的转折点。此消息一公开,引起了国际社会对外空军事化问题的关注。现行的国际法虽然确立了"和平探测与利用外空原则",但对于目前外空军事化日益加剧的发展趋势仍缺乏有力的约束。因此,国际社会应在联合国框架下,对和平探测与利用外空的国际法律制度作进一步完善和发展。

二、外空军事化的发展

外空军事化指"通过运用太空资源增强传统军事力量的效率,或是为了军事目的使用太空资源,这些军事目的包括通信、电子侦察、空中照相侦察、气象监控、早期预警、导航等。"[1]由于其他设施只能部署在本国领土上,而在太空上运行的卫星或其他太空资产则不受国家和地域的限制,凭借这得天独厚的地理位置,太空资源在夺取信息权、保持信息优势、建立战场信息系统等方面具有其他手段无法比拟的优势,发挥着指挥、控制、通信、计算机、情报、侦察、监视系统的黏合剂作用,可提高各军种的整体协同作战能力。利用天基系统可以最有效地对全球备战情况进行不间断的监视,能及时发现敌方发动的导弹和空间袭击,并能确保及时发出预警警报和实现对部队的实时指挥。因此,"自从第一颗人造卫星上天后,人们就开始思考太空的军事意图了"[2],"太空在某种程度上已经军事化,因为许多国家已经部署卫星用以提供军事

① Matthew Mowthorpe, The Militarization and Weaponization of Space, New York: Lexington Books, 2004, p.3.

② Matthew Mowthorpe, The Militarization and Weaponization of Space, New York: Lexington Books, 2004, p.1.

支持,如通信、导航、侦察、早期预警等"①。据统计,各国发射的各类航天器达5000多个,其中70%以上用于军事目的或与军事有关。

外空的军事化主要包括两种方式:一是利用人造卫星支持和增强以地球为基地的武器系统和陆海空军的作战效能;二是发展和部署以外空为基地的武器系统或从陆海空发射穿越外空的武器,以打击或摧毁对方以地球和外空为基地的各种武器或使其丧失正常的军事功能。其实,美国1959年在外空部署第一颗军用卫星就已经标志着外空军事化的开始。

早在20世纪50年代,美国和苏联就已经将航天技术应用于军事领域了。美国和苏联分别于1959年和1962年发射了他们的第一颗军用照相侦察卫星,从而使外空成为冷战时期美、苏竞争的重要领域。此后,美、苏两国围绕研制和部署各类军用卫星、外空武器展开了激烈的竞争。冷战结束后,美、俄两国的太空军事化发展和竞争不但没有停止,反而有所增强。目前,美军陆、海、空三军内部均建有航天司令部。据预测,到2015年前后,美军将建成真正意义上的太空作战部队,并会逐渐发展成为一个全新的军种——天军。目前美军共建有归属空军的15个空间联队和一个空间与导弹系统中心,归属陆军的第1空间旅、第100中途导弹防御旅,以及归属海军网络战术司令部的卫星作战中心。美军太空部队已初具规模。俄罗斯于2001年6月1日正式组建一个直属于俄军总参谋部的独立兵种——航天兵,为世界上第一个成立航天兵的国家。这也体现了俄军政领导人对空间军事力量和太空安全的高度重视。2005年10月,俄罗斯政府正式通过俄联邦《2006—2015年太空发展计划》,并准备未来十年内在航天领域投入创纪录的4868亿卢布。根据该计划,未来10年俄罗斯将制造并发射70颗新一代卫星,重点发展导航卫星和侦察卫星。此外,俄罗斯还加强空间攻防能力建设,根据俄罗斯"十年联邦航天计划",反卫星武器是俄罗斯的重点发展对象,主要研制两大类反卫星武器——共轨式反卫星武器和激光及粒子束反卫星武器。

2008年2月份,美海军"伊利湖"号宙斯盾巡洋舰在太平洋夏威夷北部海

---

① Steven Lambakis, On the Edge of Eart: The Future of American Space Power, Lexington, Kentucky: University of Kentucky Press, 2001, p.257.

域,发射一枚"标准－3"导弹,击毁了轨道高度为 247 千米的一颗编号
"USA-193"的美国失控雷达成像侦察卫星,彰显了美军用导弹击毁卫星技术
的先进性与成熟性。此次行动是美军以卫星携带大量有毒燃料,坠毁地球可
能造成危害为名,利用导弹防御系统中的部分系统进行的反卫星能力测试,也
是美军空间战模拟演习以来的一次实战演练,全面展示了美军的空间战能力。
如今,美国约 90% 的军事通信、100% 的导航定位、100% 的气象信息、近 90% 的
战略情报均来自部署在太空的军事资源。美军的许多武器系统是建立在信息
和通信卫星基础上的。从 2001 年到 2009 年,美军连续五次举行代号为"施里
弗"太空战模拟演习,用以检验空间系统在未来军事行动中的作用,模拟验证
未来空间作战概念,并且在其他大规模联合作战演习中增加空间作战的内容。
为抢占太空优势,美军还将继续积极加强空间军事力量建设,未来 10 年将花
费 2300 亿美元研制新的航天器,并计划组建和部署 17 支"航空航天远征部
队"作为过渡形式。依据《2010 年联合作战设想》,美军在实现"控制空间"和
从空间使用武力"全球交战"作战概念的军事需求牵引下,到 2020 年前后,新
型航天器与新概念武器的多种组合将形成一些新型的空间作战装备,使美军
具备从空间直接攻击陆、海、空、天重要目标的能力。某些新概念武器,如天基
动能武器、空基或天基高能激光武器和高功率微波武器甚至可望在本世纪初
形成战斗力,成为防空、反导和反卫星的有效武器。其中,天基动能武器、天基
和空基激光武器既可用于反导、反卫星又可用于对地面目标进行攻击。

三、外层空间法对外空军事化的法律制约

外层空间法是指调整各国在外层空间活动的关系,规定外层空间的法律
地位及各国在外层空间从事航行、资源开发和利用中应遵循的原则、规定和规
章制度的总称。① 1957 年 10 月,在苏联发射第一颗人造卫星不久,联合国即
于 1958 年 12 月 13 日成立了"和平利用外层空间特设委员会"。1959 年 12
月 12 日联合国大会决定将其变为永久性机构并改名为"和平利用外层空间
委员会",专门处理外层空间事务。外层空间委员会下设法律小组,专门处理

---

① 李大光:《太空战》,军事科学出版社 2001 年版。

外层空间法律问题,这在当时就形成了国际法中的一个新领域,即外层空间法。联合国,特别是联合国大会、和平利用外层空间委员会及其附属机构和日内瓦裁军谈判会议,讨论了与外层空间相关的各种问题,缔结了一些关于和平利用外层空间的国际条约和协议,这些条约和协议中规定的人类从事空间活动的各项原则和规则,构成了外层空间法的主要内容,对外空军事化进行了法律制约。

1963年12月13日联合国大会一致通过了《外空原则宣言》。这个宣言对于外层空间法的形成,具有开创性的作用。宣言不仅确认和平探索与利用外空关系着全人类的共同利益,而且规定各国在探索与利用外空时应该遵守的九项原则,涉及与外空活动有关的所有重要方面。《外空原则宣言》为以后的国际空间立法提供了根本的原则性指导。

1966年12月,联合国大会通过了旨在促进空间和平利用,防止空间军事化的《外层空间条约》。该条约自1967年10月10日起无限有效,目前已有96国批准加入。该条约对确保空间安全,防止空间军事化提出了一系列国际法原则和规定,明确了外空探索用于和平目的的要求。

1972年的《空间物体造成损害的国际责任公约》进一步明确了外层空间法所规定的国家责任。根据该条约,发射国对其外空物体给地球表面或正在飞行中的航空器所造成的损害,承担绝对的赔偿责任,而对在外空所造成的损害仅根据其过失承担责任。只有当受害国的损害是由其重大过失或故意造成的时,这种绝对责任才存在例外。

《指导各国在月球和其他天体上活动的协定》(以下简称《月球协定》)包含很多禁止军事行动的条款。第3条规定得最为详细具体。条约努力在国家间形成这样一个共识即:月球及其资源是"人类共同遗产"的一部分,超越了任何国家的主权。

1974年《关于登记射入外层空间物体的公约》(以下简称《登记公约》)要求缔约国为其向外空发射的物体建立一个国内登记处,并在可行的情况下把发射事宜尽快通知联合国。当该物体从外空返回时,发射国必须在可行的最大范围内尽快通知。登记制度在判定所发射的外空物体是军事或民用设施时,有一定帮助。但如将一个具有军事功能的卫星根据《登记公约》登记为民用卫星,如果这个卫星为攻击敌方的武器提供确认目标或导航的信息,这将构成《1949年日内瓦公约第一附加议定书》中的背信弃义行为。

除此之外,许多国际条约也对外空的军事活动进行了限制。例如,《有限禁止核试验条约》就禁止在外空进行核爆炸。美国与苏联之间的《战略武器削减条约Ⅰ》规定这两国"不能以将核武器或任何其他种类的大规模杀伤性武器放入地球轨道或地球轨道的一部分为目的,生产、试验及配置包括导弹在内的有关系统。"它也禁止对国家技术手段的查证的干扰。2001年美国总统布什宣布美国退出1972年《反弹道导弹条约》,因为该条约禁止发展、试验及设置外空反弹道导弹系统和设备。美国在外空具有重大的军事利益,其对国家导弹防御系统和战区导弹防御系统的加大投入,可能再次激化外空军事行动和军备竞赛。

四、外层空间法面临的挑战

外层空间法是各国在相互关系中通过条约和其他协议产生的法律,是在联合国范围内适用国际法律的文件,这些条约和有关文件既是指导各国外层空间活动的依据,同时也是外层空间安全国际法框架中的主要部分。迄今为止,它们仍然是维护外层空间安全的基本依据。但是,到目前为止并不是所有联合国的会员国都给予了承认和批准。最初的《外层空间条约》、《赔偿责任公约》、《营救协定》参加国较多,而《登记公约》和《月球协定》参加国则很少。而且,即使已经批准和接受有关原则约束的国家在实际对待这些原则的做法上也有分歧。大部分国家,特别是中国和广大第三世界国家一再强调防止外空军事化的重要性和迫切性,要求禁止研制、生产、部署和使用一切外空武器。与此相反,美国却竭力为其发展"战略防御倡议"、"防御有限打击的全球保护计划"以及弹道导弹防御计划辩护,反对和阻挠就防止外空军事化的新国际法律文书进行谈判,反对任何可能限制其发展弹道导弹防御系统的国际条约出台。虽然现有国际空间法在防止外空军事化方面起到了一定的积极作用,但还远不够完善和充分,所存在的漏洞为空间武器的发展留下了"绿色通道"。

概括而言,外层空间法存在的缺陷和挑战可概括为以下几点:

一是定义不清。如《外层空间条约》甚至缺乏对太空的明确定义,且规定太空只被用于"和平目的",但并没有明确什么是和平目的,而是引用联合国宪章中的定义,即:"和平目的包括自我防御的本质权利"。在国际社会中,对"和平目的"主要有两种解释①。一种解释认为:"和平目的"是指非军事目的,就是非军事活动。外层空间用于和平目的即禁止一切外空军事活动,无论是进攻性的还是防御性的军事活动,都违背了"和平目的"。另一解释认为:"和平目的"是指非侵略目的或者防御目的。军事活动应分为"可允许的"和"不允许的",而非侵略性的或防御性的军事活动是"可允许的","和平目的"应包括非侵略性的军事活动。另外,越来越多的非国家行为体参与太空技术研发,模糊了"发射国"的定义,给《责任公约》带来越来越大的挑战。

二是规定不严。《外层空间条约》第四条规定:"不在绕地球轨道放置任何携带核武器或任何其他类型大规模毁灭性武器的实体,不在天体配置这种武器,也不以任何其他方式在外层空间布置此种武器";必须把月球和其他天体绝对用于和平目的;禁止在天体建立军事基地、设施和工事;禁止在天体试验任何类型的武器以及进行军事演习。《月球协定》第3条除有与《外层空间条约》相同的内容外,还规定:"在月球上使用武力或以武力相威胁,或从事任何其他敌对行为或以敌对行为相威胁概在禁止之列。利用月球对地球、月球、宇宙飞行器或人造外空物体的人员实施任何此类行为或从事任何此类威胁,也就同样禁止。"但迄今,不仅参加有关禁止或限制太空战的公约的国家十分有限,而且有关公约的规定不严。而从上述条文中可以看出:第一、公约只是规定不在太空放置、部署大规模毁灭性武器,而没有禁止放置、部署其他武器,也没有禁止运行、通过各种武器;第二、公约只是禁止将天体军事化,不得在天体上建立军事基地、设施和工事,进行武器试验或军事演习,而没有禁止在天体以外的外层空间进行此类活动。这样就给太空战留下了很大的法律空间。同时,《外层空间条约》没有禁止军事人员进行科学研究、没有禁止使用为和平探索月球和其他天体所必需的任何装置设备。《月球协定》没有包括任何核查或执行的条款,没有明确清楚地禁止在外太空部署常规武器,也没有禁止

① 贺其治:《外层空间法》,法律出版社1992年版,第303页。

地基反卫星武器。《禁止改变环境公约》规定各国不因军事或敌对目的使用具有广泛、持久或严重后果的改变环境的技术,但只规定禁止"使用",而未规定禁止研究、发展和试验改变环境的技术。美俄两国分别进行了电离层化学物质释放改变局部电离层结构的试验,虽然试验是为军事服务的,但条约却未能予以防止。

三是执行不力。由于条约没有强制执行力,许多国家都未能很好地遵守条约,因此根本无法限制太空军事化发展的步伐。有些国家早就利用太空进行军事通信和情报侦察活动;美国不顾国际社会的强烈反对,正在加紧研制的国家和战区导弹防御系统,更是准备实施太空战的一个危险步骤;有些国家正在研制攻击卫星和太空飞行器的武器;还有的正在研制从太空攻击地面和航空器的武器。《登记条约》本来有利于对太空交通的有效管理、安全标准的执行和对损害责任的归因,增强透明度还被认为是太空安全的信任建立措施,按理应该得到各国认可和遵守,但是实际情况并不尽然。虽然条约规定要"尽快"提供相关信息,实际上各国往往滞后几个星期、几个月甚至根本不提供任何信息。

五、我国的对策

历史表明,哪个领域的经济利益最大,哪里就会成为人类的必争之地,天空蕴藏的人类赖以生存和发展的战略资源,成为各国争夺的新焦点。随着外空军事化的发展,各国在空间的争夺也将变得越来越激烈,现有国际空间法的约束力更显得不足。针对外空军事化日益升级的趋势,作为一个负责任的大国,中国政府积极倡导进一步完善和发展联合国框架下的现行国际空间法律制度,防止外空军事化。

(一)坚持和平利用太空造福人类

一直以来,中国主张,外空是全人类的共同财富,探索和利用外空的最终目的是推进社会发展和人类进步,为人类创造一个更加美好的生存和发展空间。外空应服务于而非损害各国人民维护和平、增进福利、谋求发展的根本目的。中国政府认为,早日达成一项防止外空武器化和外空军备竞赛的国际法律文件,有利于维护对外空的和平利用,维护外空资产的安全,促进在外空的国际合作，并增进各国的共同安全。

中国主张和平利用太空，造福人类，还反映在一直力主召开国际会议，订立禁止发展太空武器的条约，以解决迫在眉睫的太空军备竞赛问题。中国代表团与俄罗斯、越南、印度尼西亚、白俄罗斯、津巴布韦和叙利亚代表团，于2002年联合向裁军谈判会议提交了《关于未来防止在外空部署武器、对外空物体使用或威胁使用武力国际法律文书要点》的工作文件，并与俄罗斯代表团联合发布了三份专题文件。早在1984年10月，中国就向联大第一次提交了一项防止外空军备竞赛的决议草案，强调外空只应当被用于和平目的而不应该成为军备竞赛的场所，呼吁所有国家，特别是拥有巨大空间能力的国家采取及时有效的措施制止外空军备竞赛。

（二）积极推动构建防止外空军事化的国际法律机制

作为当今世界上的空间大国，中国在推动空间技术发展方面为人类探测与利用外空做出了重要贡献。中国航天技术在卫星回收技术和静止卫星发射技术两个方面已跨入世界先进行列，近年来在载人航天领域也取得飞跃。

中国对外层空间的探索和开发，完全是出于维护世界的和平与发展，没有任何私利，这和其他太空大国是有本质区别的。中国一贯支持和平利用外层空间的各种活动，主张在平等互利、取长补短、共同发展的基础上，增进和加强空间领域的国际合作。1980年11月3日，联合国正式接纳中国为外空委员会成员国。此后，中国参加了历届联合国外空委员会及其下属的科技和法律小组委员会年会。中国于1983年和1988年先后加入了联合国制定的《外层空间条约》《营救公约》《国际责任公约》和《登记公约》，并严格履行有关责任和义务。我国的配套法规主要包括《空间物体登记管理办法》《民用航天发射项目许可证管理暂行办法》《军品出口管理条例》《军品出口管理清单》等。

但这些是远远不够的，推动空间法的发展对于我们的国家和整个人类社会的进步都具有极其重要的意义。我国政府应该在联合国框架下积极倡导和推动防止外空军事化、武器化体制的建立和完善。经过多年的努力，国际社会在防止核扩散方面取得了一些成就，建立了以《不扩散核武器条约》为核心的防核扩散的全球机制，包括《全面禁止核试验条约》和国际原子能机构等多边机制;朝核问题、伊朗核问题都在努力寻求和平解决。同样,在防止外空进一步军事化和军备竞赛方面,既要正视外空军事化的现状,也应正视现阶段全面实现外空非军事化的困难,推动国际社会建立一个如同核不扩散机制的外空非军事化国际法律机制。同时,随着中国空间活动的日益增加,与国际空间法接轨的法律问题也越来越突出,中国作为一个正在发展中的航天大国,在加强国内空间立法活动的同时,应当密切关注国际空间法领域的热点问题,参与到国际空间法的调整中去,根据国际空间法的建设和各国空间法的立法经验,提出中国空间法的宏观构想,并逐步实现与国际空间法的接轨。

(三)联手世界各国防止太空军事化

太空战和太空军备竞赛的高额费用,固然对发展中国家十分不利,就是对美国这样的发达国家,也不堪重负。太空战形成的太空碎片,将对人类造成极大危险。因此,中国要联合世界各国,通过包括联合国裁军谈判等各种途径,坚决反对太空军事化,遏制霸权主义向太空延伸。我国政府一向认为:外层太空军备竞赛问题,是国际军控和裁军领域最紧迫、最突出、对 21 世纪国际和平与安全影响最大的问题之一,理应成为日内瓦裁军谈判会这一唯一的多边裁军谈判机构议程上最优先的项目之一。裁谈会应当重建讨论太空问题的特设委员会,谈判缔结一项或多项防止太空武器化和防止太空军备竞赛的国际法律文件。我国政府多次申明:拥有最大太空能力的大国,在防止外空武器化、防止太空军备竞赛、确保太空用于和平目的方面负有特殊责任。在达成有关新的多边法律文件之前,有关国家应该承诺不在外空试验、部署和使用任何武器、武器系统及其部件。

防止外空武器化和军备竞赛,不能等到外空武器实际成型、产生了真正危害,也不能等到一国率先将武器引入外空而其他国家纷纷效仿,更不能等到外空武器扩散时再采取措施。防患于未然是关键。为了实现外空非军事化,国际社会应该加快完善和发展相关法律制度,弥补现行法律制度的不充分性和不明确性。中国将积极参与国际空天安全合作,推动建设互利共赢、安全和谐的空天环境,促进人类和平与发展的崇高事业。

Legal Restriction on the Militarization of Outer Space

Abstract: With the development of modern science and technology, especially in aerospace technology area, all the major countries of the world attempt to expand their own national interests to outer space. The militarization of outer space has become a reality. Although the fundamental principle of the law of outer space such as exploration and use of outer space for peaceful purposes aims to achieve full demilitarization of outer space, it actually plays a very limited role and fails to prevent the intensified militarization of outer space. In this regard, it is of great significance to further improve and develop the established international legal system of outer space under the framework of the United Nations.

Key words: the militarization of outer space; legal restriction; law of outer space

海战次于攻击措施运用问题初探

• 解德海*

内容提要:本文立足海战次于攻击措施的运用,对海战次于攻击措施在海战中的运用时机、在现代海上国际武装冲突和在国内海上武装冲突中的运用,以及中立国军舰护航对次于攻击措施运用的影响等问题进行了初步分析,力图为我未来海战和海上武装冲突提供有益借鉴。

关键词:海战 次于攻击措施 海上武装冲突

次于攻击措施(measures short of attack),是指海战方利用军用舰艇或军用飞机对海上非军事目标实施的临检、搜查、拿捕和迫其改变航向等海上军事行动。战时以次于攻击措施为规范对象建立的海战规则,对交战国来说,是捕获规则;而对中立国来说,则称为禁运规则。1994年《圣雷莫海战法手册》在对历史上关于次于攻击措施的规则进行梳理的基础上,结合战场环境变化,作了专章规定,形成了一套比较完善的海上捕获制度。海战中,运用次于攻击措施对敌方和中立方的商船、民用飞机以及担负人道主义使命的船舶和飞机进行识别,并对资敌的船舶和飞机予以拿捕审判,不仅有助于海战目标的准确识别与适度打击,而且有利于海战攻击方妥善处理中立关系,树立依法作战的国际形象,从而获得军事上的主动,赢得国际社会的支持。在现代海战和海上武装冲突中,海战方运用次于攻击措施不可避免地面对一些现实问题。

---

* 解德海,军事科学院研究生部2009级军事管理学博士研究生,海军少校。

一、次于攻击措施的运用时机问题

次于攻击措施的运用时机问题，也就是指海战方捕获权何时产生、何时消灭的问题。战争开始和捕获权的产生，原则上是同时发生的。但在克里米亚战争期间出现了一种新的做法，在实际行使捕获权之前，可以给予有关船舶一个由停留国确定的长短不定的期限（特许期限），在此期限内允许敌国商船自由离去，不予拿捕。① 1907 年《战争开始时敌国商船地位公约》确认了这种做法，并作了进一步发展。按照该公约，在战争开始时停泊于敌国港口的交战国商船和在战争开始以前已经离开最后出发港，并在不知道战争已开始的情况下进入敌国港口的商船，应准其立即或在合理宽容的限期内自由离港，并携带通行证直接驶往目的港或任何其他指定港口；对由于不可抗力，未能在规定的限期内驶离敌国港口，或未获得批准驶离的敌国商船，不得予以没收；战争开始前就已离开最后出发港，并对战事毫无所知的敌国商船，在公海遭遇时不得没收。但在两次世界大战中该公约并未得到一致的遵守，英国更是于 1925 年退出该公约。在 1987 年出版的《美国海上军事行动法指挥官手册》第八章注释（14）中指出，"美国不接受关于敌对行动开始时敌商船地位公约"。从军事行动的性质上来看，拿捕敌国商船作为一种军事行动与其他军事行动应属同一性质，因而给予在战争开始前已离开敌港口的敌国商船一定的宽限期似无充足理由。如果这一宽限期是给予因不知战争爆发而违反中立义务的中立国商船，则是符合战争法关于区分中立国船和中立国货的要求的。另外，相对于该公约缔结时的 20 世纪初，海战战场环境发生了质的变化，现代商船都配备先进的通信技术，船舶在海上航行时获取信息的方便程度已与陆地无异，任何一艘商船都配有精密的通信仪器和紧急无线电接收装备，战争爆发和知悉战争爆发几乎是同时发生的。② 因此，在现代海战中，《战争开始时敌国商船地位公约》已基本失去了存在价值，这也在《圣雷莫海战法手册》中得到体现，该

---

① ［法］夏尔·卢梭著：《武装冲突法》，张凝等译，中国对外翻译出版公司 1987 年版，第 208、209 页。

② 沈中昌主编：《海上军事行动法手册》，海潮出版社 2001 年版，第 239 页。

手册并未将该公约的内容纳入。

捕获权的消灭应在关于战争终止的和约缔结之后,但焦点是在停战时期能否行使捕获权。1909年《牛津海战法手册》第九十二条规定,在停战期间,仍然允许行使搜查权;除对中立国船只有捕获权外,应停止捕获权。停战也称为休战(armistice or truce),是指战时交战当事国双方达成协议,停止敌对行动,停战分为全面停战和局部停战两种类型。局部停战是适用于特定的作战区域或一部分敌对兵力的协议,担任停战谈判的军队指挥官无须政府授权;全面停战适用于所有作战区域和一切敌对兵力,通常是以谈判和平条约和进行媾和为目的的,担任此种谈判的指挥官需要政府特别授权。[①] 从理论上讲,停战协定作为敌对军事行动的暂时停止,应包括停止对敌国商船行使捕获权。海战实践中,在停战协定明文禁止或明确可以行使捕获权的情况下,停战双方往往都遵守了协议规定。但在停战协议对此无明确规定的情况下,各国出于自身军事利益考虑,国内判例往往都承认停战期间的捕获行为。[②] 基于目前现行有效的条约或惯例均未对停战期间对敌国商船的捕获权问题作出规定,在我未来海上武装冲突中应根据战场需要,视情况决定是否行使停战期间的捕获权。

二、次于攻击措施在现代海上武装冲突中的适用问题

现代海上武装冲突中,对捕获权行使时机的法律分析,集中于在武装冲突状态下,冲突双方是否享有捕获权。上述对捕获权行使时机的法律分析,建立在敌对双方存在战争状态的基础上,对自卫战争、民族解放战争和联合国授权的军事行动是有价值的。但现代海战大多是以武装冲突的形式出现。在海上国际性武装冲突中,冲突方为避免违反《联合国宪章》都不承认自己首先发起战争,从而否定战争状态的存在。在这样的情况下,如何看待武装冲突中冲突方实施的临检、搜查和拿捕等次于攻击措施,尤其是对非冲突方商船实施的次

---

① 张召忠编著:《海战法概论》,解放军出版社1995年版,第44页。

② [法]夏尔·卢梭著:《武装冲突法》,张凝等译,中国对外翻译出版公司1987年版,第211、212页。

于攻击措施。如何做到既能应对非冲突方的抗议，又能防止非冲突方商船的资敌行为，是冲突方面临的问题。

纵观现代海上武装冲突案例，在海上武装冲突中，冲突方对非冲突方商船实施次于攻击措施，非冲突方是否承认冲突方的这种权力，存在不同程度的争议，联合国安理会的决议也尽量回避。1951年阿以冲突中，埃及对中立国船舶实施次于攻击措施，但对在公海上航行的船舶并没有登船临检。英国声明埃及无权行使此种权力，理由是当时并不存在战争状态。两伊冲突中，由于实行"袭船战"，中立国商船频繁受到攻击。为此，安理会通过了四项决议，1983年第540号决议、1984年第552号决议确定了自由航行权。第552号决议在谴责了对商船的攻击行为之后，要求结束"干扰驶往和驶离未参与冲突国家的船舶"，同时该决议还提出了一个问题，即联合国安理会的决议是否仅针对攻击中立国船舶这一事实行为而不包括实施临检、拿捕的禁运规则。对此问题，荷兰代表在说明不允许交战国实施不加选择的攻击这一问题时，重申中立法以及交战国临检与搜查权不可改变的观点。1986年第582号决议、1987年第598号决议同样对攻击中立国商船的行为进行了谴责。在导致形成第582号决议的辩论中，所有战时关于临检、拿捕的次于攻击措施的禁运规则都没有涉及。在形成第598号决议的过程中，英国和美国只是提醒，袭击商船是一种非法行为，但仍没有对临检和搜查的问题进行表态。

但是，通过遭受冲突方临检、搜查商船所属国家的反映，可以对次于攻击措施在现代海上国际武装冲突中的适用问题寻求答案。有些国家基本承认临检权，允许其船舶停驶受检不予抗议。但是，也存在一些例外情况，在有本国军舰护航或提出抗议的情况下，也不总是接受临检和搜查。1985年10月，一艘法国护卫舰阻止了伊朗海军企图登上其商船进行临检的行为，但是这种情况没有再继续。英国也似乎承认禁运规则，因为1986年1月，英国军舰在阿曼湾没有阻止伊朗海军对一艘英国集装箱船进行临检。美国也赞成禁运规则，1986年1月12日，其一艘货船被伊朗海军临检，美国对此未提出抗议。当伊朗海军在波斯湾第一次对苏联的两艘货船进行临检时，苏联也没有对伊朗行使临检权进行反对。上述实践证明，关于临检、搜查、拿捕的禁运规则在现代海上武装冲突中仍然适用。因此，在我未来海上国际武装冲突中，应视战场需要,灵活运用次于攻击的措施。

三、中立国军舰护航对次于攻击措施运用的影响问题

早在1653年的英荷战争时,中立国瑞典就派军舰为其商船护航,并要求交战国双方对由护送军舰保证没有违禁品的商船免予临检。1800年12月18日,俄国与瑞典、丹麦、普鲁士签订公约规定,凡商船由军舰护送时,军舰上指挥官可以口头证明该商船内没有违禁品,在此情况下交战国就没有临检和搜查的权利。1900年《美国海军法典》第三十条规定,中立国商船得由中立国军舰护送可免临检。其后法国、意大利和中国等国家都对中立国军舰对商船的护航作出了相应规定。关于中立国军舰护航的制度也在不同时期的海战法文献中得到体现,已形成普遍接受的国际习惯制度。按照中立护航制度,中立国商船如满足下列条件,可免于对其行使临检和搜查的权利:驶往中立国港口;由中立国本国军舰护航,或由某一中立国军舰护航,该国和商船的船旗国已达成协议提供这类护航;中立国军舰在船旗国保证中立国商船没有运载禁运品,也没有用其他方法进行与其中立身份不相称的活动;如果交战国负责拦截的军舰或军用飞机指挥官提出要求,中立国军舰指挥官应提供有关商船及其货物性质及可由临检和搜查得到的所有情报。

无论是过去的海战场,还是信息化条件下的海战场,中立国军舰护航都对次于攻击措施的运用带来了深刻影响,使次于攻击措施在海战场上的作用大打折扣。但这并没有否定次于攻击措施在现代海战中的运用价值。从护航的实质和本意上看,护航是中立国在战时为维护自身的航运利益采取的自助措施,对中立国来说,护航也要遵守相应规则,除非其有介入敌对双方冲突的政治意愿。对海战方来说,对护航制度的掌握和运用涉及与非冲突方的战时海上利益关系。中立国军舰护航通常只能对本国商船护航,在与其他中立国家订有护航协议的情况下,可为其他中立国家的商船护航,但是被护航商船的目的地不能是敌方港口,只能是中立国港口,否则中立国军舰无权护航。对交战国商船提供护航,则是违反中立国不得对交战国提供海上军事援助的中立义务,要承担相应的法律责任甚至会被视为介入冲突的证据。如果中立国商船在中立国军舰护航下进入封锁区,封锁方可对其进行警告,予以攻击或拿捕;

在此情况下,如果中立国军舰同时闯入封锁区,或用武力抵御封锁方对商船的攻击或拿捕行为,则违反中立义务,会被封锁方认为中立国介入冲突。因此,在我未来海上国际武装冲突中,需要对中立国军舰护航的情形按照现行规则进行分析,对不遵守现行护航规则的中立国军舰和商船,要充分运用现行规则对其可能的海上资敌行为进行大胆约束与控制。

四、次于攻击措施在国内海上武装冲突中的适用问题

对于海战双方来说,次于攻击措施的设立本意,在于确保军事打击目标的敌性和合法性。对于交战国与中立国而言,次于攻击措施在于确保中立国商船遵守中立义务,交战国军用舰艇或军用飞机通过登临、检查、搜查以查证中立国商船是否具有支持交战对手的行为。对此,中立国商船有容忍的义务,但享有因错误临检拿捕而提出赔偿的权利。在国际性海上武装冲突和海上战争中,次于攻击措施的运用虽然面临一些具体问题,但国际上对其在海上作战实践中的运用是大体认同的。在国内海上武装冲突中,由于冲突双方地位的特殊性,冲突双方与非冲突各方关系的复杂性,冲突双方对这一措施的运用应十分谨慎。对于叛乱方而言,当其没有被外国承认为交战团体时,其不具有交战的资格,也不存在任何中立问题。因此,叛乱者对公海上的外国船舶没有临检、拿捕的权利,否则将会被视为海盗行为。对于冲突双方中的一国合法政府而言,从维护国家统一和领土完整的国家主权方面的政治因素考虑,其将叛乱方承认为交战团体,从而赋予叛乱方与自己成为平等交战主体的可能性极低,冲突双方中的一国合法政府都尽力在国际法和战争法的框架内,规范自己的行为,在自己可控制的范围和限度内,将国内武装冲突限定在一个国家的内部事务中。因此,对于海战次于攻击措施在国内海上武装冲突中的运用,一国合法政府应当更加谨慎,否则很有可能会产生不利于己的负面影响。如,1861年美国总统宣布对叛乱的南部州某些港口实施封锁,就被英国视为美国政府已经默示承认了南部叛乱者的交战团体地位。①

在我未来海上国内武装冲突中,在与分裂国家主权、破坏国家统一的叛乱

---

① 丛文胜著:《战争法原理与实用》,军事科学出版社 2003 年版,第 494 页。

方的海上武装冲突中,要既谨慎又策略地运用次于攻击措施,既要充分发挥该措施的既有作用,又要规避运用该措施所带来的可能的负面影响,避免给人以承认叛乱方为交战团体的口实。对于叛乱方船舶,一旦发现有资助叛乱分子的行为,要立即动用政府海上执法船艇予以逮捕,并按照国内刑事诉讼程序及时交由地方法院予以审判,按照刑法危害国家安全罪中的组织、策划、实施分裂国家罪的规定予以定罪量刑,可以判处没收财产(船舶和船上物品)的附加刑。对于非冲突方的船舶,要禁用临检、拿捕措施,可以借鉴海湾战争中多国部队采取的拦截、改变航向的变通性的"次于攻击措施"。同时,要区分对叛乱方商船和非冲突方商船所应采取的武力威胁措施。在海湾战争中,多国部队仅对伊拉克商船强制临检并仅对伊拉克商船实施警告性或损害性炮击,以适度武力迫使其到指定海域接受检查。对于中立方商船则禁用上述措施,对以敌方港口为目的地的商船,多国部队则要求其到指定区域接受检查;如果不予配合,则要求其改变航向;改变航向也不配合,那就要实施强制检查;强制检查后如果没有违禁品则放行,如果有违禁品则要求其改变目的地;如果拒绝可以扣留,但不予以没收,海上作战结束后返还,同时保留好其装载违禁品的证据。在我未来海上武装冲突中,可大胆借鉴海湾战争中多国部队采取的上述措施。另外,在我国内海上武装冲突中,也会很有可能出现非冲突方军舰对非冲突方商船的护航问题。对此,我们可以充分借鉴国际海上武装冲突中对中立国军舰护航的应对策略,只不过这时的封锁区要对外宣称为"海上军事禁区",以避免给非冲突方认为我们已承认叛乱方为交战团体的口实,从而赢得军事斗争政治上的主动。

An Introduction to Measures Short of Attack during War at Sea

Abstract: This article gives a brief introduction to measures short of attack and explores the conditions of the use of such measures in naval warfare,especially in modern international and non-inernational armed conflict at sea.It also examines how escort missions carried out by the navy of neutral power can affect the use of measures short of attack.All those efforts try to provide a useful reference for our country.

Key words：naval warfare；measures short of attack；international armed conflict at sea

国际法视野下北极航道之法律地位

——兼论中国应有之策略

● 戴宗翰*

内容提要：北极航道隐含重大"经济"及"国防"价值，因北极航道夏季开通，沿岸国加拿大与俄罗斯主张北极航道属于沿岸国之"内水"且他国船舶不具"无害通过权"；相反，其他国家主张"西北航道"符合 UNCLOS 第 8 条第 2 款规定，外国船舶仍应保有无害通过权之权利，另依 UNCLOS 第 38 条规定，"西北航道"与"北方航道"应符合国际海峡之过境通行权，至此，北极航道相关法律地位仍在争辩中。

在国际实践上，1988 年美国与加拿大已签署"1988 年美加北极合作协议"，达成两国在"西北航道"上之"相互不同意之协议"；另加拿大与俄罗斯因对于北极航道法律主张有共同交集点，所以两国也开始呼吁建立合作共识来谋求共同利益。值此之际，中国在北极事务策略上，应以关切北极航道为切入点，寻求分别与加拿大及俄罗斯在北极航道上有关"科学研究"、"资源开采"与"航道通行最惠国待遇"之合作，让中国在全球商务航运上取得优于他国竞争力布局之同时，亦营造"中、加"与"中、俄"各自双赢之格局。

关键词：西北航道　北方航道　历史性水域　无害通过权　过境通行权

一、前言

全球暖化造成北极冰融现象之产生，已是不争之事实，随着每年夏季海冰

---

*　戴宗翰，台湾中国文化大学博士。

(sea ice)面积之减少,①北极交通、气候变迁及资源开发等议题也逐步引起世界关注眼光,透过地缘政治观点之考虑,北极地区对中国而言将具有政治、军事与经济上之潜在利益,尤其北极两条航道——"北方航道"(Northern Sea Route)与"西北航道"(Northwest passage)夏季之通航,等同向世界宣告最具航运价值之欧亚交通中枢以及大西洋与太平洋的轴心航线已然开通。②

鉴于"北方航道"与"西北航道"于地理位置上邻近俄罗斯与加拿大,两国皆主张航道属于其"内水"(internal water)故拥有航道掌控权,这样的法律观点仍遭受以美国为主相关国家之挑战。然而站在战略层次上观察,中国属于北极区域外国家,中国对于北极众多事务关切之国家行为势必遭受北极相关国家防堵,是以当北极航道法律地位尚有争论之际,恰巧提供中国极佳之切入点,笔者主张寻求与加拿大及俄罗斯合作,透过北极航道议题展开与加拿大及俄罗斯各自之双边合作,如此在强化北极航道沿岸国国际实践之同时,也替中国在全球商务航运上取得优于他国竞争力之布局,并营造"中、加"与"中、俄"各自双赢之格局。

二、北极航道之开通与价值

(一)北极航道的开通与位置

所谓北极航道计有两条,一为"西北航道",另一为"北方航道";吾人已知

---

① 一项根据美国海洋暨大气总署(National Oceanic and Atmospheric Administration, NOAA)有关2010年北极报告(Arctic Report Card)指出,2010年北极夏季(9月19日观测)海冰面积是自1979年同时期以来,史上第三小之面积(2007年最小、其次为2008年),仅为460万平方公里,相较于1979年至2000年间夏季海冰平均面积缩减210万平方公里(约减少31%);另若以海冰最多的冬季三月比较来看,2010年3月北冰洋海冰面积为1510万平方公里,相较于1979年至2000年间冬季海冰平均面积1580平方公里来看,仅缩减4%的面积。由此观察,全球暖化效应对北极冰融现象来说,夏季河冰影响甚为剧烈。"Arctic Report Card," available at NOAA Website, http://www.arctic.noaa.gov/ Visited on July 9, 2012.

② 2007年夏季北极"西北航道"成为有记录以来,首次呈现无冰之水域而得以航行。Kathryn Isted, "Sovereignty in the Arctic-An Analysis of Territorial Disputes & Environmental Policy Considerations," *Florida State University-Journal of Transnational Law and Policy*, Vol.18, No.2(Spring 2009), pp.347-348。

现阶段北极航道夏季已可通行,唯尚须破冰船之前导,根据统计从 1906 年至 2006 年这一百年间,西北航道已有 69 艘次的船舶通行记录,其中大多为探险及科学研究目的之航行,航舶运量尚未大幅提升的主要原因为航道本身仍存在大量浮冰破坏船舶之危险;①唯科学家预估因暖化持续性的影响,至 2020 年夏季西北航道将达商船安全通过之程度,2050 年夏季西北航道将达无冰且不须破冰船引导之情况;同样的更北之北方航道也陆续有开通之消息,2009 年 9 月一艘德国籍商船由韩国开往荷兰即行经北方航道,根据船长描述北方航道在夏季几乎无冰存在,气候暖化速度比想象的快,更重要的是行经北方航道距离仅为传统航道之 75%,时程上缩短了 10 天航程且没有海盗之存在,② 另外 2010 年 9 月也有一艘俄罗斯籍油轮 *Baltika* 装载 7 万吨石油从俄罗斯 Murmansk 港口行经北方航道至中国宁波之记录,事实上 2000 年以来行经北方航道的记录非常之多,截至 2011 年夏季,俄罗斯已有三分之二之商船运输原物料至亚洲市场是经由北方航道,足见北方航道已成为许多船公司在跨欧亚运输上,经常性之选项,③除了上述航道缩短的诱因外,北极地区大陆架下石油及天然气开采,势必增加北极地区船舶运输往来以及对于北极航道之利用,是以种种迹象皆显示,北极航道具有极重要之经济、战略价值,且逐渐成为取代传统航道之可能性大增,同时相关航道争端也伴随而生。④ 以下即先介绍北极航道之地理状况:

---

① Christoph Seidler and Gerald Traufetter, "Melting of Arctic Ice Opening Up New Routes to Asia," (September 27, 2010), available at SPIEGEL Website, http://www.spiegel.de/international/business/0,1518,719740,00.html. Visited on July 14, 2012.

② Artyom Liss, "Arctic trail blazers make history," (September 19, 2009), available at BBC News Website, http://news.bbc.co.uk/2/hi/8264345.stm. Visited on July 10, 2012.

③ Michael Byers, "Canada Can Help Russia with Northern Sea Route," (June 8, 2012), available at The Moscow Tines Website, http://www.themoscowtimes.com/opinion/article/canada-can-help-russia-with-northern-sea-route/460127.html. Visited on July 11, 2012; Christoph Seidler and Gerald Traufetter, note 1.

④ E.J. Molenaar, "Arctic Marine Shipping-Overview of the International Legal Framework, GAPS and Options," *Florida State University-Journal of Transnational Law and Policy*, Vol. 18, No. 2 (Spring 2009), p.294.

1.西北航道

就地理位置观察,西北航道系由七条支道所汇集而成的一条主要北极航道,其东部航道连接加拿大与丹麦间之 Baffin Bay 以及 Davis Strait 出大西洋,西边则连接至美国与俄罗斯间之 Bering Strait 出太平洋,全长约 1405 公里,[①]其主要航道贯穿加拿大北部岛屿间之水域连接了大西洋与太平洋两侧,也因此北美洲行经西北航道连接欧亚的商路,远比绕行巴拿马运河来得近。下图1 则为西北航道示意图。

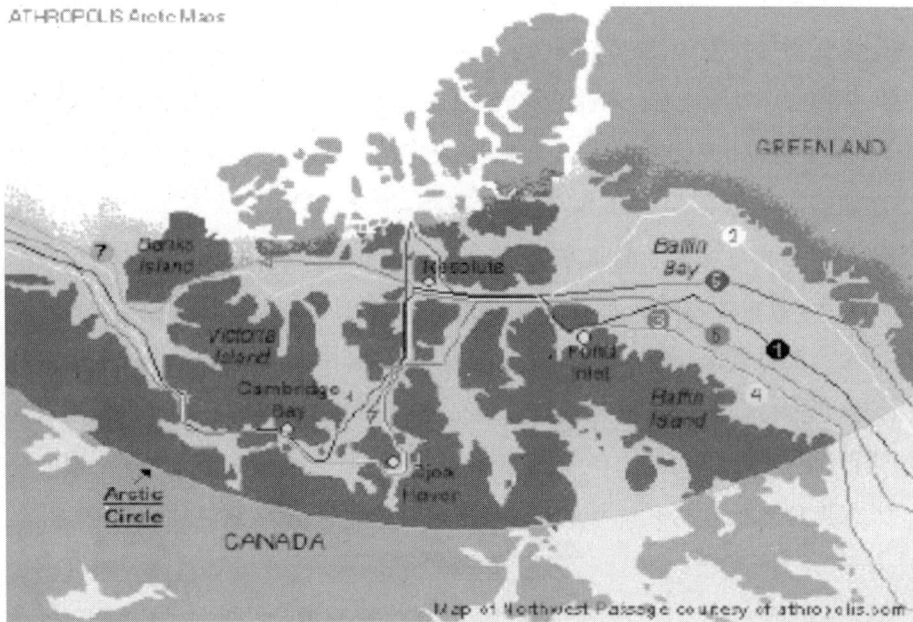

图1:西北航道示意图

数据来源:Duncan E.J.Currie, "Sovereignty and Conflict in the Arctic Due to Climate Changes: Climate Change and the Legal Status of the Arctic Ocean," (August 5,2007), p.6.Available at Globelaw Website, http://www.globelaw.com/LawSea/arctic% 20claims% 20and% 20climate% 20change.pdf.Visited on July 20,2012.

说明:图中1至7的编号就是七条水道,总称为西北航道,行经加拿大北部水域联结东边大西洋与西边太平洋。

---

① Donat Pharand, "The Arctic Waters and the Northwest Passage: A Final Revisit," *Ocean Development and international Law*, Vol.38, Issue1 & 2 (January 2007), pp.3-18.

2.北方航道

在地理位置上,北方航道沿俄罗斯北极圈沿海行驶且联结欧亚大陆,根据苏联海商部(Ministry of Merchant Marine)部长 Viktor Bekayev 于 1967 年 3 月 28 日首次开放外国商船进入北方航道时,即声称所有苏联北方北极圈内沿岸航道总称为北方航道,从其欧洲大陆西边 Novaya Zemlya 岛南部的 Kara Gate 向东延伸至亚洲 Bering Strait 的北纬 66 度西经 168 度 58 分 37 秒处,总长约 10400 公里,值得注意的是,因苏联主张"扇形原则"(sector principle)下北方领土及水域归其管辖,①故部分北方航道虽行驶北极点附近之公法海域,但苏联依旧认为行经公海部分仍归其管辖权(苏联不认为是公海),况且通往亚洲的航道出口却都必须行经 Bering Strait 唯一出口,故在航道整体性管理之原则下,整个北方航道都应视作苏联内水,现在俄罗斯也承接此观点持续来管辖北方航道。② 图 2 为北方航道与传统行经苏伊士运河航道示意图,图中可明显观察北方航道作为联系欧亚地区有其距离较短之航运优势。

(二)北极航道之价值

1.经济价值

当今世界贸易主要的地区为远东、西欧及北美,且是集中于北半球中高纬度地区,连接三个主要贸易区的航线基本上也是呈现东西走向,其中连接远东与西欧航道主要运河为苏伊士运河,连接北美洲两侧大西洋与太平洋之主要运河则为巴拿马运河,由于地理上大陆之阻隔,是以现在世界航运路线绕航现象严重,距离的拉长导致货物运输时间及成本增加,更甚者欧亚航运两条主要航道,一为由欧洲出发行经苏伊士运河至马六甲海峡(Strait of Malacca)连接远东的航道(约 12200 英里);另一为由欧洲出发行经好望角至马六甲海峡连

---

① 俄国沙皇于 1916 年 9 月 29 日正式宣布以扇形原则主张其拥有北极地区所有不论是已发现或是尚未发现岛屿之主权,这是北极地区周边国家第一个官方正式声明以扇形原则主张陆上及海上主权之国家。

② Erik Franxkx,"The Legal Regime of Navigation in the Russia Arctic," *Florida State University-Journal of Transnational Law and Policy*, Vol.18, No. 2(Spring 2009), p.331; E.J.Molenaar, pp.392-393.

北方航道

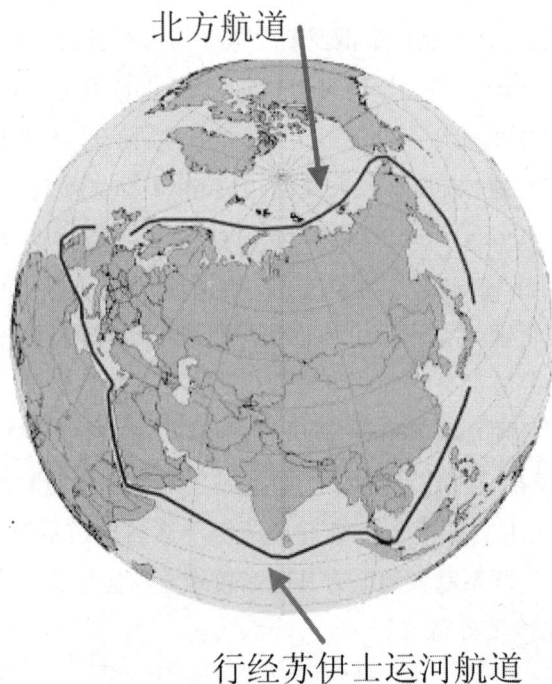

行经苏伊士运河航道

图2：北方航道与传统航道相较示意图

数据来源：Mia Bennett,"Russia Plans Military and Economic Development in Arctic,"(March,2009),avail-
able at Foreign Policy Association Website, http://foreignpolicyblogs.com/2009/03/31/russian-
development-plans-in-arctic/.Visited on July 11,2012.

接远东的航道(约16800英里),①此两传统航道所行经的非洲及远东地区,自
1990年以来因海盗或海上武装攻击频繁更增加运输上之风险与成本。② 简单
来说,现今世界航运格局有费时、费钱及不安全等航运上之缺失。除上述两传
统航道外,吾人若重新检视世界航运格局则可以发现,北半球在地理上距离欧

---

① 万征、邓志斌:《未来物流新格局——关于开辟北极新航线和建立北极大平台的构
想》,《商场现代化》第447期(2005年10月),第3—4页。

② 近年来非洲及马六甲地区海盗及海上武装抢劫严重,大大增加船公司运输成本与风
险,除保险费用增加外,更有欧洲船公司在运输高单价之货品至亚洲时,聘请佣兵随船
保护以杜绝海盗之攻击。戴宗翰:《由国际法论海盗行为防制之研究——兼论亚太区
域合作之模式》,台北市文化大学政治研究所硕士论文,2002年6月,第39—53页。

洲、亚洲及北美洲三大洲共同最近之距离为行经北极地区，①鉴于地理的特殊性，北极航道夏季的开通缩短了欧亚航运之距离，国际商船之运输因距离的缩短大大降低成本，也因北极航道没有海盗之出没也降低了安全风险，只要冰融现象持续，可预期北极航道航运量势必大幅增加，另外特别值得注意的是，加拿大与俄罗斯在经济价值驱使下，自然希望掌控北极航道，借着收取通航规费、导航、航行信息提供以及沿海港口贸易发展，可预期航道之开通将使其成为最大利益获取者，②这就是北极航道所带来之经济价值。图3则为两个北极航道连接欧亚航程比较图，图中能进一步显现北极航道开通后之航程优势。

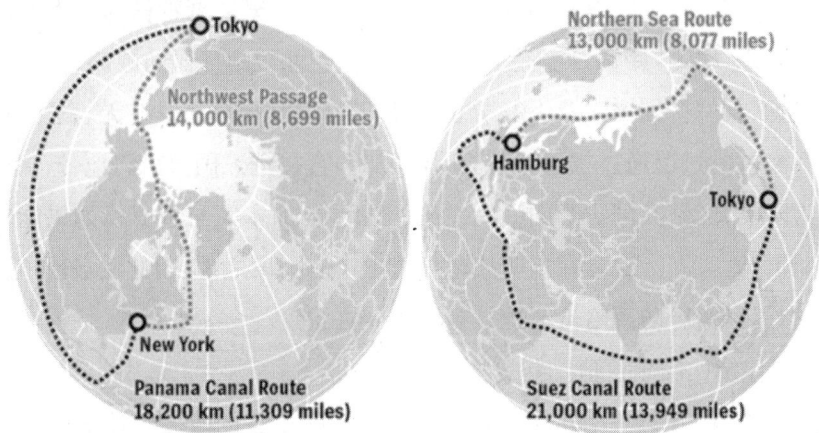

图3：北极航道行经欧亚距离比较示意图

数据来源：Christoph Seidler and Gerald Traufetter, "Melting of Arctic Ice Opening Up New Routes to Asia," (September 27, 2010), available at SPIEGEL Website, http://www.spiegel.de/international/business/0,1518,719740,00.html. Visited on July 14, 2012.

说明：1.左图由纽约到东京经西北航道为14000公里，经巴拿马运河为18200公里。
2.右图由汉堡到东京经北方航道为13000公里，经苏伊士运河为21000公里。

2.国防价值

冷战时期，加拿大方面认为其北方西北航道作为加拿大内水管辖，有缓冲

---

① E.J.Molenaar, p.290.

② Yohei Sasakawa, *The Northern Sea Route – The shortest sea route linking East Asia and Europe*(Japan: Yoshio Kon, 2001), pp.14-16.

苏联政权直接进入北美洲之战略上意义,①同样的苏联在二战后也将北方航道视作重要国防边线,除防止外国船舶进入外,更可作为隐藏核弹之基地。②随着冷战结束后以及冰融效应,各国借由航行自由名义希望"正大光明"地进入北极航道,此一航行自由主张等同进入加拿大及俄罗斯所声称之内水区域,因此北极航道的国防安全对加拿大及俄罗斯来说比起冷战时期更难防范也更加重要,由于美国的态度主张西北航道及北方航道属于国际航道,各国船舶具有"无害通过权"(innocent passage),其考虑点则在于倘若潜艇或军舰得以自由进入西北航道或是北方航道,则自然得以驶入公海上之北极点,③鉴于北极点地理位置与周边国家距离相同,故从北冰洋地区发射的导弹将对周边国家形成极大之威胁,且冬季长期覆盖之北极冰层更是提供携带核弹之潜艇最佳之隐藏效果,因为"距离"与"隐藏"两大要件,让北极地区国防战略价值提升。笔者以为,若站在加拿大及俄罗斯立场,倘若承认北极航道具有无害通过权或是国际海峡的过境通过权,其视同让外国势力直接进入国家沿海地带,缺乏航道作为阻隔,国家及国防等同一大空洞,相反,若加拿大与俄罗斯如果能掌控北极航道,则等同为自己在国防战略位置上占有一席之地,因此北极航道除经济价值外,其实国防战略价值也是各国争夺之重点。

3.非传统性安全价值

根据加拿大籍学者 Michael Byers 表示,国际形势的改变将使美国对西北航道之主张有所调整,由于 2001 年"9·11"事件之影响,恐怖主义之非传统性安全危机充斥北美地区,美国本身国土安全成为最高国家安全指导原则,在恐怖主义的威胁下,倘若北极航道成为美国主张之国际航道且各国拥有无害通过权,可以想见的是恐怖主义利用北极航道运送大规模毁灭性武器之可能性将大增,美国也知道想隔离恐怖主义进入北美地区,国际条约法的规范是不够的,唯有透过一国国内刑法、移民法及相关国内防范犯罪法,方能有效防止

---

① Edward Struzik, *Northwest Passage: The Quest For An Arctic Route to the East* (Toronto: Key Porter Books: September 1991), p.6.

② Yohei Sasakawa, p.12.

③ Edward Struzik, pp.141-142.

恐怖主义渗透,而目前看来也只有加拿大能利用国内法制来有效掌控西北航道不被恐怖主义所利用,因此美国与加拿大在非传统安全议题上有了合作空间,加拿大的西北航道作为北美洲屏障,此次不再是防堵俄罗斯势力而是防堵恐怖主义渗透。① 笔者以为美国与加拿大在西北航道法律地位上虽有歧见,但因恐怖主义因素,两国将会降低歧见程度,学者 Andrea Charron 甚至主张美国与加拿大合作,共同管理西北航道之非传统性安全问题。② 从这里可以观察,北极航道具有综合性的战略价值,"经济"与"国防"价值让北极圈周边国家都想在北极航道上占有一席之地,然因非传统性安全威胁却又让美国及其他国家感到忧虑却步,这种"爱恨交加"之思维也突显出此地区问题之复杂性与多元性。

三、西北航道法律争端与发展

加拿大对于西北航道立场是属于其"内水"且他国不享有无害通过权,其北方岛屿内之水域划界,在法理基础上是基于"历史性上权利"(historic title)所得来的"历史性水域"(historic waters)以及直线基线原则划界两项主张而来;以美国为主的质疑观点即表示,加拿大北方岛屿是否适用直线基线原则划界?③ 即使承认加拿大北方水域是内水的前提下,各国仍应享有无害通过权,再者该内水区域亦属于国际海峡故各国也应享有《1982 年联合国海洋法公约》(以下简称 UNCLOS)所赋予之"过境通行权"(right of transit passage)④。相关国际法上之论述兹说明如下:

---

① Michael Byers, *Intent for a Nation: What is Canada For?* (Vancouver: Douglas and McIntyre, 2007), p.158.

② Andrea Charron, "The Northwest Passage: Is Canada's sovereignty floating away?" *International Journal*, Vol.60, No.3(Summer 2005), p.847.

③ Brian Van Pay, *National Maritime Claims in the Arctic* (U.S. office of Ocean and Polar Affairs, May 21, 2009).

④ "United Nations Convention on the Law of The Sea, Dec. 10, 1982," available at UN Website, http://www.un.org/Depts/los/convention_agreements/texts/unclos/unclos_e.pdf. Visited on July 14, 2012, Article 38.

（一）加拿大历史性水域主张之争端

加拿大主张其北方水域具有内水性质的法律地位,其中第一个法理依据为"历史性水域"主张,基于该理由"历史性水域"范围内的西北航道为内水性质之航道,外国船舶自然无权拥有无害通过权,[1]而在讨论加拿大此立场前,鉴于"历史性水域"此一法律制度,在 UNCLOS 通过后,其重要性似乎有下降之现象,其主要原因在于公约本身已经规范领海宽度、海湾封口线的长度、群岛制度、毗连区制度、专属经济区制度与大陆架制度,使原本可能存在之"历史性水域"主张与争议相对减少。虽然争议减少,然国际上依旧存在着海洋法规则适用之例外,且在面积、外形、地理位置皆具有争议性的"历史性水域",加拿大北方水域即是一个案例,因此笔者有必要先讨论历史性水域之法律地位,再审视加拿大主张之合理性。

1.历史性水域之法律地位

"历史性上权利"、"历史性水域"与"历史性海湾"(historic bays)争议之所以存在,在于国际法律文书并未明确定义其法律要件,因此若从次级国际法源来看,目前对于"历史性水域"之法律要件,在国际法律文件上,大体上采取1962 年联合国秘书处研究报告之意见,这份《历史性水域法律制度研究报告:包括历史性海湾》(Juridical regime of historic waters,including historic bays)之研究报告(以下简称《历史性水域法律制度研究报告》)指出:"历史性水域"与"历史性海湾"是两个不同意义的名词,"历史性水域"是一个范围较广的法律概念,它可以包括"历史性海湾";而后者仅属"历史性水域"的一种类型而已。[2]

《历史性水域法律制度研究报告》对于"历史性水域"应具备之要件则提

---

[1] Robert Dufresne, *Controversial Canadian Claims over Arctic Waters and Maritime Zones*, PRB 07-47E,(Ottawa,Canada:Parliamentary Information and Research Service,Library of Parliament,January 10,2008),pp.1-2.

[2] "Juridical Regime of Historic Waters, Including Historic Bays," A study prepared by UN Secretariat, Doc. A/CN. 4/143, para34, available at UN website, http://untreaty. un. org/ilc/documentation/english/a_cn4_143.pdf. Visited on July 19,2012.有学者亦认为,除海湾外,还有河口、海峡、群岛水域等不同于海湾形状的海域,亦可称为"历史性水域"。

到,在决定一国是否已对某一水域取得"历史性权利"时,至少有三个要素需加以考虑:首先,主张历史性权利的国家对该海域行使权力(the exercise of authority);亦即国家历史性水域所主张之权利通常属于主权权利,因此该国在该海域所行使之权力必须具有主权之性质;再者,行使权力而采取之行为不能仅止于宣布或声明,而要有具体有效且具说服力之行为;最后,行使权力之主体须为国家或官方行为。①

第二,此项权利行使的连续性(continuity of the exercise of authority):即国家行为必须具有持续和一贯性,且必须经历相当长的时期,最终为国际社会所普遍接受。

第三,外国的态度(attitude of foreign states):主张"历史性水域"的国家,其所主张之水域原本依国际法可能属公海的区域,但现在却变成其海域,因此,必须获得其他国家的默认或容忍,就国际法法理而言,公海就是公有物(res communis omnium)而非无主物(res nullis),不能依"先占"的法理取得任何一部分公海之权利。由此来看,国际社会之默认或容忍直接成为主张国取得"历史性权利"之基础,"历史"只是一个辅助的角色而已。②

另外,1962年联合国秘书处《历史性水域法律制度研究报告》也注意到"历史性水域"不具有内水法律地位之可能性,报告指出:"历史性水域"的法律地位是依据主张国在该海域实施管辖的情况而定,若沿海国主张该水域为内水,则沿海国可在该海域内实施完整的主权管辖;若沿海国主张该水域为领海,则其法律地位为享有主权管辖,③即水域适用 UNCLOS 第 17 条船舶无害通过之规定。由国际法观点看来,加拿大认定其北方水域为历史性水域的前提下,其主张水域性质为内水或领海都是法律上可能之选项,只是内水性质对加拿大来说有完整主权,但领海性质却必须允许外国船舶之无害通过权,站在

---

① 俞宽赐:"从'历史性水域'制度论我国南海 U 形线之法律地位",《理论与政策》第 8 卷第 1 期(1993 年 11 月),第 90 页。

② Gary Knight and Hungdah Chiu, *The International Law of the Sea：Cases, Documents and Readings* (London and New York：Elsevier Applied Science and UNIFO Publisher Inc., 1991), p.121.

③ A/CN. 4/143, paras.160-167.

国家利益之角度观察,加拿大选择历史性水域内之西北航道为内水性质自然不难以理解。

2.西北航道为历史性水域内之内水主张

(1)正式官方立场:1973年加拿大法律事务局(Bureau of Legal Affairs)首次针对其北极圈水域发表正式官方声明表示:"虽然加拿大在以往条约或是立法中都未宣告其北方岛屿内之水域地位,然基于历史性权利因素,该水域为加拿大内水",①由于西北航道行经加拿大北方水域内,故亦为其内水。因气候变迁导致西北航道夏季开通可能性大增,各国对于西北航道属性已有争端,2002年加拿大外交及国际贸易部更进一步声明表示:"西北航道基于历史性权利为加拿大内水,加拿大拥有完整之主权行使于该水域,且他国并不享有无害通过权,另加拿大 Inuit 原住民长久以来对于该冰封水域占有且持续性之利用更是强化加拿大立场之事实。"②2003年加拿大签署 UNCLOS 时附带一份不同意见声明书表示,加拿大将排除 UNCLOS 中第15、74 及 83 条有关海岸相向或相邻国家间领海、专属经济区及大陆架等争端区域之划界,以及历史性海湾或历史性权利水域争端划界之法律解释与适用。③ 其中不同意见声明书所指排除历史性水域部分之法律解释及适用,就是针对加拿大北方历史性水域而来(因 UNCLOS 并未厘清历史性水域地位之法律解释)。

(2)加拿大主张之缺失:有关加拿大历史性水域之主张,其国内立场亦不一,其中加拿大籍国际法学专家 Donat Pharand 即表示加拿大历史性水域主张立场薄弱,除了对于历史性占有欠缺有力证据外,利害关系国的反对亦是主张不被接受之原因之一,Donat Pharand 更举出四点说明加拿大主张之缺失,第

---

① 1973年加拿大法律事务局声明原文如下:Canada also claims that the waters of Canadian Arctic Archipelago are internal waters of Canada, on a historical basis, although they have been declared as such in any treaty or by any legislation. Robert Dufresne, p. 2.

② 2002年加拿大外交及国际贸易部声明原文如下:Canada's full sovereignty over these waters, including Northwest Passage, is based on historic title and no right of passage is therefore recognized. Further strengthening Canada's sovereignty position is the ongoing used and occupation of the covering ice by its Inuit people "from time immemorial". Ibid., p. 3.

③ Ibid.

一,在英国与加拿大当年宣称发现北极点时都未真正拥有北极圈水域;第二,历史性水域主张事实上是自 1973 年始有的官方说词;第三,其他利害关系国家对于加拿大主张之反对;第四,加拿大对于北极圈水域之管辖权并未真正落实,尤其对于美国船舶之通过。①

诚如前述历史性水域法律构成要件之说明,吾人可知历史性水域内管辖权之行使、管辖权行使的连续性以及外国的态度三项为主要构成要件,Donat Pharand 之观点事实上再次验证加拿大历史性水域主张有其缺失,因此现阶段加拿大政府多改以群岛水域直线基线划界原则来主张北方水域属于内水之性质。

(二)加拿大直线基线划界主张之争端

1.加拿大主张

1985 年美国海岸巡防队破冰船"北极海"号(Polar Sea)在未告知加拿大之情况下行经西北航道,此举使原先既有争端之北方海域再掀波澜,加拿大随即于当年宣布两项措施,第一,加拿大北方岛屿依据直线基线原则划界且于 1986 年 1 月 1 日生效;第二,现行《加拿大海上执行法》(Canadian Laws Offshore Act)适用范围将扩大至联邦政府及各省,而待加拿大《海洋法》(Oceans Sea)立法完成后将取代原先《加拿大海上执行法》,②事实上此措施即是加拿大政府宣布直线基线范围并进行国内立法与执法之动作。

根据 1951 年 12 月 8 日英挪渔业案国际法院判例,③除肯定历史性水域地位外,此判例亦认为直线基线须符合下列三项标准,第一,沿海岛屿地理状况

---

① Donat Pharand,p.13.

② Robert Dufresne,p.3.

③ 国际法院针对"历史性水域"之解释,多采用 1951 年 12 月 8 日英挪渔业案之判例,此判例认为在划定领海基线时,除了得考虑地理上因素外,还应考虑到某个地区因长期使用的习尚(usage)所导致之特殊经济利益,此观念乃国际法院第一次新创,更为 1958 年领海及邻接区第 4 条第 4 款所接受。此判例亦明显支持国家"历史性权利"之存在,对于挪威所主张的水域,其主要来自于历史上长期使用的习尚。另外值得注意的是,此判例将"历史性水域"视作内水之性质,但若无历史上权利之权在,则无内水之特性。D.H.N.Johnson,"The Anglo-Norwegian Fisheries Case,"*International and Comparative Law Quarterly*,Vol.1,Issue 2(January 2008),pp.145-180。

与海岸线大致走向相符;第二,陆地与海洋之间的紧密相连;第三,因长期使用而产生的经济利益,而此直线基线划界标准亦为《1958 年领海及毗连区公约》第 4 条及 UNCLOS 第 7 条所接受。因此 1985 年加拿大采取直线基线原则就是认为符合上述三项标准,特别是陆地与海洋之间的紧密相连一项,更有下列三个具体之理由,第一,北方岛屿跟海洋间比例为 1 比 0.822;第二,北极圈海域长年冰封之海域与岛屿联结,更强化陆地与海洋的联结性;第三,直线基线之划定并未在明显程度上偏离海岸之一般方向。① 无怪乎学者 Donat Pharand 表示跟历史性水域比较起来,直线基线原则在国际法上站得住脚且立论合理。② 另加拿大依此原则将其位于北极圈附近北方所有岛屿之外围以直线基线之方式划界,如此一来该水域内成为加拿大之内水区域,加拿大拥有完全之主权,且外国船舶在此区域并未享有"无害通过权",而有趣的是,此水域刚好位于西北航道之主要干道上,因此倘若未来航道开通,此一内水区域加拿大自然有权准驳其他国家航行权或收取航行费。③ 姑且不论此直线基线原则于此处是否适用,以及西北航道是否属于用于国际航行之海峡,可以知道的是,依此原则划界从加拿大角度出发自然最为有利。图 4 为加拿大依直线基线原则所绘制之区域图。

2.美国主张

(1)越权海域主张内涵:④自 1979 年美国卡特政府首度拟定执行"航行自

---

① 刘江萍、郭培清:《加拿大对西北航道主权控制的法律依据分析》,《青岛行政学报》2010 年第 2 期,第 103—104 页。

② Robert Dufresne, p.4.

③ Kathryn Isted, " Sovereignty in the Arctic-An Analysis of Territorial Disputes & Environmental Policy Considerations," *Florida State University-Journal of Transnational Law and Policy*, Vol.18, No.2(Spring 2009) , pp.354-355.

④ "越权海域主张"包括不被承认的历史性水域主张;领海基线划法不当、领海不允许军用船舶或商船享有"无害通过权";专属经济区、大陆架以及群岛国或群岛水域主张与UNCLOS 规定不符;例如要求军舰通过领海或专属经济区时宜先通知或获得沿海国同意、对于国际航行之海峡禁止过境通行权以及不允许群岛海道通过权等。J. Ashley Roach W. Smith, *United States Responses to Excessive Maritime Claims*, 2nd edition (The Hague/Boston/London:Martinus Nijhoff Publishers, 1996) , pp.15-16。

直線基線　　　　　西北航道主要干道

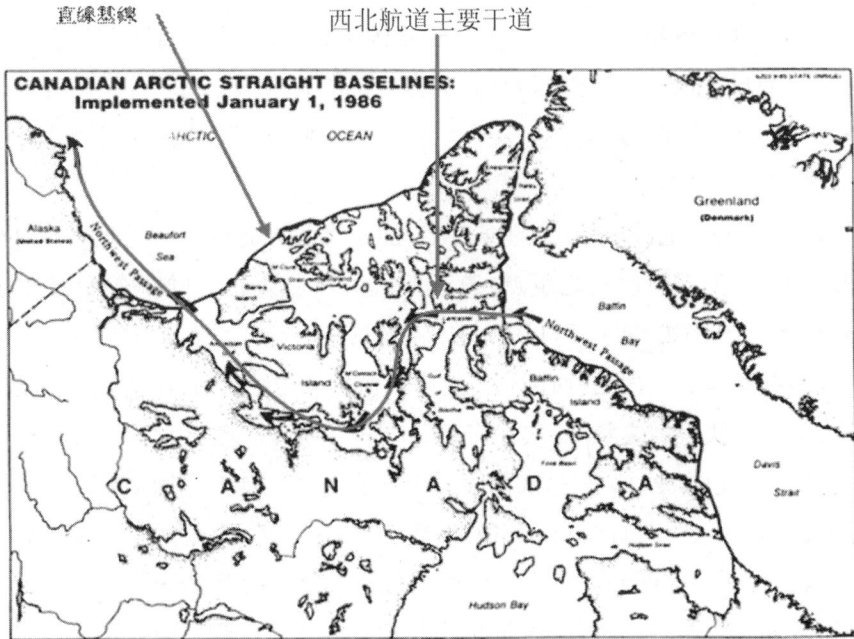

图 4：加拿大依直线基线绘制之地理位置图

数据来源：Brian Van Pay, *National Maritime Claims in the Arctic* (U.S. office of Ocean and Polar Affairs, May 21, 2009).

说明：图中穿越加拿大各群岛水域之线段即为西北航道主要干道，可以明显看出该航道行经加拿大直线基线范围内之内水区域。

由方案"(the Freedom of Navigation Program) 以来，其后美国政府大体上皆持续执行此方案，该方案主要目的除凸显强调 UNCLOS 中各国应有航行权益之维护，且更进一步表示美国无法接受任何有损其海上过境通行权的海域主张，倘若美国一旦遭遇外国越权之海域主张，依据"航行自由方案"，美国之海空军将执行演习计划、过境通航与飞越的任务；①根据统计，美国之海空军平均每年要在全球海洋中采取 30 至 40 次的强势行动去抗争 35 个以上国家所作

---

① "航行自由方案"之拟定背景、内容与发展，参见 William J. Aceves, "The Freedom of Navigation Program: A Study of the Relationship between Law and Politics," *Hasting International and Comparative Law Review*, Vol. 19 (Winter 1996), pp. 277-281。

的越权主张,以维护美国的航行自由与飞越权利。[1] 在这里吾人可知,美国虽尚未加入 UNCLOS 缔约国,然在维护自身利益的前提下,也宣示其行为系在维护 UNCLOS 中所规定之航行自由,只是美国在政策执行上是透过"航行自由方案",利用演习的方式将军事与外交结合,[2]借以打消或制止其他国家所提出"越权之海域主张"。

(2)西北航道通行权:在地理条件上,加拿大北方岛屿是否适用直线基线划界原则仍成为各国检视之重点,美国即认为加拿大北方群岛有 73 个超过 50 平方英里,小岛则高达 18114 个,群岛东边有一个巨大 Hudson 湾的内陆海及几个小的海湾嵌入内陆,西部则有更多内湾嵌入内陆,因此整体观察其北方岛屿应属于区块零散之状况,故不应将北方岛屿视作一整区块以直线基线将外部轮廓全部包含划入。[3] 另加拿大属于大陆国家其是否适用 UNCLOS 群岛国中之群岛基线,只是此部分 UNCLOS 没有明确规范,因此正反意见都得以存在,唯国际法上无明确规范之部分则有赖长期之国际实践来验证。因此随着冰融现象之发生,可以想见西北航道未来将担负极重要之商业运输与军事价值,所以美国在对其航行权保障之前提下,认定加拿大行为属于越权之海域主张,其主张主要分为两个方面,第一,质疑加拿大采取直线基线来划界之合理性;第二,即使加拿大采取直线基线原则,将西北航道视作内水,然因西北航道属于国际航道,故外国船舶依旧拥有无害通过权以及国际海峡的过境通行权。[4]

(三)西北航道是否享有无害通过权与过境通行权之争端

由于历史性水域在国际法上地位不明,加拿大国内意见亦有分歧,[5]国际

---

① J.Ashley Roach W.Smith, pp.10—11.

② 所谓外交之方式,即美国透过不同形式之外交信函、外交照会、普通照会、正式抗议书或备忘录,来指出外国有"越权之海域主张"之行为。Ibid., pp.7—8.

③ 刘江萍、郭培清,第 104 页。

④ Kathryn Isted, pp.354—355.

⑤ 加拿大国内有认为历史性水域之性质就是内水,倘若持历史性水域主张就不须讨论水域性质,唯国际上亦有认为历史性水域性质不排除领海之可能性,端看沿海国之实践,且加拿大国内亦有认为历史性水域主张证据及法理不足,故国际间对于历史性水域主张多抱持缺乏具体证据等反对之态度。Robert Dufresne, p.5.

间讨论也都以其直线基线主张为主轴进行争论,故直线基线内水域性质是属于内水、领海或者是国际海峡除影响加拿大对于水域管辖权外,更重要的是外国船舶通行权,以加拿大与美国所提出之意见来看,其主张争端在西北航道是否享有无害通过权与过境通过权两项,兹说明如下:

1.无害通过权

(1)加拿大立场:加拿大主张直线基线内之内水其拥有完整之主权且外国船舶并不享有无害通过权,西北航道位在其内水区域内,外国船舶通过须经由加拿大同意且收取通行规费,①而西北航道是否享有无害通过权最大关键在于 UNCLOS 第 8 条第 2 款,其规定为:

> "如果按照第 7 条所规定的方法确定直线基线的效果使原来并未认为是内水的区域被包围在内成为内水,则在此种水域内应有本公约所规定的无害通过权。"

1985 年加拿大正式划出直线基线时,将原本领海划入为内水,若依据 UNCLOS 第 8 条第 2 款规定该内水是享有无害通过权,唯加拿大表示习惯法与条约法之不同是一个关键,1985 年当时加拿大系依据习惯法所规范之直线基线原则来划界,②而习惯法规范直线基线内之内水,外国船舶并不享有无害通过权,UNCLOS 作为一个条约法其新增的规范项目是在加拿大划界之后才生效,UNCLOS 第 8 条第 2 款保有外国船舶无害通过权之权利是一项新的条约法规范,在以往习惯法上并未见过,是以若以时间点来看,加拿大立法运行时间点早于 UNCLOS 条约法生效日,故在"法律不溯既往"之前提下,加拿大应该持续保有原先依照习惯法直线基线内,外国在其北方内水不享有无害通过权之主张。③

(2)美国立场:现阶段西北航道仅负担极少之航运量,导因于冰层太厚之

---

① Kathryn Isted,p.354.

② 加拿大所称之习惯法是指 1951 年英挪渔业案之判例所形成之习惯法。

③ Robert Dufresne,p.5.

影响,然美国及其他国家正期待未来冰融后,西北航道将可负担原油、资源及货物运输之极佳航道,①因此美国之立场认为,加拿大既然已于2003年签署UNCLOS,自然应受UNCLOS第8条第2款之限制,因此原先加拿大之领海,在1985年因直线基线划为内水后,外国船舶仍应保有无害通过权之权利。②

2.国际海峡的过境通行权

除了无害通过权争端外,美国更进一步指出,西北航道属于国际海峡,因此外国船舶仍享有UNCLOS所规范之过境通行权,在此吾人先看国际海峡分类标准:

(1)国际海峡分类标准:根据国际法院有关英国与阿尔巴尼亚1949年的Corfu Channel案例来看,有关国际海峡之定义有两项判断标准,第一,在地理上国际海峡必须联结两个公海或是专属经济区;第二,在功能上国际间必须利用此航道来运输、旅游。③ 事实上若以地理环境来看,西北航道符合联结公海或是专属经济区之国际海峡条件;但是若以功能来看,依据过去历史记载,西北航道航运量是极少的,其少量航运量是否符合国际海峡之功能面标准,此部分存有模糊地带,因为国际法院并没有定义多少航运量才算是国际海峡,是以随着冰融现象发生,西北航道可利用性必然增加,可预见的未来国际海峡分类标准势必更要清楚方能解决西北航道之争端。④

(2)加拿大立场:加拿大立场表示西北航道的确在地理上窄于24浬且连接公海是符合国际海峡标准,然在功能上是否符合国际航运标准则不必然,根据学者Donat Pharand表示过去美国海军潜艇于1987年5月有3次水面航行通过西北航道之记录,属于双方国防任务协议下之军事行为并非一般海运运输,而较具争议的1969年至1970年间美国运油船*Manhattan*号及1985年海岸巡防队破冰船*Polar Sea*号行经西北航道案例来看,*Manhattan*号在当时系属于行使公海(1970年当时加拿大领海仅有3浬),而*Polar Sea*号才是唯一

① Kathryn Isted,p.354.

② Robert Dufresne,p.5.

③ "Corfu Channel Case,"(Apr. 9,1949),available at International Law of War Association Website,http://lawofwar.org/corfu_channel_case.htm.Visited on July 7,2012.

④ Kathryn Isted,pp.355-356.

在未获加拿大允许即驶入西北航道之个案,况且该个案引起加拿大官方严正抗议,且是在加拿大划出直线基线之前的个案,因此 Donat Pharand 表示根据外国船舶进入西北航道的历史记录,证明西北航道并不具有国际海运交通之功能的国际海峡。①

(3)美国立场:UNCLOS 规定:美国以 UNCLOS 第 35 条第 1 款有关国际海峡规定之范围表示,国际海峡不适用于一般内水区域,但原来并未认为是内水的区域被依直线基线划为内水的情况除外。换言之,加拿大采取直线基线原则使原本领海或是毗连区水域变成内水,因此纵使西北航道在加拿大主张下成为内水仍适用于国际海峡之规范,②UNCLOS 第 35 条第 1 款规定如下。

第 35 条本部分的范围:

"本部分的任何规定不影响:(1)海峡内任何内水区域,但按照第 7 条所规定的方法确定直线基线的效果使原来并未认为是内水的区域被包围在内成为内水的情况除外"。

符合国际海峡标准:首先在地理上西北航道符合国际海峡要件,其次在功能上,美国指出航运量大小并非国际海峡判断标准,重点在于该海峡是否具有国际航运之功能,况且未来随着冰融现象,可预期的未来西北航道将是国际间主要国际海峡;除此之外美国举出上述 1969 年至 1970 年间运油船 *Manhattan* 号及 1985 年海岸巡防队破冰船 *Polar Sea* 号行经西北航道时并不需加拿大同意的两个案例,来证明该航道具有国际航运交通之功能,且认为该区域除西北航道外并无其他替代性航道以强化西北航道为国际海峡之合理性。③

四、北方航道法律争端与发展

相较于西北航道诸多国际法上之争端,北方航道争端则较少,其主要原因

① Donat Pharand,p.42.
② Kathryn Isted,p.355.
③ Robert Dufresne,p.6.

有三项:第一,北方航道沿着俄罗斯北部沿海通行,在地理位置上其航道连接欧亚进出口皆须经过俄罗斯,是以整个航道自成一体很难不受俄罗斯管辖,加上北方航道航行条件恶劣,外国船舶如欲通行不得不借助俄罗斯冰船、水文气象信息及航运基础设施等之协助,是以在地理环境与航行条件之限制下,外国船舶如欲通行北方航道不得不承认俄罗斯之管辖权;第二,俄罗斯自苏联时代即有一套完整的北方航道管理法律体系,且该国内法规也确实落实对于外国船舶之管辖实践,除美国质疑北方航道作为内水性质外,国际社会似乎都是采取默认之态度;①第三,学界中如美国学者 Christopher C.Joyner 及比利时学者兼国际法院仲裁员 Erik Franckx 均表示北方航道争端属于俄罗斯内水的争议不大,且从苏联到俄罗斯时代都长期且一贯性的主张北方航道管辖权,加上其国内有一套行之久远且完整的北方航道法律制度,因此除少数水域有国际航道争端外,其余并无太大争端存在。② 由上三点可知,北方航道在俄罗斯的国际实践下似乎逐渐取得国际社会承认,以下即先透过俄罗斯的法律制度来呈现俄罗斯之国家行为,后再讨论北方航道可能存在之相关国际法争端。

(一)俄罗斯对于北方航道管理之法律架构

俄罗斯对于北方航道之管理其实应溯及苏联时代,而此处所提及之法律架构仅属于苏联及目前俄罗斯对于外国船舶行经北方航道管理之相关国内法规,此虽非国际法部分,唯透过俄罗斯法律架构可以让吾人更清晰俄罗斯对外国家行为主张。

1.制度建构初期

1965 年美国海岸巡防队破冰船"北风号"(Northwind)行经苏联喀拉海

---

① 郭培清、管清蕾:《北方海航道政治与法律问题探析》,《中国海洋大学学报》2009 年第
4 期,第 5 页。

② Christopher C.Joyner, "The Legal Regime for the Arctic Ocean", *Florida State University-Journal of Transnational Law and Policy*, Vol.18, No. 2(Spring 2009), p.230.Erik Franxkx,
pp.327-328. 另 Christopher C.Joyner 教授于乔治敦大学个人网页介绍可参阅下列链接:http://explore.georgetown.edu/people/joynerc/ 以及 Erik Franxkx 教授布塞尔大学个人网页介绍可参阅下列链接:http://www.vub.ac.be/IERE/efranen.html。

（Kara Sea）与拉普捷夫海（Laptev Sea）间之维尔基兹基海峡（Vilkitsky Strait）引发苏联与美国间之外交争端，自此引发美国对北方航道法律地位之质疑，①随后 1967 年 3 月 28 日苏联海商部部长 Viktor Bekayev 即正式公布北方航道于船舶航行季节对外国船舶开放之政令，也等同反驳美国认为北方航道为国际航道之认知，事实上此次开放外国船舶政治性意义大于实质意义，因为世界正处于冷战时期，苏联之开放有指标性意义，然而苏联为了不影响苏伊士运河航运量进而影响与其友好的中东国家关系，是以北方航道开放的结果并没有积极争取外国船舶行经北方航道，最后只是政令式的倡导。②

1987 年 10 月 1 日苏联总统戈尔巴乔夫于 Murmansk 发表谈话指出，北方航道得以在苏联破冰船的导航前提下提供外国船舶使用，此谈话事实上是重申 1967 年立场，实际航行北方航道者仍为苏联船舶，时至 1989 年夏季方有苏联船舶 Tiksi 号装载外国货物从德国汉堡运送至日本大阪时行经北方航道，1990 年 9 月 14 日苏联海商部正式批准北方航道管理外国船舶通行之《航行北方航道规则》（Regulations for Navigation on the Seaways of the Northern Sea Route，1990 Regulations）（以下简称《1990 年规则》），③该法于 1991 年 7 月 1 日正式实施，随即 1991 年生效当日法国船舶 Astrolabe 号即申请并获准通行北方航道，这是首艘外国商业船舶经苏联官方批准通行北方航道之记录，唯几个月后苏联即宣告瓦解成为历史性国家名词。④

2.北方航道管理制度

有关外国船舶行经北方航道，俄罗斯表示系依据 UNCLOS 第 234 条规范，在冰封区域沿海国有权制定和执行非歧视性的法律和规章，以防止、减少和控

---

① Michael Byers.

② Erik Franckx，p.328.

③ 俄罗斯《1990 年规则》可从其交通部网站取得法规英文与俄文两种版本"Утверждены Министерством морского флота СССР 14 сентября 1990 г." Available at Ministry of Transport of the Russia Federation Website，http://www.morflot.ru/about/sevmorput/index.php Visited on July 15,2012。

④ Erik Franxkx，pp.329-330.

制船只在专属经济区范围内冰封区域对海洋的污染。① 因此目前计有四份法规予以规范,即《1990 年规则》、《1996 年北方航道通行指导》(1996 Guide to Navigating Through the Northern Sea Route)、《1996 年北方航道破冰船及导航船舶通行规则》(1996 Regulations for Icebreaker and Pilot Guiding of Vessels through the Northern Sea Route)、《1996 年北方航道通行之船舶船型、设备与供给须知》(1996 Requirements for the Design,Equipment,and Supplies of Vessels Navigating the Northern Sea Route),此四份规则构成现行俄罗斯对于外国船舶行经北方航道之管理规则架构。②

(1)《1990 年规则》:根据第 1 条第 2 款有关"北方航道"范围之定义中,系由西边 Novaya Zemlya 海峡与经度交错处的 Mys Zhelaniya 为入口,向东延伸至亚洲 Bering Strait 的北纬 66 度西经 168 度 58 分 37 秒处,整个沿岸北方航道上之内水、领海、专属经济区以及"适合前导船于冰上航行之水域"皆为北方航道。③

透过此定义有一处先补充说明,即所谓"东北航道"(Northeast Passage)与北方航道在范围上是不同的,"东北航道"在范围上较大是指全部连接欧亚的整个航线,而北方航道则专指依照《1990 年规则》定义下之范围,当然北方

---

① 1982 UNCLOS 第 234 条全文为:Coastal States have the right to adopt and enforce non-discriminatory laws and regulations for the prevention,reduction and control of marine pollution from vessels in ice-covered areas within the limits of the exclusive economic zone,where particularly severe climatic conditions and the presence of ice covering such areas for most of the year create obstructions or exceptional hazards to navigation,and pollution of the marine environment could cause major harm to or irreversible disturbance of the ecological balance. Such laws and regulations shall have due regard to navigation and the protection and preservation of the marine environment based on the best available scientific evidence。

② 有关北方航道 1996 年相关法规英文版本亦可从俄罗斯交通部网站取得:http://www.morflot.ru/about/sevmorput/index.php。

③ 《1990 法规》第 1 条第 2 款英文版原文为:The Northern Sea Route – national transportation route of the USSR,which is situated within the inland waters,territorial sea(territorial waters),or exclusive economic zone adjoining the USSR northern coast,and includes seaways suitable for guiding ships in ice.the extreme points of which in the west are the western entrances to the Novaya Zemlya straits and the meridian running from Mys Zhelaniya northward.and in the east,in the Bering Strait,by the parallel 66°N and the meridian 168°58′37″W。

航道是东北航道中最主要的航线且俄罗斯主张拥有管辖权,行经东北航道也必须经过北方航道,因此本文讨论此航道即统一用"北方航道"来说明,唯"东北航道"与"北方航道"不同之处仍须注意切勿混淆。①

除此之外,《1990年规则》第1条第2款定义中所引发最大之问题以及美国之反对即在于,北方航道范围是否限于200海里专属经济区内,因为定义中"适合前导船于冰上航行之水域"似乎开了一扇门让俄罗斯破冰船行驶超过200海里外更北或更南之公海海域,因此造成在操作上可能超过200海里到达地理上之北极点或是更南Barents Sea,有关此点,学者Erik Franckx表示从俄罗斯之实践来看,其北极航道实际执行之范围是有超过200海里专属经济区且扩及公海水域的,俄罗斯的理由是外国船舶行经北方航道在需要前导破冰船之前提下,不可能只行驶至200海里范围内,倘若至公海区域该外国籍船舶仍须俄罗斯之协助方能有效且安全之行驶,因此北方航道应视作一个整体管辖之航道,俄罗斯之管辖权自然及于全部航道。只是这样的说法已明显违法UNCLOS第234条于专属经济区内执行法律规章等规定。②

(2)《1996年北方航道通行指导》:此份文件主要是俄罗斯在开放北方航道供国际使用之航行指导规则,内容分为三大部分,第一部分是整体性的介绍北方航道地理、水文、气候与航行状况,附以大量图片及地图说明;第二部分则记载北方航道上俄罗斯沿海重要停泊港口、岛屿、灯塔及无线基地台位置;第三部分则是指导北方航道通行指南,说明在各种气候下航行注意事项以及在没有破冰船前导之情况下航行注意事项。③

(3)《1996年北方航道破冰船及导航船舶通行规则》:此份文件则巨细靡遗规范外国船舶应遵守事项,如通行前四个月应将船籍详细资料、运输货物、预计通航时程、目的地以及保险数据等向"北方航道管理总局"申报,另通行时需由俄罗斯破冰船前导并派驻2名导航人员上船协助通行船舶,且一天要有两次回报船舶位置及状况至"北方航道管理总局",倘若外国船舶不遵守上

---

① Erik Franxkx, pp.332.

② Ibid., pp.332-333.

③ Ibid., pp.336-337.

述相关规则,俄罗斯有权要求驶离航道或是自负航期延误及任何危难发生。①

(4)《1996年北方航道通行之船舶船型、设备与供给须知》:此份文件着重在船舶航行安全及污染防制上,因此规范航行北方航道船舶具有一定冰上航行之等级,如具有双层船底可供储藏备份燃料油或预防撞击,以及船舶不得排放污水于外,因此必须具备船上污水处理设备,还有相关通讯及紧急救援设备等,整体来说,此份文件规范事项比《防止海上污染国际公约》(MARPOL 73/78)来得更为严格。②

(二)俄罗斯直线基线划界主张之争端

1.俄罗斯主张

如前所述俄国自1917年10月革命之后,即因国防因素就对北方航道实施严格管控,1932年"北方航道管理总局"成立后便有计划建立起北方航道管理之法制时代。1991年以后俄罗斯引进市场经济机制,整个北方航道管理分工更细,除联邦政府有"北方航道管理总局"负责相关法制作业规范外,尚有地方政府与国有企业都加入相关行政管理工作至今,③由此可知,基于直线基线划界原则俄罗斯将沿海北方航道视作内水海域,外国船舶并不享有无害通过权,且依据UNCLOS第234条将冰封区域的北方航道制定国内法执行其主张,鉴于北方航道地理与水文条件困难,外国船舶通行本身就很困难,故借助俄罗斯破冰船协助以及沿海相关港口、岛屿以及信息提供等,成为安全通行的一大保障,如此也加深俄罗斯对于北方航道的管理与国际实践。

2.美国主张与俄罗斯国内法可能之问题

美国自1979年卡特政府首度拟定执行"航行自由方案"以来,美国政府大体上皆持续执行此方案,因此对于俄罗斯于北方航道的主张则一贯表示属于越权之海域主张,认为北方航道属于国际海峡,适用UNCLOS第38条规范,即外国船舶应享有过境通行权且不需沿岸国之同意,同时军事潜舰亦可采取水下行经北方航道之通行权利,另北方航道之法律地位应交由国际法而非依

---

① Erik Franxkx.,pp.337-338.

② Ibid.,pp.338-339.

③ Yohei Sasakawa,p.80.

据俄罗斯国内法来决定。① 不过笔者以为,美国在法律观点上并未具体举出哪些区段的航线属于国际海峡,哪些不是。仅一味基于航行自由全盘反对俄罗斯立场似乎较显薄弱;在执行上,美国自 1924 年以来即与苏联有北方航道上之零星冲突,唯美国均以潜艇或军舰进入北方航道来主张航行自由权利,但却缺乏商船行经北方航道之记录,如此不免让国际社会产生纯军事考虑立场,反而减损其所主张北方航道系和平用途的国际海峡立场。②

除此之外,笔者以为在接受北方航道为俄罗斯内水的前提下,其国内法仍有两处恐违反 UNCLOS 规定:第一,即前述俄罗斯国内法中《1990 年规则》有关北方航道定义范围包括了"适合前导船于冰上航行之水域"字句,此定义范围模糊也让俄罗斯于北方航道管辖范围有超出 200 海里外专属经济区之可能,唯有关此点举证最困难之处在于,整条北方航道长约 10400 公里,并非所有行经区段皆超出专属经济区,再者北方航道东西方进出口皆经过俄罗斯领海,在地理上俄罗斯掌握绝对优势,外籍船舶很难行经北方航道而可以不受俄罗斯管辖;第二,依据 UNCLOS 第 234 条规定,俄罗斯是有权制定法律规章,但必须是具有非歧视性的法律规则,而目前俄罗斯依国内法向外籍船舶征收行经北方航道之规费系依据船舶类型与吨位计算,其目的则说是为了航行安全与防止污染所需,然此规费征收标准是否亦适用其国内船舶? 若否,则此国内法则明显是具有歧视性质的。③

五、北极航道最新之发展与中国应有之策略

(一)美国、加拿大之协议合作

从西北航道之法律地位观察,以美国为主的各国与加拿大之间在西北航道的国际法主张上可说互不相让,若从各自主张角度观察美国及其他国家希望自由进出西北航道,而加拿大希望完全掌握西北航道主权,唯事实上美、加两国间并非完全没有合作之行为产生,美国与加拿大于 1988 年 1 月 11 日签

① Michael Byers.
② 郭培清、管清蕾:《北方航道上的冲突事件》,《海洋事件》2010 年第 2 期,第 64—66 页。
③ Yohei Sasakawa,p.86.

订一份名为《1988 年美加北极合作协议》(The Canada-US Arctic Cooperation Aggrement 1988)(以下简称《1988 年协议》)①,协议内容明白阐释两国相互尊重各自对于西北航道不同法律观点立场之尊重,除共同开发及分享海洋科学研究等信息外,其中第 3 条第 4 款特别表示在两国共同利益下,美国所有破冰船行驶于加拿大西北航道之"内水"将获得加拿大之"同意"(consent),②此份协议算是搁置双方争议,在双方相互承认也互不否认之立场下,美国"依旧"行驶西北航道,而加拿大也依旧"同意"美国之行为,是以此份协议可算是一份"相互不同意之协议";③虽然西北航道争端尚未解决,但此协议已让美国抢先于世界上其他国家,在西北航道争端上与加拿大取得某种程度上之"协议"。

Derek Burney 作为当年加拿大与美国协商《1988 年协议》之主谈人,于 2006 年接受媒体访问时表示,该协议暂时搁置两国对西北航道及加拿大北方水域之法律地位争端,且以此双边协议作为基础之原则下,这几年来提供了两国破冰船在彼此北极水域之行驶与合作,鉴于过去合作架构之成功经验,以及因应近年来加拿大北方水域之非传统性安全考虑,《1988 年协议》适用范围将可由破冰船逐步扩大到"同意"美国海岸巡防队所属之潜艇,与加拿大共同合作在基于维护水域安全之理由下行经加拿大北方水域。④ 由此发展观察,西北航道法律地位争端之解决,就美、加两国案例观察,似乎并非朝诉诸国际法院裁判来定夺,而是透过两国协议之签署,于逐步建立合作信赖共识之前提

---

① "Agreement between the government of Canada and the government of the United States of America on Arctic cooperation," available at Canada-American Treaties Website, http://www.lexum.umontreal.ca/ca_us/en/cts. 1988. 29.en.html. Visited on July 21, 2012.

② 《1988 年美加北极合作协议》第 3 条第 4 款原文如下:The Government of the United States pledges that all navigation by U.S.icebreakers within waters claimed by Canada to be internal will be undertaken with the consent of the Government of Canada。

③ Michael Byers, "Toward a Canada-Russia Axis in the Arctic,"(February 6, 2012), available at Global Brief Website, http://globalbrief. ca/blog/2012/02/06/toward-a-canada-russia-axis-in-the-arctic/. Visited on July 12, 2012.

④ Franklyn Griffiths, "Breaking the Ice on Canada-U.S. Arctic Co-operation,"(February 22, 2006), available at Canadian Pugwash Group Website, http://www. pugwashgroup. ca/events/documents/2006/2006. 02. 22-Griffiths.article.pdf. Visited on January 13, 2012.

下,再持续深化合作范围以实际解决彼此在西北航道行驶上的问题。这样的争端解决模式,提供吾人一个可兹借鉴之国际实践案例。

(二)加拿大与俄罗斯合作共识之呼吁

冷战过后当时的苏联已成为西方国家主要贸易大国,美国、俄国与加拿大间之微妙关系也起了变化,美国至今仍持续挑战北极航道之法律地位属于加拿大与俄罗斯之内水地位,因此美国亦结合相关友好国家、北约、欧盟及国际船公司等来反对加拿大及俄罗斯之主张。[1]

由此看来,加拿大及俄罗斯在航道议题上似乎有了交集点,加拿大籍学者Michael Byers 即表示:两国北极圈海岸线加总占了整个北极圈的75%,因为经济与国防考虑,两国皆声称航道水域为内水且外国船舶并未享无害通过权,两国虽对于彼此主张皆未公开反对,但也没有公开表示支持,是以在共同利益下,两国外交单位应共同讨论以条约方式相互支持对方航道主张,且共同思考对于未来北极航道上之共同救援、环境保护、打击犯罪与信息交流等方面进行策略性合作。[2] 同时在北极相关事务合作基础上,2009 年 2 月加拿大与俄罗斯在一场资深法学顾问会议上,两国外长首次谈到"俄罗斯、加拿大与丹麦联合递交划界案"的可能性,[3]再者,2010 年俄国时任总理普京(Vladimir Putin)已于多次国际会议场合下表示愿与北极周边国家合作之政治意愿,另 2011 年 5 月 12 日于格陵兰首府Nuuk 举行的第七届部长级会议签署了首份北极地区国家间具约束力之国际协议,即《北极地区海空搜寻救援合作协议》,此协议加拿大与俄罗斯亦都为签署国,[4]

---

[1] Michael Byers.

[2] Michael Byers, "Russia and Canada: Partners in the North?" (December 22, 2009), available at The Globe and Mail Website, http://www.theglobeandmail.com/news/opinions/russia-and-canada-partners-in-the-north/article1406087/. Visited on July 14, 2012.

[3] Cameron Jelinski, *Diplomacy and the Lomonosov Ridge: Prospects for International Cooperation in the Arctic*, Master of Arts in Political Science, University of British Columbia (Vancouver, August 2010), pp.14–15.

[4] "Agreement on Cooperation in Aeronautical and Maritime Search and Rescue in the Arctic," available at Arctic Council Website, http://arctic-council.npolar.no/accms/export/sites/default/en/meetings/2011-nuuk-ministerial/docs/Arctic_SAR_Agreement_EN_FINAL_for_signature_21-Apr-2011.pdf. Visited on June 23, 2012.

透过近年来这些政治意向之表达与北极事务合作之实践,加、俄两国已在北极事务上逐步建立合作共识,这对加、俄两国来说等同替北极航道之合作建立良好互信基础,而在国际实践上,政治意愿往往是两国合作之基础,无怪于Michael Byers 呼吁加、俄两国在此友善氛围下应及早合作,建议以条约方式相互支持对方航道主张,透过相互承认模式谋求共同利益之维护。①

(三)中国应有之国家策略

1.航道合作是中国关心北极事务极佳切入点

中国处于东亚地区并非北极圈沿海国,亦非"北极理事会"会员国或永久观察员,②站在地缘位置或国际法地位上,有关北极大陆架划界、非生物资源

---

① Michael Byers.

② 1989 年 9 月芬兰政府首先发起环北极国家环境保护会议,希望借由部长级会议来强化北极地区环境保护,之后环北极各国纷纷响应也于 1996 年 9 月 19 日正式于加拿大温哥华签署《北极理事会成立声明》,北极理事会于是成立。北极理事会目前是处理北极各类综合性问题的最高权力跨国组织,在会员、"常任参与会员"与"观察员"相关规定上,根据《北极理事会成立声明》第二条内容指出,会员国有加拿大、丹麦(含格陵兰岛与 Faroe Islands)、芬兰、冰岛、挪威、俄罗斯、瑞典与美国计 8 国,拥有所有会员应享之所有权利;除会员国成员外另有开放"常任参与会员"。所谓的"常任参与会员"专指提供给北极地区原住民族的非政府组织参与,这些组织可以是单一民族且跨国的非政府组织,或者是一国之内多种民族之非政府组织,唯"常任参与会员"之数量必须少于会员国数量,其拥有参与有关北极地区原住民族任何议题之所有权利及被咨询权,目前"常任参与会员"有 6 个分别为 Aleut International Association(AIA)、Arctic Athabaskan Council(AAC)、Gwich'in Council International(GCI)、Inuit Circumpolar Council(ICC)、Sammi Council 以及 Russia Arctic Indigenous People of the North(RAIPON)。另观察员制度则于《北极理事会成立声明》第 3 条内容规定,目前观察员开放给所有非北极地区国家(目前获准成为常任观察员国家有法国、德国、荷兰、波兰、西班牙与英国计 6 国)、国际组织(计有 9 个)以及非政府组织(计有 11 个),唯观察员之加入必须有助于北极理事会工作之推行。"About Arctic Council,"(October 22,2007), available at Arctic Council Website, http://arctic-council.org/article/about. Visited on September 21, 2011. "Declaration on the Establishment of the Arctic Council," available at Arctic Council Website, http://arctic-council. org/filearchive/ottawa_decl_1996 – 3. pdf. Visited on September 22, 2011; "Non-arctic states," available at Arctic Council Website, http://arctic-council.org/section/observers_non_arctic_states. Visited on September 22, 2011.

开采等议题,中国并无权参与,且中国对于北极事务过多之关心极易引起北极区域内国家负面之评价。① 唯有关海上交通之北极航道开通事务却是与中国航运有密切关联,中国作为贸易大国对于世界主要航道之关注可谓合理且正常。况且当北极航道法律地位在国际间尚在争端中寻找界定之同时,倘若中国在国家战略上积极关切北极航道发展,且分别与沿海国加拿大与俄罗斯取得相当航行合作共识,相信此合作行为适切符合彼此国家利益也是受欢迎的,因当加、俄两国正积极向世界证明其完全拥有北极航道管辖权的同时,中国分别寻求与其合作正好得以掌握先机,在强化加、俄两国国际实践之同时,也抢先在北极航道完全开通前与加、俄两国协商一个对中国远洋航运业最佳之通行筹码。

2.选择与加俄两国于航道事项上合作之原因

笔者以为对于现阶段缺乏对北极事务的关怀,只会导致未来北极航道法律地位逐渐确定后,中国利益被排除,也因此中国适时分别与加、俄两国合作将有利于未来航道通行之利基,另从国际法与国际实践观点分析,笔者认为下述四项理由将导致北极航道主控权最终归于沿海国加拿大与俄罗斯,而非美国所主张之国际海峡,这也是为何中国须先寻求与加、俄两国合作之原因。

a.国际海洋法观点:依据 UNCLOS 第 234 条规范,在冰封区域沿海国有权制定和执行非歧视性的法律和规章,以防止、减少和控制船只在专属经济区范围内冰封区域对海洋的污染。此规范等同赋予加拿大与俄罗斯合法制定一套完整的北极航道管理法律体系,且该国内法规也得以落实对于外国船舶之管辖实践。因此从国际法观察,沿海国制定管辖北极航道之法律制度并不能说违反国际法规范。

b.俄罗斯国内实践将成加拿大仿效之对象:相较于西北航道诸多国际法上之争端,俄罗斯的北方航道争端则较少,主要因为俄罗斯自苏联时代即有一套完整的北方航道管理法律体系,且该国内法规也确实落实了对于外国船舶

---

① Linda Jakobson,"China Prepares for an Ice-Free Arctic,"*SIPRI Insights on Peace and Security*,No. 2010/2(March 2010), pp. 1 - 2, available at SIPRI Website, http://books. sipri. org/files/insight/SIPRIInsight1002.pdf.Visited on July 20,2012.

之管辖实践,除美国质疑北方航道作为内水性质外,国际社会似乎都是采取默认之态度;这样完整的国内法律体系当然成为加拿大仿效之对象,从这样的发展观察,加拿大效法俄罗斯对于北方航道管理之机制来强化自身对西北航道之管理不是没有可能性的。

c.加俄两国积极之国际实践:2011 年夏季已有 32 航次商船运输原物行经北方航道之记录;2011 年 9 月,时任俄罗斯总理普京即对外表示:"北方航道提供亚、欧间最佳之商船航道选择,除距离外更有安全与质量等优势",[1]截至目前,加、俄两国仍持续实践并强化对于北极航道之管辖权,以对抗美国对于国际海峡之主张,换言之,鉴于北极航道地理与水文条件困难,外国船舶通行本身就很困难,是以夏季行经北极航道仍需沿岸国在破冰船、导航、港口补给、信息提供与急难救助等之协助,方成为安全通行的一大保障,如此沿海国优势也加深其得以对于北极航道管理与国际实践之可能性。

d.北极航道管辖权关系国家重大利益:北极航道本身具备重大"经济"与"战略"价值,首先,掌握北极航道就等同控制大西洋与太平洋的轴心航线,未来航道开通即控制新的世界经济走廊;其次,战略考虑上,因北极点地理位置与周边国家距离相同,从这一海域发射导弹 10 分钟就可到达美国和俄罗斯腹地,故从北冰洋地区发射的导弹将对周边国家形成极大之威胁,且冬季长期覆盖之北极冰层往往厚达几十米到百米,此冰层阻隔来自卫星、飞机等之跟踪和探测,等同提供携带核弹之潜艇最佳之隐藏效果,一旦战争需要,核潜艇就能选择突破冰层发射战略导弹,近期北冰洋的海下核潜艇,包括常规潜艇的频繁演习活动,很重要的一点即是作为一种"第二次打击手段",若俄罗斯之空军基地或机场路基被摧毁,最有效的就是从北冰洋下之潜艇发射导弹。[2] 是以北极航道在重大"经济"与"战略"价值下,倘若加、俄两国放弃管辖权除国家经济蒙受重大损失外,也等同让外国势力、潜舰直接进入俄罗斯沿海以及加拿大北方岛屿水域,而在缺乏航道作为阻隔之前提,国家及国防等同一大空洞。是以笔者分析,在国家重大利益维护前提下,加、俄两国严守北极航道作为内

---

① Michael Byers.

② 赵国材:《论北冰洋之争议》,载《军法专刊》第 57 卷第 3 期(2011 年 6 月),第 170 页。

水法律地位之强度,将胜于美国及其他国家挑战之强度。①

3.中国于航道合作事项上可能性之选择

韩国已经着手打造适合航行于冰上之货船,也展开与俄罗斯合作,待俄罗斯破冰船队正式建立后,未来除了夏季外,其他薄冰季节韩国货船仍可利用北方航道来连接亚洲与欧洲之交通运输线,②因此倘若展开北极航道之合作,中国恐非第一个亚洲国家,值此之际,北极事务将不仅是区域事务,相关气候变迁之"科学研究"、"资源开采合作"与"航道通行最惠国待遇"都会是国际性事务,而这些跨区事务也都是中国涉及航道合作事项上可能性之选择,兹分别说明如下:

a.科学议题研究合作:气候暖化所导致北极冰融之影响各国正积极参与研究,不光是欧洲、美洲,连印度等亚洲国家也都密切观察北极冰融化所造成的自然环境、农业、商业发展与地缘政治冲击影响,③鉴于北极属于人类共同资产,气候暖化之影响是全球性的,所有国家与人类在气候暖化与北极冰融议题上都有权利参与研究。④ 中国第一次北极科研始于1995年,当时属于北极冰封之陆上考察,尔后1999年为第一次北冰洋上科研考察团,之后陆续于2003年、2008年及2010年皆有相关科研考察进行,⑤同时中国亦为诸多北极科研相关国际间非政府组织、学术机构与相关北极研究协会之会员、观察员或

① 鉴于非传统性安全恐怖主义扩散考虑,也说明了航道开放对美国来说如刀之两刃,恐怖主义之威胁将危害美国国土安全,站在国家生存为最终目标之立场,美国先前主张开放西北航道有了思维上之转变,加以美国与加拿大已签署《1988年美加北极合作协议》,对于美国来说已取得较其他国家更大空间之航道通行权,故现阶段美国将西北航道法律定位为国际航道之意义已不再那样大,种种迹象显示,加拿大对于西北航道为内水之主张立场势将更为坚定。

② Michael Byers.

③ Linda Jakobson,p.2.

④ 一项来自"北极理事会"与"国际北极科学委员会"联合调查之"北极气候冲击评估"指出,倘若全球暖化持续,则预估至2100年北极地区均温将升高4—7摄氏度,21世纪结束前,北极夏季至少有一半以上的海冰会融化,而这些变化势将影响北极地区物种生存。Arctic Climate Impact Assessment(ACIA),*Impacts of a Warming Arctic:Arctic Climate Impact Assessment*(New York:Cambridge University Press,2004),pp.10—20。

⑤ Linda Jakobson,p.3.

非正式观察员,如"北极理事会"、"国际北极科学委员会"(IASC)、①"北极事务年轻学者协会"(APECS)、②"北极研究行动者论坛"(FARO)③与"国际永冻土协会"(IPA)④等现存国际组织平台,是以中国在北极科研量能上已有一定之成果,而在过去研究基础下,未来中国科研团队可以深化相关研究,如与加拿大及俄罗斯合作分别签署相关北极航道开通后生态冲击影响、环境污染等科学研究协议,先从纯科学关怀角度率先世界各国切入北极航道事务,深化与加、俄两国合作关系的同时,再逐步形塑中国对北极航道冰融后之商业、法律与地缘政治效果之政策思维。

b.资源开采合作:根据美国地质调查局在 2008 年 5 月一份针对北纬 66

---

① "国际北极科学委员会"是一个致力于北极地区跨学科研究的非政府组织,其成立于 1990 年 8 月。在组织架构上"国际北极科学委员会"内部有执行委员会与秘书处属于幕僚机构,另设有专为科学研究之工作小组,以及策略规划之行动小组。相关信息请参阅 IASC 网站:http://iasc.arcticportal.org/index.php/home/iasc。

② "北极事务年轻学者协会"提供一个整合平台,让有兴趣于北极事务之研究生、博士后研究生与年轻学者共同合作发展跨领域之研究,其提供个人会员制度是属于学术性质之协会,唯该学会与"北极理事会"等非政府组织都有密切往来,是一个我国可以透过学术性质且较容易参与又可以发声之管道。相关信息请参阅 APECS 网站:http://www.apecs.is/。

③ "北极研究行动者论坛"于 1998 年 8 月由 11 个国家所有的 24 个"行动者"如各国学术机构与相关政府部门,所共同召开之创立论坛,"北极研究行动者论坛"的每年年会事实上是由"国际北极科学委员会"下辖的"北极科学高峰周"(Arctic Science Summit Week, ASSW)所领导召开,换言之"北极科学高峰周"是各国北极事务研究整合平台,而"北极研究行动者论坛"则是其所整合的一项学术与实务结合之论坛,目前参与"北极研究行动者论坛"之国家有美国、加拿大、中国、捷克、丹麦、芬兰、法国、德国、冰岛、意大利、日本、荷兰、波兰、韩国、俄罗斯、瑞典与英国计 17 国。相关信息请参阅 FARO 网站:http://faro-arctic.org/mission/。

④ "国际永冻土协会"成立于 1983 年,是一个接受以国家、跨国组织与个别团体之科学研究协会,另 1989 年 7 月"国际永冻土协会"改隶属于"国际地质科学联盟",目前会员国有阿富汗、澳大利亚、加拿大、中国、丹麦、芬兰、法国、德国、冰岛、意大利、日本、吉尔吉斯共和国、蒙古共和国、荷兰、新西兰、挪威、波兰、葡萄牙、罗马尼亚、俄罗斯、南韩、西班牙、瑞典、瑞士、英国与美国计 26 国。相关信息请参阅 IPA 网站:http://ipa.arcticportal.org/。

度 56 分以北地区(即北极圈 66 度 33 分再往北地区)尚未开采之石油及天然气蕴藏量调查报告指出,北极地区若以人类现阶段科技得以开采之技术能力来计算,该地区蕴藏全球 25%尚未开发之碳化氢,总计约有 900 亿桶原油(约占全球 13%原油藏量)、1669 兆立方英尺天然气以及 44 亿桶液态天然气(约占全球 30%天然气藏量),最重要的是这些非生物资源约有 84%位于北极圈周边国家之沿海地带,也就是北极圈周边国家大陆架地带上,①因此在地质上,加拿大与俄罗斯环北冰洋沿海地带蕴藏着丰富的非生物资源,而这些资源之开采及运输除仰赖北极航道外,目前观察亦须仰赖外国公司合作之需求,例如 2009 年底俄罗斯国营钻油公司 Rosneft 对外表示,②其将申请俄罗斯北冰洋沿岸 30 处钻油开采权,唯该公司亦表示,其仍欠缺有关深海大量开采石油以及相关技术与管理能力,因此不排除与外国就钻油事宜合作,③是以当中国处于经济高度发展而需仰赖大量原物料资源之同时,除向加、俄两国购买外更可思考与其展开资源开采合作协议,技术上也可引进第三国技术合作,如此从产地开采、航道运输到市场销售之一贯化,可预期的是降低大量原物料需求成本,中国自可透过合作协议取得更有利之经济发展条件。

c.北极航道通行最惠国待遇协议:现阶段北极航道尚欠缺完善设备、导航、破冰船与沿岸国规范,是以北极航道仍无法完全取代传统航道,唯在北极航道完全开通之前,可以想见的是相关通行指导规则、破冰船导引、规费、护航、救援、补给以及沿海相关港口、岛屿以及信息提供等,都将成为安全通行的一大保障,而上述这些要件,倘若中国能赶在航道完全开通前就与分别与沿海国加拿大及俄罗斯谈判,如透过夏季通航期中国保证商船运输量,来换取规费

---

① US Geological Survey, "Circum-Arctic Resource Appraisal: Estimates of Undiscovered Oil and Gas North of the Arctic Circle," (USGS Fact Sheet 2008-3049, July 2008), available at USGS Website, http://pubs.usgs.gov/fs/2008/3049/fs2008-3049.pdf. Visited on July 12, 2012. Peter Glover, "Russia isn't freezing out Canada on Arctic," (September 30, 2010), available at Troy Media Website, http://www.troymedia.com/blog/2010/09/27/russia-isn%E2%80%99t-%E2%80%98freezing-out%E2%80%99-anyone-on-arctic-policy/. Visited on July 12, 2012.

② Rosneft 公司网站参见:http://www.rosneft.com/。

③ Linda Jakobson, p.9.

最惠国待遇等,如此中国主动且积极谈判之态度适切符合共同利益,一来强化加拿大与俄罗斯国际实践;二来可为中国商船航行北极航道提供更低廉、完整之服务。

六、结论

北极航道因在地理主权上邻近加拿大与俄罗斯沿海,因此加、俄两国主张为其内水,唯随着气候暖化加上科技之进步,北极航道夏季之行驶已成为可能,从世界航运格局来看,北极航道连接大西洋与太平洋取代了传统巴拿马及苏伊士运河,距离的缩短可以减少时间、燃料、金钱等成本,再者少了海盗攻击更减少了船公司保险与人员伤亡之成本,如此看来北极航道的开通将带给世界各国互动能力之提升,有效运用北极航道之国家将比利用传统航道更具竞争力,长远来看这也将影响中国未来航运业发展。若回归加、俄两国角度观察,沿海国若完全掌握北极航道,在经济价值上,除自身享受航运距离缩短等经济效益外,更增加了开放外国船舶进入而征收规费之经济利益;在国防价值上,北极航道凭借着地理"距离"与冰帽"隐藏性"要件也提供加、俄在国防上之一大天然屏障,相对于其他国家来说,倘若能自由进出北极航道则等同与加、俄两国同时享有距离缩短等经济利益,而相反的却得以剥夺加、俄两国国防优势,由此观察此一总体战略考虑上的"零和游戏"即成为北极航道法律争端之背后思维逻辑。

综观各国对于北极航道法律地位之国际法主张观察,加拿大在其北方海域划界上不论是采取"历史性水域"或是"直线基线原则"主张,都是为了支持西北航道作为内水之法理基础,鉴于西北航道作为内水之法律地位,加拿大声称拥有完整之主权,且外国船舶并不享有无害通过权,外国船舶通过须经由加拿大同意且收取通行规费;同样的,俄罗斯主张直线基线原则且透过国内法严格之控管北方航道为内水水域,更甚者《1990年法规》对于北方航道范围定义之模糊化让俄罗斯借以将管辖权扩至200海里外之公海,也由于加、俄两国对于北极航道法律主张观点之一致性,也促使两国皆表达在此议题上合作之可能性。

相反的,以美国为主的各国则主张,即使加、俄两国将北极航道视作其内水,然因北极航道属于国际航道,故外国船舶依旧享有无害通过权以及国际海峡的过境通行权。由此吾人观察到,北极航道法律地位之论辩,其关键点即在于"无害通过权"与"过境通行权"之存在与否,UNCLOS 第 8 条第 2 款提供了"内水"享有"无害通过权"之特殊规定,UNCLOS 第 35 条第 1 款则提供了"内水"享有国际海峡"过境通行权"之特殊规定,站在现存国际法架构下,北极航道法律地位似乎已有所规范,唯加拿大采取国际习惯法之说辞,来排除西北航道"无害通过权"之适用,而俄罗斯以及加拿大亦都表示,北极航道现今仍欠缺国际海峡功能性标准之构成要件该当性,来排除"过境通行权"之适用,况且 UNCLOS 第 234 条的规范赋予沿海国制定航道管理机制之合法性,是以加、俄两国当然有权在其内水航道上执行其管辖权。目前看来,上述法律地位论辩双方皆具一定之法理基础,端看争端国各方是否愿意诉诸国际法院为一裁判,恐方得一定论。

最后,在国际实践观察下,现阶段加、俄两国之国家实践、地理上优势与国家重大利益等因素,将可能导致北极航道主控权最终归于沿海国加拿大与俄罗斯所掌控,而非美国所主张之国际海峡,是以在此推估下,中国在策略上应及早展开与加、俄两国针对北极航道上有关"科学研究"、"资源开采合作"与"航道通行最惠国待遇"之协议合作,俾利中国涉入北极议题,维护国家长远航运利益及经济发展之布局。

The Legal Status of Arctic Sea Routes: Perspective on International Law and Analysis of China National Strategy

Abstract: There are great economic and defensive values over the Arctic Sea Routes. The Arctic Sea Routes open up during the summer season, Canada and Russia as coastal states assert that the Arctic Sea Routes could be treated as its "internal water" and other external shipping vehicles can't access without permission. On the contrary, other external states assert that "Northwest Passage" could meet Article 8(2) of UCLOS and foreign shipping vehicles have the right of innocent passage. Furthermore, the "Northwest Passage" and "Northern Sea Route" could be considered as international straits and have the right of transit passage which is provided for in Article 38 of UNCLOS. Nowadays, the legal status of Arctic Sea Routes is undergoing a dispute of debate.

On the view of international practice, United States and Canadian governments had signed an agreement of "The Canada-US Arctic Cooperation Aggrement 1988" on the year of 1988 and which reached an "agreement to disagree" on the problem of "Northwest Passage". Whereas there is an axis between Canada and Russia on the issue of legal status of Arctic Sea Routes, therefore the two states have clam to build up cooperation consensus for mutual interests. In this critical moment, the China national strategy of Arctic affairs should treat the issue of Arctic Sea Routes as cutting point and seeking for the cooperation with Canadian and Russian governments respectively, in terms of "natural science research," "exploitation of natural resources" and "most-favored-nation treatment on shipping navigation" with respect to the Arctic Sea Routes. If the Chinese government can do so, it could lead China to secure the competitive advantage on global shipping business and creature the win-win situation with "China-Canada" and "China-Russia" respectively.

Key words: Northwest Passage; Northern Sea Route; Historic Waters; Right of Innocent Passage; Right of Transit Passage

使用核武器或以核武器相威胁的合法性

● 张晏瑲*

内容提要:本文分析有关使用核武器或以核武器相威胁的国际条约,包括1968 年《反核子扩散条约》和1996 年《全面禁止试爆条约》,指出由于缺少明确的执法机制和对不遵守条约的惩罚措施,以上国际条约的效力令人质疑。本文论述联合国国际法院就使用核武器,或以核武器相威胁合法性问题的咨询意见,建议国际法院对极端情况下使用核武器自卫的合法性问题必须要有一个明确的解释。本文进一步论述目前国家在核不扩散方面所作的实践努力,特别分析了中国、朝鲜和伊朗的情况。本文指出,中国作为发展中国家的代表,应在核不扩散方面做出更多努力,并指导促进朝鲜、伊朗和其他核武器国家之间就减少、限制核武器问题的交流沟通。

关键词:大规模毁灭性武器　国际原子能总署　国际法院

一、 前言

利用核武器解决问题,历来是国际和平与安全所面临的首要威胁。发展核武器需耗费资金,因此,对于经济复苏和其他需要资金支持的项目来说也是一种威胁。在近来发生全球经济衰退的情况下,上述情形尤为显著。为了应对这种威胁,一系列措施,例如经济制裁、外交会议和国际条约相继实施,用以

---

*　 张晏瑲,中国山东大学法学院教授,硕士生导师。

维护国际社会的和平与安全。① 但是,上述措施并无明显效果。对核武器的法律控制,目前只是以国际法律文书的形式存在,实质效果仍有待检验。②

本文探讨关于使用核武器,或以核武器相威胁的两个国际条约,即 1968 年《反核子扩散条约》(Nuclear Non-Proliferation Treaty)和 1996 年《全面禁止试爆条约》(Comprehensive Test Ban Treaty)。由于前述二条约缺乏明确的执法机制和惩罚措施,其实质效力令人质疑。国际法院关于使用核武器,或以核武器相威胁合法性的咨询意见,以及在极端情况下使用核武器自卫的合法性问题的评论亦将在本文中得以检视。文章也将讨论目前一些国家在禁止核武器扩散方面实践的案例,尤其关注中国、朝鲜和伊朗。

二、关于核武器的国际立法

(一)1968 年《反核子扩散条约》

一系列的国际条约对有能力使用核武器的国家和地区予以限制。其中,1968 年《反核子扩散条约》在控制核武器扩散上,被认为是最重要,也是最成功的多边协议。③ 1968 年 1 月 7 日,该条约由英国、美国、苏联和其他 59 个国家缔结签署,宗旨是防止核扩散,推动核裁军和促进和平利用核能的国际合作。现在,大多数国家参加了这项条约。没有签署这项条约的国家包括印度、巴基斯坦和以色列。而朝鲜已宣布退出。

依据此条约,拥有核武器的国家,不能向无核武器国家提供核武器,或者鼓励其发展核武器。④ 鉴于所有国家都可以自由发展和平用途的核能,无核

---

① Thomas Graham Jr., "International Law and the Proliferation of Nuclear Weapons" (2000) *George Washington International Law Review* 33, p.49.

② D. M. Edwards, "International Legal Aspects of Safeguards and the Nonproliferation of Nuclear Weapons" (1984) *International and Comparative Law Quarterly* 33, pp.1-21; Ian Brownlie, "Some Legal Aspects of the Use of Nuclear Weapons" (1965) *International and Comparative Law Quarterly* 14, pp.437-451.

③ Elliott L. Meyrowitz, "What Does Law Have To Do with Nuclear Weapons?" (2000) *MSU—DCL Journal of International Law* 9, p.305.

④ 1968 年《反核子扩散条约》第 1 条。

武器国家同意将不谋求有关核武器的一系列相关利益。① 为了与 1968 年《反核子扩散条约》的内容相符,每个无核武器的缔约国,承诺接受按照国际原子能机构规约及该机构的保障制度与该机构谈判缔结的协议中所规定的各项保障措施。② 每个缔约国承诺不将原料或特殊裂变物质,或殊别为处理,使用或生产特殊裂变物质而设计或配备的设备或材料,提供给任何无核武器国家,以用于和平的目的,除非这种原料或特殊裂变物质受本条所要求的各种保障措施的约束。③ 所有缔约国承诺促进并有权参加在最大可能范围内为和平利用核能而交换设备、材料和科学技术情报。④

每个缔约国承诺采取适当措施以保证按照本条约,在适当国际观察下并通过适当国际程序,使无核武器的缔约国能在不受歧视的基础上,获得对核爆炸的任何和平应用的潜在利益,对这些缔约国在使用爆炸装置方面的收费应尽可能低廉,并免收研究和发展方面的任何费用。无核武器的缔约国得根据一项或几项特别国际协议,通过各无核武器国家具有充分代表权的适当国际机构,获得这种利益。⑤ 每个缔约国承诺,就及早停止核军备竞赛和核裁军方面的有效措施,以及就一项在严格和有效国际监督下的全面彻底裁军条约,真诚地进行谈判。⑥ 尽管裁军的要求未被拥有核武器的国家所遵守,它仍然提供了一种条约法上的制度性框架,值得国际法学者关注。

为尊重国家主权,每个缔约国有权退出本条约,如果该国断定与本条约主题有关的非常事件已危及其国家的最高利益。1968 年《反核子扩散条约》和国际原子能机构的保障监督体系是以目前核武器的不扩散换取最终的核武器裁减的重要的机制。⑦ 然而,此条约并未明确规定对于不遵守此协议的惩罚措施,其实质效力因此大打折扣。此外,所有核武器国家皆已延长对无核武器

---

① 1968 年《反核子扩散条约》第 2 条。

② 1968 年《反核子扩散条约》第 3 条第 1 款。

③ 1968 年《反核子扩散条约》第 3 条第 2 款。

④ 1968 年《反核子扩散条约》第 4 条。

⑤ 1968 年《反核子扩散条约》第 5 条。

⑥ 1968 年《反核子扩散条约》第 6 条。

⑦ Thomas Graham Jr., "International Law and the Proliferation of Nuclear Weapons", p.50.

国家不使用核武安全保证的期限，在此情况下，许多人担心 1968 年《反核子扩散条约》将会打消核武器国家减少核武器装备的计划。① 有鉴于《反核子扩散条约》于 1968 年通过之际没有包括安全保证的条款，也就是所谓"核武国承诺不对无核国使用或威胁使用核武"之争议，联合国安全理事会随即在 1968 年 6 月 19 日通过了由美、苏、英共同提案的第 255 号决议案，确认安理会在无核国遭受核武器侵略或威胁侵略时，有义务采取行动。之后，亦有多次以安理会决议案做出核武国共同向无核国提供积极安全保证的承诺。1995 年 5 月 11 日，在联合国《反核子扩散条约》的审议和延长大会上，179 个缔约国以协商一致方式决定无限期延长该条约。大会还通过了两个决议：反核子扩散和裁军的原则和目标；加强《条约》审议机制。由此观之，此一条约自生效到无限期延长，始终通过多种动态机制来进行修正与补充，从而展现了此一条约的动态发展本质。

（二）1996 年《全面禁止试爆条约》

1996 年的《全面禁止试爆条约》目前尚未生效，其目标是全面禁止核武器试验爆炸及其他任何核爆炸，有效促进全面防止核武器扩散及核裁军进程，从而增进国际和平与安全。此条约禁止以下行为：任何核武器试验或任何其他核爆炸，导致、鼓励或以任何方式参与核武器试验或爆炸的行为。② 每一个缔约国都应采取措施禁止上述任何活动，并与其他缔约国合作履行条约义务。每一缔约国应指定或设立一个国家主管部门作为本国与本组织及与其他缔约国进行联络的中心。③

1996 年的《全面禁止试爆条约》还要求建立一个由下列部分组成的核查机制：一个国际监测系统；磋商和澄清；现场视察；以及建立信任措施。各缔约国国家主管部门应建立必要设施参加这些核查措施。④ 各缔约国还可另行与

---

① Justice C. G. Weeramantry，"Nuclear Weapons and International Law"（2000）*MSU—DCL Journal of International Law* 9，p.299；Jeanne Kirkpatrick，"Law and Reciprocity"（1984）*American Society of International Law*，Proceedings 78.

② 1996 年《全面禁止试爆条约》第 1 条。

③ 1996 年《全面禁止试爆条约》第 3 条。

④ 1996 年《全面禁止试爆条约》第 4 条第 3 款。

本组织建立合作安排,以便将不正式属于国际监测系统的本国监测台站所获得的补充数据提供给国际数据中心。①

此外,在不妨害任何缔约国请求进行现场视察的权利的前提下,只要有可能,各缔约国应首先尽一切努力,在相互之间,或与本组织,或通过本组织,澄清并解决任何可能对本条约基本义务,或许未得到遵守产生关注的问题。② 一缔约国若直接收到另一缔约国根据第 4 条第 29 款提出的请求,应尽快但无论如何至迟应在收到此请求后 48 小时内向提出请求的缔约国作出澄清。提出请求的缔约国和被请求的缔约国可将请求和答复告知执行理事会和总干事。③ 一缔约国应有权请求总干事协助澄清任何可能对本条约基本义务或许未得到遵守产生关注的问题。总干事应提供技术秘书处所掌握的与此一关注相关的适当资料。如提出请求的缔约国要求,总干事应将此请求及针对此请求提供的答复数据告知执行理事会。④

一缔约国应有权请求执行理事会要求另一缔约国针对任何可能对本条约基本义务或许未得到遵守产生关注的问题作出澄清。在此情况下,执行理事会应至迟于收到澄清请求后 24 小时通过总干事向被请求的缔约国转达此请求;被请求的缔约国应尽快而且无论如何至迟于收到请求后 48 小时向执行理事会作出澄清;提出请求的缔约国若认为此一澄清不够充分,应有权请求执行理事会要求被请求的缔约国作出进一步澄清。⑤

由以上对条约内容的简介可以看出,对 1996 年《全面禁止试爆条约》的分析应当借鉴 1968 年《反核子扩散条约》,因为这两个条约在促进核武器不扩散问题上是紧密配合的。参与"1995 年《反核子扩散条约》审查会议"的许多国家都敦促 1996 年《全面禁止试爆条约》应尽快实施,以加强 1968 年《反核子扩散条约》的效力。需要注意的一点是,未来的核武器大国有可能是 1996 年《全面禁止试爆条约》的缔约国,但却不是 1968 年《反核子扩散条约》

① 1996 年《全面禁止试爆条约》第 4 条第 27 款。
② 1996 年《全面禁止试爆条约》第 4 条第 29 款。
③ 1996 年《全面禁止试爆条约》第 4 条第 30 款。
④ 1996 年《全面禁止试爆条约》第 4 条第 31 款。
⑤ 1996 年《全面禁止试爆条约》第 4 条第 32 款。

的缔约国,因此它们可以实施 1996 年《全面禁止试爆条约》没有涵盖的一些行为,即使这些行为是被 1968 年《反核子扩散条约》所禁止。此外,两个条约均缺乏强而有力的执行机制,这使得核不扩散机构并不能为促进核不扩散提供一个有效的制度框架。

(三)1968 年《反核子扩散条约》和 1996 年《全面禁止试爆条约》的缺陷

1996 年《全面禁止试爆条约》强调禁止核试验对核不扩散机制正常运行的重要性,因此,该条约与 1968 年《反核子扩散条约》之间的关系非常紧密。执法基础一向是国际法的一个软肋。然而,人们似乎越来越感受到国际法应当得到遵循。① 为了尊重国家主权,每个国家都有权谋求本国利益。因此,很难在一国国家利益上强加任何国际义务,对那些违反像 1968 年《反核子扩散条约》、1996 年《全面禁止试爆条约》等条约的国家予以国际法上的制裁。20世纪 90 年代伊拉克在防止核武器扩散上的不合作即为是例。自从成为 1968年《反核子扩散条约》签署国后,伊拉克几乎已经置所有国际法义务于不顾。②这可以看作是国际法不能有效强制一国遵守其义务的一个例证。

根据不扩散核武器的规定,许多国家质疑为什么他们应该在《联合国宪章》下单方面遵守义务,而有些国家可以随意地规避他们的责任。③ 为了加强1968 年《反核子扩散条约》及 1996 年《全面禁止试爆条约》的效力,条约用语必须更加清晰,特别是关于执行机制和违反后果的部分。此外,1968 年《反核子扩散条约》允许缔约国在断定与本条约主题有关的"非常事件"已危及其"国家的最高利益"时,可以退出本公约,但何谓"非常事件"? 何谓"国家的最高利益"? 并无具体说明。又如,1996 年《全面禁止试爆条约》规定其委

---

① Harold H.Koh,"Why do Nations Obey International Law?" (1997) *Yale Law Journal* 106,p. 2599.

② David French,"What was really being Fabricated at the Iraqi Blast Site",CNN Television Broadcast,January 17, 1993;Barbara Crossette,"Iraq Still Trying to Concern Arms Programs,Report Says",NY Times,January 27,1999.

③ Robert Bork,"The Limits of International Law" (1990) *National Interest*,p.3;Erik Castren,"The Illegality of Nuclear Weapons" (1971) *Toledo Law Review* 3,p.90;Jeanne Kirkpatrick,"Law and Reciprocity",Proceedings 78.

员会有权决定被指控国家所给出的理由是否可以称之为"危害国家利益"的"特殊事件"。① 以上所述皆为不确定的法律概念,在国家实践中国家将拥有无限大的裁量空间,任何事皆可被冠以"非常事件"或"特殊事件"之名,而有可能危害国家利益。因为过大的解释空间将变相限制条约的拘束力,因此,本文认为上述条款应对什么是足以危害国家利益的特殊事件给予明确标准或定义。此外,如果 1996 年《全面禁止试爆条约》委员会认为退出方的理由是不可接受的,它可以裁定该国是否违反了此条约,如果确实违反,则可以给予相应处罚。

三、国际法院对使用核武器或以核武器相威胁合法性的咨询意见

从 50 年代起,世界卫生组织就开始研究有关核武器的法律问题。在世界仍然处于核威胁以及主要核大国时常威胁使用核武器的情况下,使用核武器是否符合国际法引起国家间争议。1993 年 5 月,世界卫生组织请求国际法院(International Court of Justice)就下述问题发表咨询意见:"就对健康和环境产生的影响而言,一国在战争或其他武装冲突中使用核武器是否违反该国的国际法义务,包括世界卫生组织的章程"。② 1994 年 12 月 15 日,联合国大会通过决议,请求国际法院就"国际法是否允许在任何情况下威胁和使用核武器"的问题发表咨询意见。③ 1996 年 7 月 8 日,国际法院以世界卫生组织提出的问题与该组织的活动范围无关为由,拒绝对该组织提出的问题发表咨询意见。但国际法院接受了联合国大会的请求,并提出了咨询意见。国际法院认为,威胁或使用核武器的问题虽然带有政治性,但无论如何都不能否认这个问题的法律性质,因此它有权发表咨询意见。

就该问题所适用的法律方面,国际法院认为首先是联合国宪章关于禁止使用威胁或武力的规定和人道主义法的原则和规则,以及有关禁止使用核武

---

① 1996 年《全面禁止试爆条约》第 9 条。

② International Court of Justice: Advisory Opinion on the Legality of the Threat or Use of Nuclear Weapons, 35 I.L.M. 809, 1996.

③ Ibid.

器的条约。但适用这些法律时还必须考虑到核武器的特殊性,尤其是它的破坏性,因为它的杀伤力巨大并且可以造成危害几代人的严重后果。国际法院认为,联合国宪章中有几个条款涉及威胁或使用武力,如关于一般禁止使用威胁或武力的第 2 条,承认每个国家有权实行单独或集体自卫权的第 51 条,以及授权安理会采取军事措施的第 42 条。这些条款没有提到特定的武器,所以它们适用于任何的武力使用,而不管使用什么武器,联合国宪章既没有明确禁止,也没有允许使用任何特定的武器,当然就包括核武器。① 根据条约或习惯认可的非法的武器,不会因为用于联合国宪章下的合法目的就成为合法。自卫中无论使用什么武力手段,都必须适用必要性和相称性的习惯国际法规则。因此,相称性原则本身并不排除在自卫的一切情况下使用核武器。但是,根据自卫法则具有相称性的使用武力要成为合法,还必须满足适用于武装冲突中的法律,特别是人道法原则和规则所规定的条件。

国际法院指出,"国际习惯法和条约法没有具体的条文允许在一般或特定情况下,尤其是合法自卫情形下使用核武器或其他武器或以核武器或其他武器相威胁"。② 然而,也不存在任何国际法原则或规则使威胁或使用核武器或任何其他武器的合法性取决于特别的授权。国家实践表明,使用某种武器的非法性不是因为没有授权,相反,它是以禁止性条款来明确规定的。在条约法上,在有关禁止使用有毒武器、某种大规模杀伤性武器、生物武器以及专门涉及获得、制造、拥有、部署和试验核武器的条约中都不能找到禁止使用核武器的具体条款。而在习惯国际法中,亦不存在有关禁止使用核武器的法律确信,联合国大会通过的一系列禁止使用核武器的决议也不能证明存在使用核武器是非法的法律确信。国际法院进一步指出,目前尚无法总结出"可以适用在武装冲突的既存国际法原则和人道主义法不能应用于核武器"。③ 该结论并不符合人道主义本质的法律原则,此法律原则贯穿于整个武装冲突法并

---

① International Court of Justice: Advisory Opinion on the Legality of the Threat or Use of Nuclear Weapons, 35 I.L.M. 809, 1996.

② Ibid.

③ Ibid.

且适用于各种形式的战争及武器。①

即使没有明确的法律禁令,任何情况下也应禁止使用核武器。这种观点来源于某些国家在法庭上的声明,即根据人道主义的基本原则,在习惯国际法中,核武器本质上就是违法的。由于核武器的本质与武装冲突法完全不兼容,即使法院也不可以作出在某些条件下使用核武器是合法的裁决。② 这种观点的精髓是通过对人类利益的最大考量使武装敌对行为受到一系列严格的控制。因此,不区分平民和军事目标,或导致战斗人员不必要伤害的任何作战方法和手段都是被禁止的。然而,法院认为没有足够证据使其能够断定,核武器的使用在任何情况下都一定会与武装冲突适用的法律原则相冲突。对于使用武力问题上法律适用的难题和在使用核武器的武装冲突中首先适用哪种法律,国际法院认为现在需要在一个更广阔的背景下研究这个问题。1968 年《反核子扩散条约》第 6 条规定了一项就核裁减进行真诚谈判的义务,国际法院认为此规定具有重要意义。"这条规定已经使该项义务不再是一个简单的需要履行的义务;这里涉及的义务是获得精确结果的义务——通过一个具体的行为方式,即对问题进行真诚谈判的追求来实现。"③然而,国际法院并未对一个国家自身生存受到威胁的极端情况下使用核武器自卫是否合法的问题明确解释,因此不能总结国际法院已经明确了在国际法中关于核武器合法性的立场。

保护平民及民用目标、区别对待和人道是现代战争法和国际人道法的基本原则。因此,极端残酷的武器、不分皂白的作战手段和方法是被禁止的。鉴于核武器的毁灭性和破坏性,它也应该属于被禁止的武器。但现行国际法没有明文禁止威胁或使用核武器的条款。就如国际法院的咨询意见所表明的,联合国宪章禁止威胁和使用武力原则不意味着在所有情况下都禁止使用核武器。在国家生存的基本权利受到威胁而进行自卫的极端情况下,威胁或使用

---

① International Court of Justice: Advisory Opinion on the Legality of the Threat or Use of Nuclear Weapons, 35 I.L.M. 809, 1996.

② Ibid.

③ Ibid.

核武器是不被禁止的。尽管如此,国际人道法和中立法的原则和规则仍然适用。国际法院的咨询意见可能引起不尽相同的反应。但无论如何,该意见是符合现行国际法的现状和现存事实的。由以上论述可以推知,到目前为止国际法院还无法找到禁止使用核武器是习惯国际法的强有力证据,尤其是在联合国五个常任理事国拒绝放弃核武器的前提下,要让其他核武国家放弃核武器实在言之过早。从长远来看,国际法的目的是在其管辖范围内维持稳定的国际秩序,核武器等杀伤性武器的法律地位以及类似问题将会不断出现。因此重要的是结束这种武装对峙状态,而长期彻底的核裁减的承诺似乎是实现这种结果最适当的方法。美国总统奥巴马在竞选期间声称:"我会以建立一个没有核武器的世界为目标。为了实现这一目标,我们不会发展核武器。我会致力于禁止在全球生产核裂变材料。洲际弹道导弹战争存在一触即发的危险,我们将会和俄罗斯就此问题进行谈判,并大幅削减我们的核武器库存。"这是一个全球性思维的转变,核武器不再是国际地位的象征而是一种恐怖手段,这种转变是朝着无核世界前进的宝贵一步。①

四、当前国家实践——中国、朝鲜和伊朗

目前全世界共有八个国家成功试爆核武器,其中五个国家被 1968 年《反核子扩散条约》视为核武国家,根据获得核武器的先后顺序排列,此五核武国家分别为美国、俄罗斯(苏联)、英国、法国和中国。有三个没有签署 1968 年《反核子扩散条约》的国家曾进行核试爆,计有印度、巴基斯坦和朝鲜。此外,以色列间接承认拥有核武器,而伊朗也正在发展铀浓缩技术。以上这几个国家中,朝鲜和伊朗被一些西方学者视为是"流氓国家"因他们常不遵守他们所加入的国际条约或不配合联合国基于维护集体安全所组织的调查行动,所以在国际社会的信用度遭人非议。而中国作为朝鲜和伊朗最亲近的盟友,其一举一动皆会影响朝鲜及伊朗的国家实践。因此,有必要一起检视中国、朝鲜及伊朗在威胁或使用核武器方面的实践。

---

① Sue Wareham,"It is Time to Abolish Nuclear Weapons"(2005)*Australian Journal of International Affairs* 59,pp.439–445.

（一）中国

20 世纪 90 年代末之前，中国的核扩散政策没有遵循任何国际公认的标准，而是以一个与规范设置不一致的方式来处理。然而，过去十年中，中国在 1992 年签署了 1968 年《反核子扩散条约》，在 1993 年签署了 1993 年《禁止发展、生产、储存和使用化学武器及销毁化学武器的公约》并于 1996 年签署了 1996 年的《全面禁止试爆条约》。1997 年，中国加入了 1968 年《反核子扩散条约》下的桑戈委员会（Zangger Committee）并致力于协调核出口政策。①

除了国际法律义务，中国也支持就禁止生产用于核武器和其他核爆炸装置的裂变材料进行谈判。1995 年，为响应停止生产用于核武器的裂变材料的中美联合声明，中国宣布将停止出售给伊朗两个核反应堆。美国国会议员在 1996 年批评中国做出了空洞的承诺，尽管克林顿政府坚称，"没有证据表明中国正在违反其做出的不向巴基斯坦或伊朗提供非法技术的承诺。"毫无疑问，相比十年前，中国的防扩散的行动明显更接近美国的喜好。②

（二）朝鲜

朝鲜于 1985 年加入 1968 年《反核子扩散条约》，1994 年美国和朝鲜签署了一项"框架协议"以促使朝鲜在此条约下的义务得到全面遵守。朝鲜重申了其 1968 年《反核子扩散条约》的成员地位，并承诺致力于实施国际原子能机构的保障措施协议。然而，在 2003 年 1 月，朝鲜宣布它打算立即退出该条约，并就此通知安全理事会。③ 2005 年 9 月的第四轮六方会谈发表的联合声明认为朝鲜已承诺实施"放弃一切核武器及现有核计划。"2006 年 10 月 9 日，朝鲜进行了一场地下核武器试验，这场试验的合法性受到了质疑。如果朝鲜

---

① Ling Zhong, "Nuclear Energy: China's Approach Towards Addressing Global Warming" (1999) *Georgetown International Environmental Law Review* 12, pp.494-515.

② Daniel Horner and Paul Leventhal, "The US – China Nuclear Agreement: A Failure of Executive Policymaking and Congressional Oversight" (1987) *Fletcher Forum* 11, p. 105; Zhong, ibid.

③ Charles J. Moxley Jr., "The Sword in the Mirror—the Lawfulness of North Korea's Use and Threat of Use of Nuclear Weapons Based on the United States' Legitimization of Nuclear Weapons" (2003) *Fordham International Law Journal* 27, p.101.

仍是该条约的缔约国,其核试验就违反了条约第 2 条的规定,"无核武器条约的缔约国承诺不接受来自任何转让者转让的核武器或其他核爆炸装置或直接或间接控制这种武器或爆炸装置,不制造或以其他方式取得核武器或其他核爆炸装置,不寻求或接受任何核武器或其他核爆炸装置生产援助。"

1968 年《反核子扩散条约》第 10 条第 1 款规定,退出该条约必须提前三个月通知。这项规定应理解为提前 3 个月通知的一个承诺,而不是作为一个必须得到满足并实现退出的条件。朝鲜在有效通知·3 个月之后退出条约从法理上析论应是有效的。① 因此,就法论法,朝鲜已经不是该条约的成员。朝鲜是否应受其在第四轮六方会谈所作承诺的约束? 国际法院的结论是,在特定情况下,一国的单方声明可以成为国际法上的义务。② 然而,这样的声明应满足两个先决条件:该声明在公开场合作出;而且,要有受该声明约束的意图。

首先,朝鲜的声明是在私下谈判中作为联合声明的一部分发布的。其次,朝鲜不一定以这样一种方式表示打算受其声明约束。因此,根据国际法规定,朝鲜的承诺构成法律义务这一点还是值得商榷的。只要这种局势对国际和平与安全构成长期威胁,安理会就有权实施经济制裁。为此,安理会援引联合国宪章第七章一致通过的 1718 号决议,要求朝鲜"重返 1968 年《反核子扩散条约》,并决定,朝鲜必须放弃核武器和核计划,以及它的弹道导弹计划和其他任何大规模杀伤性武器。"然而,这些制裁的效力并不明显。

(三)伊朗

伊朗分别于 1968 年和 1996 年签署了 1968 年《反核子扩散条约》和 1996年《全面禁止试爆条约》。然而,伊朗认为该条约不符合先前核裁减的预期标准。伊朗认为 1996 年《全面禁止试爆条约》不应只作为不扩散文书,也应充

① Maurice Andem,"NPT—Some Reflections in the light of North Korea's Refusal to Allow International Inspection of its Nuclear Facilities"(1995) *Nordic Journal of International Law* 64,p.575.

② George N.Barrie and K.Reddy,"The International Court of Justice's Advisory Opinion on the Legality of the Threat or Use of Nuclear Weapons"(1998) *South African Law Journal*115,p.457;Paul W.Kahn,"Nuclear Weapons and the Rule of Law"(1999) *International Law and Politics* 31,p.23.

分全面地终止核武器的进一步发展。1996年《全面禁止试爆条约》只禁止试爆，因而在限制特定方面发展核武器的同时却敞开了其他渠道。伊朗认为该条约没有意义，除非明确列出核裁减分阶段计划，而该计划应在确定具体的时间框架下进行。伊朗在1996年《全面禁止试爆条约》下就"国家技术手段"作出进一步评论。伊朗声称："根据在日内瓦举行的特设核裁减谈判委员会的审议，我们认为条文起补充作用，并再次声明随着国际监测系统的进一步发展，该条文应当被淘汰。"国家技术手段不应被解释为包括从间谍情报和人力处获得的数据。

伊朗还声明反对联合国将以色列列入"中东、南亚集团"的做法，也反对以色列签署1996年《全面禁止试爆条约》。伊朗表示对此事持强烈保留意见，并作为该地区的反对国使1996年《全面禁止试爆条约》理事会的执行难度加大，以此来阻止该条约的实施。缔约国委员会将最终不得不寻找一种方法来解决这一问题。

五、结论

国际法院首先确认人权法的规则不适用于新式武器，因为其新颖性还未被纳入目前的程序。国际法院也赞成任何情况下都应禁止核武器的使用，尽管过去传统上还没有明确禁止。国际法院认为并不能确定核武器的使用在任何情况下都一定会与武装冲突适用的法律原则相冲突。然而，如果缺乏对特殊极端情况下实施自卫的明确阐释，就不能说国际法院在国际法层面上对核武器的合法性问题阐明了立场。

要把国际社会和各国的目标统一起来，还有很多其他的方法。尤其是近来的国际经济衰退意味着各国都无力在核武器上做过多的投资，更不用说使用了。本篇文章主要关注法律的效果，为了使国际条约更加有效，条约用语确立清晰的标准或定义是有必要的。例如，1996年《全面禁止试爆条约》应该明确表明可以危害一国利益的特殊事件的构成要件。如果退出方的理由被1996年《全面禁止试爆条约》委员会认为是不可接受的，委员会可以决定该国是否违反了此条约，如果确实违反，则可以给予相应处罚。

结合目前国家实践，相比十年前，中国的防扩散行动明显越来越接近美国的喜好。从法律层面上,朝鲜并不被视为是 1968 年《反核子扩散条约》的缔约国。朝鲜是否应该重新加入此条约并放弃其核武器、核项目、弹道导弹项目以及其他大规模杀伤性武器仍有待进一步观察。伊朗已经加入了 1968 年《反核子扩散条约》和 1996 年《全面禁止试爆条约》。其关注焦点是一个更偏向区域性的问题,那就是反对联合国将以色列列入"中东、南亚集团"的做法,也反对以色列签署 1996 年《全面禁止试爆条约》,同时也应注意到并没有证据证明伊朗有核武器项目。

总结而言,一个更实质性的障碍是拥有核武器的国家需要转变其认知,那就是核武器不是国际地位的象征而是一种恐怖手段。中国目前逐渐加强与世界各国的交流沟通,此举在北京奥林匹克运动会后尤为明显。为此,中国作为发展中国家的代表,应该在不扩散核武器方面做出更多努力。作为朝鲜和伊朗的盟友,中国应该扮演调停的中介角色,以开启朝鲜、伊朗和其他核武器国家之间的交流沟通。

Legality of the Threat or Use of Nuclear Weapons

Abstract: This paper examines international treaties in relation to the threat or use of nuclear weapons including the 1968 Nuclear Non-Proliferation Treaty and the 1996 Comprehensive Test Ban Treaty. It can be concluded that the effect of the aforesaid international treaties is still in doubt without explicit enforcement mechanisms and penalty for non-compliance. This paper also reviews the International Court of Justice's advisory opinion on the legality of the threat or use of nuclear weapons and comments that a clear explanation on the legality of use of nuclear weapons in extreme circumstances of self-defence is required. Examples from current state practice in relation to nuclear non-proliferation efforts are also provided, with special attention to China, North Korea and Iran. This paper suggests that China as a leader of developing countries should extend its efforts on nuclear non-proliferation and conduct communication between North Korea and Iran and other nuclear weapons states to reduce or prohibit nuclear weapons.

Key words：Weapons of mass destruction；International Atomic Energy Agency；International Court of Justice

美国在未来信息战中的行为指向

——一个基于其国际武装冲突法理念的分析

● 邢广梅*

　　内容提要:本文以对我国战略发展有重大影响的美国所持有的"法律是一种工具"、"法律不禁止的行为就是正当行为"以及"预防性自卫"等有关国际武装冲突法的三个理念为基础,分析预测了美未来的信息战必会为满足其国家利益而展开,必要时,美会抛开现有的国际武装冲突法框架,另辟蹊径,并会针对网络空间中的敌对意图展开先发制人的打击。

　　关键词:信息战　国际武装冲突法　美军行为预测

　　我军正处于现代化建设与发展的重要时期,在坚持以我为主、走自己路的同时,必须有针对性地研究对我战略发展有重大影响的外军状况,为打赢信息战做好充分准备。本文拟以对我战略发展有重大影响的美国所持有的"法律是一种工具"、"法律不禁止的行为就是正当行为"以及"预防性自卫"等理念为基础,分析预测其在未来信息战中可能采取的军事行动,以作为我决策与行动的参考①。

---

　　*　邢广梅,海军军事学术研究所世界海军研究室主任,副研究员,法学博士。

　　①　本文的信息战是指狭义的信息战,即在保护己方的信息、信息处理、信息系统和计算机网络的同时,为扰乱敌人的信息、信息处理、信息系统和计算机网络以取得对敌信息优势而采取的行动。

一、"法律是一种工具"的理念决定其信息战始终会为满足国家利益而展开

西方法律传统中存在自然法学派与实在法学派的争辩,就"法律是什么的问题",自然法学派主张法律是一种信仰,体现为公平正义的理念与道德良知;实在法学派认为法律是一种工具,体现为统治者制定的实在法。美国作为英国法的传承者与变革者,宣扬其国内法是一种信仰,并以此为基础建立起三权分立的政治体制。然而在国际法层面,它虽也粉饰宣称法律应成为人类的共同信仰,处理国际关系应秉承诚实守信原则,但其诸多的国家实践表明国际法只是它玩于股掌的工具。"法律是一种工具"是它处理国际关系的理念,是它满足国家利益的手段。

以条约和习惯为形式,调整国家间诉诸武力以及交战方、非交战方武装冲突期间权利义务关系的国际武装冲突法是国际法的分支,其主体内容包括《联合国宪章》中禁止使用武力的规定和 1949 年日内瓦四公约及其两个附加议定书,其宗旨是"在军事需要许可的范围内,尽可能减轻战争祸害"[1]。美国是《联合国宪章》和日内瓦四公约的缔约国,享有法律赋予的权利,同时也应承担相应的义务。然而在对待国际武装冲突法的态度上,美国秉承"法律是一种工具"的理念,为满足其国家利益的需要,时而遵循法律、时而又违背法律,使国际武装冲突法彻彻底底成为其手中的工具:海湾战争中,美国为控制中东石油资源,确保和强化其世界霸主地位,先向伊拉克萨达姆传递错误信息,令其敢于武力吞并科威特,构成《联合国宪章》所禁止的国家间使用武力的既成事实[2],然后再根据宪章有关恢复和平所应采取的保障措施的规定取得联合国对伊动武的授权[3],具备了出师伊拉克的名分;攻打伊拉克时,为避免国际舆论对它的谴责,美又极力要求其官兵严格遵守国际武装冲突法的有关规定,譬如善待战俘的规定,并不失时机地揭露伊拉克违反国际武装冲突法

---

[1] 《1899 年陆战法规和惯例公约》序言,参见西安政治学院训练部 2001 年编《战争法条约集》第 43 页。

[2] 参见《联合国宪章》第 2 条第 4 款。

[3] 参见《联合国宪章》第 7 章的有关规定。

的做法,使其出兵伊拉克的行为得到了世界上大多数国家的默许。如此,美国就把一场本为石油和霸权而战的战争演变成了执行联合国决议、反对伊拉克侵略、恢复科威特独立的正义而合法的战争①。

同为石油和霸权而战,在美伊战争中,美国期望走海湾战争的老路,欲意再一次取得联合国对伊动武的授权,但由于此时的伊拉克利用国际法采取了针锋相对的斗争②,使美计划落空。于是,美国便公然违背国际法规定而出兵伊拉克③。战争期间,为打击战俘的抵抗心理,获取更多的情报,美军高层将美缔结的《关于战俘待遇的日内瓦公约》弃置不顾,批准了包括20项审讯手段在内的审讯计划,演绎了震惊世界的"虐囚"丑闻,并在事件暴露之际,千方百计地进行隐瞒。时任美国总统的布什声称"虐囚事件"只是个别士兵的个别现象。当真相浮出水面后,美军事法庭又根据国际社会的不同反应,先后对直接参与者予以了轻重不同的刑罚处罚。对科索沃战争、阿富汗空袭及其他诸多美国发动或参与的战争中美军守法或违法的情形分析,莫不得出国际武装冲突法只是美国为满足其国家利益需要而使用的工具。

由此推知,在未来信息战中,美国必将仍以满足国家利益需要为导向,在法律与国家利益需求一致时,尽力守法以获取政治上的优势和道义上的支持;一旦法律与国家利益需求不一致时,美也会毫不犹豫地凭借军事威慑,变相甚至公然违法来满足国家利益的需要。

由于信息要素对信息对抗战中的指挥与控制具有决定意义,所以,保障国家信息安全则成为信息战中的重要方面。美国自海湾战争后逐步意识到这一点,在之后的十多年里一直研究信息战与国家安全战略的关联性,并对此做出

---

① 俞正山:《关于法律战的几个问题》,载《西安政治学院学报》2004年第2期,第45页。
② 伊拉克为阻止安理会的此种授权,不仅宣布无条件允许联合国武器核查人员恢复工作,接受被它们称为"损害主权"、"无法满足要求"的安理会1441号决议,甚至不惜在战争一触即发之际销毁导弹。参见俞正山《关于法律战的几个问题》,载《西安政治学院学报》2004年第4期。
③ 美国一方面在得不到联合国正式授权的情况下,极力宣称安理会第678号、687号和1441号决议已包含了授权,另一方面又打出了"预先性自卫"的旗号,为自己出兵伊拉克寻找法律依据。但从现有国际武装冲突法框架下考察,美国的上述说法站不住脚。

了初步判断。1996 年 7 月,时任美国总统的克林顿签署的第 13010 号总统令——《重要基础设施保护》则是这方面的标志性成果。该命令指出:信息战包括攻击性信息战和防御性信息战,其中防御性信息战是首要的①,在该类型作战中,最重要的是保护电信、电力系统、天然气及石油的储备与运输、供水系统、紧急事件处理系统(医疗、警察、消防与救护)以及信息通信系统等国家重要基础设施②,一旦这些设施受到包括来自网络的攻击,美国都将不惜一切代价,包括使用武力予以反击。同时,也将从国际武装冲突法中寻找于己有利的说辞,譬如自卫权理论,为自己辩护。

对此,我们应认清其本质,深入研究信息时代美国的国家利益所在,并对其国家利益分清层次,抓住核心,做好信息战和法律战的准备工作,并于关键时刻及时揭露其法理上的谬误,最大限度地保护我国家利益,扩展我军事空间。

二、"法律不禁止的行为就是正当行为"的理念会使其在信息战中抛开现有法律框架,另辟蹊径

自然法学派和实在法学派的争辩还体现在对国际武装冲突法渊源的理解不同,自然法学派认为协定法(国际公约)和习惯法均是国际武装冲突法的渊源,而实在法学派只承认协定法是渊源,认为习惯法不具有拘束力。实在法学派的这种理解对发达国家而言极为有利,因为法律永远滞后于科技进步,发达国家总会先于法律,发明制造出新式武器、新的作战样式。由此,法律规制的可能永远只是技术落后的国家。为防止这种局面出现,国际武装冲突法采取了自然法学派的立场,认为在协定法没有规定的情况下,交战行为仍受"既定习惯、人道原则和公众良心要求的国际法原则"的制约③。

---

① 针对美国而言,军事信息化程度越高,受攻击的可能性就越大,防御的重要性就越强。
② 这些基础设施与军事有着密切的关联性,对它们的破坏将严重危及军事行动,参见《重要基础设施保护》序言。
③ 该规定被称为马尔顿斯条款,具体内容参见 1899 年 7 月 29 日《陆战法规和惯例公约》序言,1907 年 10 月 18 日《陆战法规和惯例公约》序言以及 1977 年日内瓦四公约第一附加议定书第一条。在第一附加议定书制定前,马尔顿斯条款被认为是一条国际习惯法,第一附加议定书制定后被认为是协定法而对全体缔约国有拘束力。

然而,美国却采取了实在法学派的立场①,不承认习惯法的拘束力。美国的这一立场不仅体现在其军事法律文件中,还体现在其军事行动中。如美在其《目标选择与打击联合条令》②和《美国海上军事行动法手册》等中均规定"法律不禁止的行为就是正当行为",在以美国为首的北约轰炸南联盟事件中使用了国际武装冲突法没有明令禁止的贫铀弹和集束炸弹等。

信息时代,国际武装冲突法再一次面临新技术运用于军事的挑战。譬如,信息战中一个重要的作战样式是深入敌方网络核心,通过破坏系统来降低或停滞受控部门的运行,如破坏敌方军事指挥系统,使军事指挥失灵,或控制敌方系统对预定目标进行破坏,如控制敌方水电站闸门系统或导弹发射系统,开闸放水或发射导弹等。上述情形可能会涉及对国际武装冲突法中自卫权理论的运用。按照《联合国宪章》的有关规定,行使自卫权必须满足以下条件:正在遭受主权国家的武力进攻、针对主权国家实施、符合必要和相称性原则。传统战争形态下,上述条件均有较明确的内涵③,判定一个国家是否受到武力攻击,是否有权实施自卫是一件较容易的事。但在信息战中就复杂得多,首先,网络空间中疆界的概念极为模糊,即使跨越网络国界进入一国的国家安全网络系统中心,也未必会被界定为武力攻击;其次,判定攻击是来自于主权国家还是个人行为、娱乐性入侵者、恐怖主义分子或是其他有组织的犯罪集团是极为困难的技术问题,而这些又是判断自卫权行使准确与否的关键。由于现行的国际武装冲突协定法没有为网络战提供现成的解决方案,因此,只能借助于习惯法来解决。

---

① 按照实在法学派的观点,国际公约序言中的规定不具法律效力,所以 1899 年和 1907 年的《陆战法规和惯例公约》等序言中的马尔顿斯条款对美国没有拘束力,而 1977 年日内瓦公约第一附加议定书中的马尔顿斯条款虽成为协定法而对缔约国有了拘束力,但由于美国未签署该附加议定书而又不受其约束。

② 其附录 A《国际法和目标选择与打击中的法律考虑》第 2 部分的规定"那些不受国际法禁止的措施是正当的"。

③ 联合国大会 1974 年 12 月 14 日通过的《关于侵略定义的决议》规定了武力攻击的七种方式,"一国武装部队跨越国界进入另一国"就是其中一种。除此之外,还可参考国际法院在 1986 年的"尼加拉瓜军事和准军事案"中给"武力攻击"下的定义。

而对美国而言并非如此,"某些美国政府律师相当大胆地声称,现代信息系统技术的军事应用是全新的事物,没有任何法律可以对此起作用"①;美国官方认为:"国内法和国际法不禁止网络空间使用武力的国家行为"、"在网络空间保持使用武力的能力是保持威慑和维护国际和平与安全的重要保证"、"网络空间里故意在别国领土上制造灾难的任何国家行为,都是非法使用武力的行为"、"除军方外的任何一个国家代理人都可以在网络上实施联合国宪章第2条第4款规定的禁止使用武力或武力威胁的行为"、"何者构成在网络空间使用或威胁使用武力行为,是个事实问题,必须根据有关法律和情况进行个案分析"、"技术和国家实践将决定信息战法律的演变"②。因此,有理由相信,在未来信息战中,"法律不禁止的行为就是正当行为"的理念将继续在美军事行动中发挥作用,并成为其实施非法行为的借口。譬如,如果某一国家的网络黑客对美国进行网络攻击,美国可能会认定这个黑客是该国的代理人而对该国发起武力攻击,并宣称这是在行使自卫权。因此,当前分析与把握美国对信息战持有的观点对我们预测美国在未来信息战中的行为指向具有重要意义。

三、"预防性自卫"理念会导致其在信息战中采取先发制人的行动

国家行使自卫权属于国际法允许的"合法使用武力"的情形。根据《联合国宪章》第51条的规定,只有一国遭到正在进行的武力攻击时,该国才有自卫权。而"正在进行的武力攻击"是指受害国刚遭到武力攻击或武力攻击的后果马上就要发生,前者如受害国设施被炸、领土被侵犯等,后者如侵害国的导弹正飞往所要攻击的受害国目标的路上。近年来,美国提出了"预防性自卫"的概念,认为国家有权先发制人,对可能实施武力攻击的国家先行打击。由于这种"先下手为强"式的打击时机很难把握,实践中容易造成"假想防

① [美]小沃尔特·加里·夏普著,吕德宏译:《网络空间与武力使用》,国际文化出版公司、北方妇女儿童出版社2001年版,第6页。
② [美]小沃尔特·加里·夏普著,吕德宏译:《网络空间与武力使用》,国际文化出版公司、北方妇女儿童出版社2001年版,第122页。

卫"，或者成为某些国家侵害他国的借口，因此"预防性自卫"的合法性至今未得到国际社会的普遍认可。

美国是"预防性自卫"理论的倡导者。为确保和强化其世界霸主地位，实现以美国价值观为核心的世界秩序，冷战后，美国凭借自身军事实力，不断在世界各地挑起武装纷争，"预防性自卫"就是其诉诸武力的一面旗帜。该理论由时任美国总统的布什于2002年6月在西点军校的演讲中首次提出。他指出：为对付许多意想不到的威胁，美国必须"做好必要时采取先发制人的行动捍卫我们自由和保护我们生命的准备"。在《国家安全战略报告》中，布什政府又正式将其确定为美国的国家安全战略，指出"预先采取行动以阻止迫在眼前的攻击威胁是正当的"。

美国又是"预防性自卫"理论的实践者。2001年，美国遭到"9·11"袭击后，于同年10月对阿富汗实施武力打击，它在当天向联合国安理会提交的信中解释道：美国遭受袭击后，已采取行动行使自卫权，其目的在于防止和吓阻对美国进一步袭击的行动……。其主张的理由就是"预防性自卫"；2003年3月，美国发动对伊拉克战争，其攻击的主要理由也是"预防性自卫"，即伊拉克生产大规模杀伤性武器和与拉登国际恐怖组织暗中勾结的事实对美国安全构成严重威胁，美国攻击伊拉克完全是为了消除威胁，实行"自卫"①。

美国的"预防性自卫"理论，已经法律化，体现在它的各种军事章程中。如规范美军所有军事行动的《美军现行交战规则》②指出："自卫是指保护美国、美军……免受敌对行动或敌对意图的伤害"，而"敌对意图是指外国军队或恐怖主义组织对美国、美军、在某些情况下对美国公民及其财产、美国商业资产和其他特定的非美军部队、外国人员及财产的紧迫的使用武力的威胁。"

---

① 美国总统布什在对伊拉克的宣战中说道："这个政权（指萨达姆政权）正使用大规模杀伤性武器威胁世界和平。我们的陆军、海军、空军现在就是去迎接这些威胁的挑战，这是为了避免以后我们的消防员、警察和医生要在我们自己的城市街道上面对这样的威胁"。

② 即美国参谋长联席会议主席第3121.01号指令，原文参见［美］小沃尔特·加里·夏普著，吕德宏译：《网络空间与武力使用》附录H，国际文化出版公司、北方妇女儿童出版社2001年版。

"当面临敌对意图时,(美军指挥官)有权为自卫目的使用所有必要的手段,使用包括武力进攻在内的相称的武力,摄止或消除潜在的进攻者,在必要时消灭威胁来源。"

上述规则中提到的对"敌对意图"实施自卫,就是"预防性自卫"。可以预见,在未来的信息战中,不排除美国继续遵循这一理念的可能性,对网络空间中具有"敌对意图"的国家实施先发制人的武力打击。对此,我们要认真对待,研究在网络空间中美国所理解的具有"敌对意图"的各种情况,明确美国针对他国的网络活动可能采取的武力行为的底线,做好信息战的准备工作。同时,我们也应认真研究美国"预防性自卫"理论的国家实践,及时揭露其理论上的谬误与行为上的违法性,以法律战来保信息战,以信息战来促法律战,确保"打得赢"。

The Possible Response of USA in Prospective Information Warfare: An Analysis Based on International Law of Armed Conflict

Abstract: This article explores and anticipates that United States will conduct information warfare for its own national interests in the future and if necessary, it will take pre-emptive actions against the potential enemies in the cyber space regardless of the established international law of armed conflict, on the basis of theories such as "law is a tool", "absence of legal prohibition means freedom" and "anticipatory self-defense" upheld by USA, which have a significant impact on the strategic development of our country.

Key words: information warfare; international law of armed conflict; possible response of USA

信息化战争与军事刑法思维的转换

● 陈金涛　陈　英*

内容提要:军事刑法思维,是指依照军事刑法的逻辑,按照军事刑法的价值取向而确立的一种对军事刑法的认识态度,也即从军事刑法的立场出发来思考和认识军事社会关系的一种认知活动。它是以军事刑法为载体的一种思维方式。信息化战争的出现,使我军在信息化建设过程中面临机遇与挑战的同时,也出现了许多新问题,新情况,军事信息犯罪的出现也在所难免。军事刑法作为惩罚军事领域犯罪的最后的法律保障,面对信息化战争,还用其原有思维来思考、解决军事犯罪问题已变得力不从心。信息化战争是不会因为我们的思维而改变的,但是我们的思维应该随着信息化战争的出现而有所转变,只有这样才能为我军打赢信息化条件下的局部战争提供可靠的刑法保障,才能为我军在信息化条件下法律战的展开提供有力的法律支持。也即军事刑法宜具有信息化思维、开放性思维、多向型思维、前瞻性思维,应由军地严格区分转向军地相协调、由军人权利限制转向军人权利保障并且提倡类型思维。

关键词:信息化战争　军事刑法思维　转换

人类社会正在步入信息社会,信息化的提出是历史的必然。目前各行各业都面临着信息化问题,在我国国防和军队方面,则是要应对一场信息化战争。信息化时代使未来的战争形态发生质的改变,必然给未来的军队与战场

---

* 陈金涛,吉林大学法学院军事法学专业硕士生导师、教授;陈英,吉林大学法学院军事法学专业 2009 级硕士研究生。

建设、作战手段与样式、武器装备与技术带来巨大挑战,因此加强军队的信息化建设,跃升军队战斗力,厚植国防潜力就显得尤为迫切且必要。在法律方面,军事刑法作为制裁危害国防利益以及国家军事利益的违法犯罪行为的最后的法律手段,是对侵害军人利益的犯罪主体给予刑罚处罚的法律依据,对于维护我军军事秩序,维护军人利益,稳定和提高我军的战斗力都具有重要的意义。但是目前我国的军事刑法在实践中已渐渐暴露出其不足与问题,无法适应信息化战争的需要。有鉴于此,笔者在探讨信息化战争的同时,结合我国的军事刑法,简要论述了军事刑法思维存在的不足并在此基础上对其转换作简要分析。据笔者掌握的有关资料,尚未发现有学者专门对军事刑法的思维作专门论述,笔者在阅读相关资料的基础上在此对这一问题作简要论述,权当抛砖引玉,以期更多学者、专家把军事刑法思维纳入研究视野,以更好地发挥我国军事刑法在信息化战争条件下的保障功能。

一、信息化战争与军事刑法思维的界定

信息化战争条件下,信息具有至关重要的作用,是战争胜利与否的决定性因素;而信息的较量归根到底也是知识和技术的较量,军事人才在知识和技术的较量中发挥着至关重要的作用,他们是军队的坚强支柱,是军队的永久生命力。军事领域的各项建设目标,包括信息化军队的建设,都是通过各种手段和制度的运行,不断巩固和提高军队战斗力的。这其中不能缺少法律的保护,所以确定军事犯罪也要把军队战斗力作为保护对象,惩治严重危害军队战斗力,从而危及国家安全的行为。

(一)信息化战争

"战争是独立的政体(国家)或政治团体之间有组织地使用武力的一种行为和现象,战争的目的主要是为了解决那些无法通过和平的外交方式解决的问题和冲突。"①有史以来,战争就与人类如影随形,战争的形态也随着人类社会生产力水平的提高和科学技术的进步而不断演变。随着信息技术的飞速发

---

① 参见潘兴明:《战争与现代国际社会——基于联合国应对战争路径的研究》,载《外交评论》2008 年第 4 期,第 89 页。

展,信息已成为国家的战略资源,信息意味着实力。"谁掌握信息,谁就掌握了世界",这是拿破仑的名言,也是当今社会的真实写照。

20世纪90年代以来,以微电子信息技术为核心的新一轮科技与产业革命,推动着人类社会逐步向以信息产业为主导的新的发展阶段过渡,信息与战争的结合也日趋紧密,机械化战争也随之步入了信息化阶段,并正向新的战争形态——信息化战争过渡。信息化战争是人类战争继机械化战争、核战争形态之后的一种新型战争形态,它既不同于农业时代的冷兵器战争形态,也不同于工业时代的热兵器战争形态,它属于知识经济、信息时代的高技术战争形态,是信息社会生产方式和生活方式在战争领域的具体体现。① 据国内外军事学家预测,与机械化战争相比,信息化战争将有以下基本特点:②

1.战争与和平的界限将更加模糊。信息化战争往往从无人员杀伤的软战开始,软战行动的攻击目标既可能是军事信息系统,也可能是民用信息基础设施。它无声无息,对方很难发觉。就是有所觉察,也很难判断敌人是谁? 来自何方? 企图是什么? 是一场战争的发端,还是一次一般的黑客、病毒等信息攻击活动?

2.战争动因更加复杂。在信息时代,经济利益之争仍然是导致战争的重要原因。但除此之外,由于各国之间,国际国内各派政治力量之间联系与交往增多,这就必然导致各个国家、民族、社团之间,由政治、外交、精神、文化等方面引发的冲突增多,使宗教、民族矛盾上升,使国际性恐怖活动、暴力行动、走私贩毒更加猖獗。这些矛盾与冲突相互交织,错综复杂,将是导致战争发生的主要原因。

3.战争主体将更加多样。进行战争将不再只是民族国家或国家集团的专利,非主权国家、非政治组织、跨国公司、恐怖集团、"信息勇士"也同样能发动战争。"信息勇士"或"信息勇士集团"包括公司雇员、政府公务员、承包商、执

---

① 参见冯蕾、葛卫丽、庞志斌:《信息化战争浅探》,载《科技创新导报》2008年12月11日,第221页。

② 参见王保存:《信息时代信息化战争的基本特点》,载《国防》2002年第1期,第18—19页。

法人员、毒品贩卖集团、犯罪分子与犯罪团伙、邮件寄送者与电信界人士、医生与医院、保险公司、私人侦探、自由战士等等。他们都能在信息空间实施或帮助实施作战行动。

4.战争持续时间短。信息化战争条件下，由于武器装备精度提高，射程增大和数字化战场的建立，将使作战行动得以实施进行，把过去在战场上需要几小时乃至更长的时间才能做完的事，压缩到几分钟甚至数秒钟，从而大大缩短战争进程，迅速结束战争。

5.战场信息网络化。一般来说，在战争中大量使用信息技术或武器系统基本实现信息化，还不能说就是信息化战争，只有在信息技术大量使用和武器系统信息化的基础上，实现战场信息网络化，信息成为了影响战争胜负的决定因素之后，才是具备完整形态的信息化战争，因此，战场信息网络化是信息战争的一个鲜明特征。①

(二)军事刑法思维

军事刑法作为法律的一个分支，对其法律思维的界定，我们必须从源头来探析。首先，思维是客观事物在人脑中间接的和概括的反映，是借助语言所现的理性认识过程。法律作为一门科学，而且是一门理性的科学，理性的科学是需要思维加以运行的，从这种意义上讲，法律与思维是密不可分的。那么，何谓"法律思维"？郑成良认为，法律思维，就是按照法律的逻辑来观察、分析、解决一个社会问题的思维方式。② 刑法思维作为法律思维的一个分支，对其研究不应该超越法律思维的范畴，也即刑法思维应该具有法律思维的基本内涵，必须遵守法律思维的基本规则。但是刑法作为一门具体的科学，其也应该有其自身独特的内涵。那么，刑法思维是指什么呢？陈航认为刑法思维，是指人们以刑法或者以特定的刑法观念为坐标、尺度，对罪刑关系问题进行观察、

---

① 参见冯蕾、葛卫丽、庞志斌:《信息化战争浅探》,载《科技创新导报》2008 年 12 月 11 日,第 221 页。

② 参见郑成良:《论法治理念与法律思维》,载《吉林大学社会科学学报》2000 年 7 月第 4 期,第 6 页。

分析并予以处置的认知活动。①

法和军队是国家机器中必不可少的两个十分重要的组成部分。军队是一支特殊的武装集团,是法得以有效实施的最强大的强制力量。可以说,没有法,军队就是一盘散沙;没有军队,法就无法发挥其最终作用。在诸多的军事法律法规中,军事刑法具有"保底"的功能。它以刑罚这一最严厉的强制方法作为制裁手段,在其他部门军事法设定的军事秩序遭到破坏且该法又不能充分保护受损的军事利益时,将破坏行为作为军事犯罪加以刑罚处罚,发挥"最后保障手段"的作用,确保其他军事法作用的发挥,以实现军事秩序的正常运转。所以,军事刑法是专门保障军队,适用于军人这一特殊主体的特殊专门刑法。② 马克昌认为:军事刑法以军事犯罪及其刑事责任为内容,是刑法的组成部分。我国的军事刑法同刑法的关系是:一是部分和整体的关系。表现在军事刑法是根据刑法的指导思想和基本原则制定的,刑法总则也适用于军事刑法中的犯罪。军事刑法中的犯罪是全部犯罪中的一部分,通常认为是刑法分则规定的八类犯罪之外的第九类犯罪。二是特别法和普通法的关系。表现为军事刑法只适用于现役军人和法律规定的其他人员。刑法则适用于所有达到法定刑事责任年龄、具有刑事责任能力的人。军事刑法规定犯罪的条款同刑法规定其他犯罪的条款发生竞合时,优先适用于军事刑法的规定定罪判刑。③有鉴于此,笔者认为,军事刑法既然作为刑法的一个组成部分,那么刑法的思维理应成为军事刑法思维的应有之义。因此,笔者认为,军事刑法思维是指依照军事刑法的逻辑,按照军事刑法的价值取向而确立的一种对军事刑法的认识态度,也即从军事刑法的立场出发来思考和认识军事社会关系的一种认知活动。我们这里所谈的军事刑法思维是以军事刑法为载体的一种思维方式。

---

① 参见陈航:《刑法思维的属性研究》,载《法商研究》2007 年第 6 期(总第 122 期),第 134 页。

② 参见孙宏:《军事刑法基础理论问题研究》的"导言"部分,吉林大学博士学位论文 2007 年。

③ 参见马克昌:《刑法学全书》,上海科学技术文献出版社 1993 年版,第 422 页。

(三)信息化战争与军事刑法思维的关系

军事刑法作为刑法的一个组成部分,有别于同作为刑法的一个组成部分的普通刑法。首先,普通刑法是以最重要的社会利益为保护对象,而军事刑法是以国家军事利益为保护对象的,并且其所保护的国家军事利益是其他国家利益实现的基础和重要保障,军事利益一旦丧失,其他国家利益也不可能真正得以实现,而战争是导致军事利益丧失的最主要因素。此外,普通刑法更多的是关注和平环境下平民社会的违法犯罪问题,而军事刑法除了关注和平环境下的军事犯罪问题,更多的要关注战争环境下的军事犯罪问题,通过对军事犯罪的惩罚,以保护国防利益和国家军事利益,稳定和提高部队战斗力。可见军事刑法思维是区别于普通刑法思维的,其中核心的区别就是军事刑法思维要体现战争因素,不同的战争样态要求确立相应的军事刑法思维模式。不同的军事刑法思维又会影响军事刑法对打赢战争的保障功能的发挥。在法律层面上,战争的样态决定着军事刑法的思维,而军事刑法的思维对战争又具有间接的反作用。我国现行军事刑法的立法是伴随着人民军队的产生、壮大而逐步发展的,主要立足于传统国内战争的实践。信息化战争下,军事刑法规范与军事生活现实出现了断裂,现有军事刑法已不能满足信息化战争的需要,信息化战争对军事刑法思维提出了新的更高的要求。因此,信息化战争环境下,只有转换我们原有的军事刑法思维来思考军事社会中的犯罪问题才能有利于军事刑法价值判断目标的实现,才能有利于军事刑法立法目的的实现,而且也只有这样才能将军事刑法保障信息化战争下部队战斗力提高的功能发挥到最大,保证军队"打得赢、不变质"。

二、信息化战争条件下,原有军事刑法思维之不足

1981 年 6 月,第五届全国人民代表大会第十九次会议通过,并于 1982 年 1 月 1 日起施行的《中华人民共和国惩治军人违反职责罪暂行条例》(以下简称《条例》)。《条例》实施以来,对惩治军人违反职责犯罪,保护国家的军事利益,巩固部队战斗力,促进军队的革命化、现代化、正规化建设,发挥了重要的作用。1997 年全国人民代表大会在修改刑法时,国家立法机关从健全和完善国家法制建设的大局出发,在专章规定危害国防利益罪的立法模式的基础上,

最终将《条例》所规定的军人违反职责的犯罪作为一章归入刑法典之中,并将原军职罪的罪名由原来《条例》所规定的 28 个增加到现在的 31 个。① 由军事刑法的发展历史可以看出我国现行的军事刑法是针对传统的战争样态下可能出现的犯罪及其刑事责任而制定的,是为了惩治传统战争样态下的军事犯罪,维护传统战争下的军事秩序,保障部队战斗力而制定并修改和实施的,具有明显的针对性和适应传统战争的特点。但是,随着信息技术的迅猛发展,信息化战争悄然登上历史的舞台,从根本上改变了传统的作战样式。这就导致现行的军事刑法必然不适应信息化战争的需要,如果我们还继续以原有的军事刑法思维来指导立法、司法和执法,指导实践,这显然是不科学的。而且随着战争形态的不断发展,传统的军事刑法思维也渐渐暴露出其缺点以及不足,具体体现在:

首先,我国的军事刑法经历了从单一立法到统一立法的发展模式,是以刑法的国家本位以及刑法的工具主义、重刑主义、万能主义等思维理念为指导来制定的。即使在人权保障、以人为本,刑罚的谦抑性以及刑罚轻缓化等理念提出的情况下,普通刑法进行了适当的调整以适应平民社会发展的需要。但是就在修订普通刑法的时候,并没有对与普通刑法合体的军事刑法进行必要的修改,而且我国现行军事刑法更多的内容也是针对传统战争情况下可能出现的犯罪行为进行规定的。随着信息技术的迅猛发展,以及部队信息化建设的开展,信息与战争结合的趋势也日益密切,我军面临着信息化机遇的同时也面临着挑战。只有加快我军信息化建设的步伐才能使我军在信息化战争中立于不败之地,才能更好地把握信息化战争的主动权。但是,在我军信息化建设过程中出现了许多新情况、新问题,军事信息犯罪的出现也不可避免。军事刑法作为维护国家军事利益,惩罚军事犯罪的最后的保障手段,已远远不能满足部队信息化建设过程中惩罚犯罪的需要。由于军事刑法的立法空白,使得许多严重问题都没有纳入军事刑法的调整范围,而直接以党纪军纪来处分。军事法院、军事检察院一年中审理的案子也少之又少,几乎成为一种空设。

---

① 参见桂炉:《我国军事刑法的现状、不足及完善》,载《法制与社会》2007 年 7 月,第 10 页。

其次,由于近年非传统安全威胁没有减弱,而传统安全问题再次上升,两者相互交错,使国际安全问题的综合性、关联性、整体性、突发性更加严重。因此,各主要国家竞相发展综合国力,积极应对以信息化为标志的新军事革命,加强质量建军,充分展示军事实力,以期在未来世界战争格局中占据更有利地位。但相互竞争中难免产生利益的碰撞和摩擦,因此国家间加强军事谈判与合作,在传统、非传统安全问题上主动承担国际义务与责任就显得尤为重要。而我国军事刑法的功能还停留在"战胜在乎立威,立威在乎戮力,戮力在乎正罚"的功利主义用途上,①只是对我国一国之内或一国之军人的军事违法犯罪行为进行规定,有关战争犯罪条款的规定在军事刑法中还是空白。这使得我国的军事刑法没有与国际接轨,与武装冲突法的衔接也很薄弱。因而,我国军事刑法有必要在充分考虑我国国情和军情的前提下,采用开放性思维,站在全球化的立场上,吸纳、整合武装冲突法中关于违反人道主义法的罪名和国际惩治战争犯罪的有关罪名,以更加具体和严厉地惩治严重违反人道主义精神的军事违法行为。我国作为联合国安理会五个常任理事国之一,在国际交往中具有举足轻重的地位,将国际普遍承认的战争犯罪规范转化为国内法规范不仅可以重申我国始终不渝走和平发展的道路、坚决维护国际法准则、同一切破坏世界和平与人类生存及安全的战争犯罪作不懈斗争的原则立场,而且还能在法律层面上体现我国主动承担国际义务与责任。

最后,军地严格区分的思维方式已不再适应信息化的需要。现行军事刑法要求严格区分军用目标与民用目标,要求区分军人犯罪和非军人犯罪,强调军法从严从重从快。面对 21 世纪高新技术发展的严峻挑战,尤其是信息化时代的到来,对我国的国防安全与发展提出了更高的要求。纵观当今世界,大力推进军民结合、寓军于民,已经成为世界性的发展趋势。以美国、英国、法国等为代表的西方发达国家,都坚持走军民结合、寓军于民的发展道路。军民技术紧密融合,高新技术两用化的特征愈加明显,不但极大地提升了国家的国防实力,而且抢占了世界科技发展的制高点,保持了国家在高科技领域的领先地位。2005 年,胡锦涛同志指出,要积极探索新形势下军民结合、寓军于民的新

---

① 参见《尉缭子·兵教上》,联亚出版社 1981 年版,第 131 页。

途径、新方法,全面推进经济、科技、教育、人才等各个领域的军民融合,在更广范围、更高层次、更深程度上把国防和军队现代化建设与经济社会发展结合起来。① 客观上随着科技革命、产业革命和新军事革命的发展,国防经济与社会经济、军用技术与民用技术的结合面也越来越广,融合度也越来越深。当前形势下,我军除了要应对传统安全威胁之外,还要应对反恐、维稳、处突、维权、国际维和、抢险救灾等非传统安全威胁,担负遂行多样化任务的重任。战争实践以及国内外发生的重大自然灾害和突发事件启示我们,军警民联合行动是有效应对多种安全威胁的必然选择。走军警民联合行动的路子,对于全面提高军警民联合遂行多样化军事任务的能力,具有重要的现实意义。② 在这种军民紧密结合的形势下,严格区分军地已变得不大可能,这就导致军事刑法在信息化条件下和我军遂行多样化任务的情况下发生效力的缺失。

三、信息化战争条件下,军事刑法思维之转换

随着军队信息化建设和军事法制建设的发展,尤其是信息化战争的出现,使我军在未来的信息化战争中面临着许多新情况、新问题,甚至是出现新类型的犯罪,客观上需要军事刑法做出相应的规范。为了保证"打得赢、不变质",不断提高部队的战斗力,这对军事刑法的完善也提出了新的更高的要求,也即需要我们军事法律人从某种程度上改变我们原有的军事刑事法律思维,以便适应信息化战争的要求。这对于军事刑法的发展和完善,对于打赢信息化战争、捍卫国家安全、维护社会稳定和人民生命安全,扩大军队域外使命的刑事保障,解决与普通刑法之间存在的冲突,把握信息化条件下战争的主动权都具有十分重要的意义。

首先,信息化战争条件下,军事刑法的思维宜具有信息化思维。信息和信息力是构成战斗力的最重要因素。而军事刑法作为惩罚军事犯罪,维护国家军事利益和军事秩序最后的保障手段,其直接目的是"保持武装力量战斗力

---

① 参见 http://www.chinamil.com.cn/site1/xwpdxw/2008-02/23/content_1135060.htm。

② 参见蒋先和:《提升军警民联合遂行多样化军事任务能力要着力实现"三个转变"》,载《国防》2009年9月,第16页。

的稳定与提高"。面对信息化战争的出现以及信息在信息化战争中的重要地位,作为惩罚战争进程中出现的军事犯罪最严厉和最有力的惩罚手段的军事刑法也应作相应的调整,以适应变化了的信息化战争条件下出现的军事犯罪。其中,首当其冲的当然是军事刑事法律思维的转变。这就要求军事刑法必须把惩罚军事信息犯罪作为首要任务,将信息权吸纳、整合入军事刑法的范畴体系,规范信息国防,防护信息指挥系统,以免被敌方所渗透,以维护国家安全。为打击敌人,保护自己,要用军事刑法对信息战的信息获取、使用、防护、利用、拒止和管理等环节中可能出现的军事犯罪行为加以规范。在军事刑法中宜增加军事信息犯罪的条款,加大对军事信息犯罪的惩罚力度。这也是在信息化战争条件下,打击和预防军事信息犯罪的唯一手段。

　　第二,信息化战争条件下,军事刑法的思维宜具有开放性思维。信息化战争是在信息化、全球化和多极化时代,由政治、经济、军事、文化等方面要素变革所综合构成的新战争形态。这就要求军事刑法应具有国际军事刑法思维。国际军事刑法思维是一种要求各国军事法律人,要从全球化背景出发,站在国际军事刑法的角度,运用其理性逻辑思维,对国际军事刑事法律问题的一种观察、思考和判断的认知活动。在信息化战争条件下,由于战争主体的多样化,战争已不再是主权国家的专利,非主权国家、非政治组织、跨国公司、恐怖集团、"信息勇士"等也同样能发动信息化战争。因此,国家的安全受到来自多方面、多种势力的威胁,计算机信息网络有极大的易遭攻击的脆弱性。因为,在遍及全球的互联网上,每台计算机都可能成为一个有效的作战单元,每个芯片都可能成为一种潜在的武器。实施信息攻击的主体既可能是军队,也可能是社会团体。① 对于这些主体发动的战争中出现的侵害我国军事利益的犯罪在无法通过外交途径解决的情况下,而我国现行的军事刑法也没有规定可以对外国人或者外国组织、集团在境外侵害我国军事利益的犯罪采取刑罚制裁的措施,这就要求军事刑法要用大系统的观点来处理军事犯罪问题,而不仅仅局限于一国之内或者一国之民的军事犯罪行为。此外,还要把武装冲突法以

---

① 参见于海、陈文敏:《信息化战争浅议》,载《科技情报开发与经济》2005 年第 15 卷第 5 期,第 270 页。

及我国加入的国际条约中规定的有关战争犯罪的规定适时地引入我国军事刑法中,使我国的军事刑法尽快地与国际接轨,有利于在与其他国家的军事谈判与合作中在法律层面上尽早达成共识,对于树立互信、互利、平等、协作的新安全观,积极应对传统、非传统安全威胁,维护世界持久和平与共同繁荣都具有重要意义。

第三,信息化战争条件下,军事刑法的思维宜具有多向型思维。传统的军事刑法思维往往习惯于单方向、单角度和单层面地观察、处理军事社会关系的犯罪问题。信息化战争发生了与以往战争形态截然不同的变化,随着高技术武器装备的广泛运用,作战的空域扩大,包括计算机网络在内的海、陆、空、天、电一体的全时空、全天候、全方位的五维战场。① 军队每天都有可能处在战时状态下,加之抽象、无形战场的出现(比如信息化网络战场),如何定义战时的开始与结束,如何划分战场的界限,关系到罪与非罪的问题,关系到罪名成立与否的问题,这就成为军事刑法面临的一个新课题。而且我国现行军事刑法的大部分内容也是针对具体的战时以及现实的战场上可能出现的犯罪而作规定的。信息化战争导致战时以及战场这些概念变得模糊,难以区分界限。当然信息化战争最后也可能会使现实的地域空间失控,从而出现危害本国军事利益的犯罪。这就要求军事刑法思维必须适时做出转变,既要规定传统战争环境之中可能出现的军事犯罪及其刑事责任,又要规定超越传统战争环境之外可能出现的军事犯罪及其刑事责任;既要规定己方人员的军事犯罪及其刑事责任,又要规定敌方人员侵害本国军事利益的军事犯罪及其刑事责任;既要对传统安全威胁下的军事犯罪进行处罚,也要对反恐、维稳、处突、维权、国际维和、抢险救灾等非传统安全威胁下的军事犯罪行为进行惩罚。只有从多起点、多指向、针对多种可能来思考军事社会中的犯罪问题,才能为我军在信息化战争中提供可靠的刑事保障。

第四,信息化战争条件下,军事刑法的思维宜具有前瞻性思维。由于法从其制定出来那一刻起就落后于社会的发展,具有明显的滞后性和有限性。军

① 参见刘大军:《论中国特色的新军事变革》,陕西省经济学学会第 23 次年会暨理论研讨会论文集 2003 年,第 208 页。

事刑法作为法的一个分支,也不例外。由于法具有稳定性,法律不能朝令夕改。在信息化战争条件下,面对日益纷繁复杂的国际国内形势,我军的任务已从单一应对传统的军事安全威胁(如肉搏战争),转向除了要应对传统安全威胁以外,还要应对信息化战争这种"无硝烟"的战争和多种非传统安全威胁,不仅要立足打赢信息化条件下的战争,而且要从事反恐、维稳、处突、维权、国际维和、抢险救灾等非战争军事行动。信息化战争手段的日益信息化和我军作战理论的日新月异,对军人应履行的军事义务和军事利益应受到的保护内容也提出了新的要求。我国军事刑法中现有军事犯罪条文都是针对军队单一应对传统战争威胁背景下侵害军事利益的行为,未考虑信息化战争军事行动中可能存在的军事犯罪问题,而且既有的内容也不能满足新作战样式的要求,难以为信息化战争条件下,部队战斗力的提高提供有效的法律保障。这就要求军事刑法必须具有前瞻性思维,既要对传统战争中出现的犯罪行为进行规定,还要根据信息化战争的特点及其发展规律对可能出现的犯罪行为进行规定,以免惩罚信息化战争情况下出现的危害我国军事利益的犯罪行为无法可依,无章可循。

第五,信息化战争条件下,军事刑法的思维应由军地严格区分转向军地相协调。随着国际形势的变化和信息时代的到来,世界各国军队都在大刀阔斧地进行改革,其中寓军于民成为各主要军事强国军队建设的一个新特点。① 我国军队作为人民的军队,全心全意为人民服务的军队,在信息化建设过程中,军民结合、寓军于民不仅是中国特色新型工业化道路的重要内容,推进军民结合、寓军于民也是统筹经济建设与国防建设协调发展的重大原则,是实现富国和强军目标相统一的战略选择,是我国国防科技工业深化改革、促进发展的大势所趋。② 在高技术的发展过程中,现代军事技术、军用物资在很多方面都具有军民通用性。特别在信息时代,软杀伤武器的使用,更分不清操作手是

① 参见叶小军:《寓军于民——外军建设的新特点》,载《国防科技》2004 年第 1 期,第 54 页。
② 参见陈艳敏:《走中国特色军民融合式发展道路——访工业和信息化部军民结合推进司司长屠森林》,《中国电子报》2008 年 10 月 31 日第 1 版。

百姓还是军人。此外,任何类型的军事专业技术人员在民间都有众多的"孪生兄弟",稍加"接口",作补差训练就能成为很好的军事专业技术能手。如通信、测地、架桥、医疗、运输、建筑、维修、翻译等专业人才,平时和战时充分发挥这些人才的作用,可以最大限度地减轻军队负担,保障军队行动。同时随着国家管理现代化程度的提高,也完全可以有效地组织民间力量保障军队作战。①在这种寓军于民、军民结合的形势下,如何区分是军用目标还是民用目标,如何区分军人与平民已有相当难度。而我国现行军事刑法的内容要求其适用必须严格区分军用与民用,区分军人与非军人。这不仅关系到入罪与否,而且在军人与非军人均可犯的罪行的情况下还关系到从严、从重与否的问题。面对信息化战争以及在寓军于民、军民结合建设目标的发展进程中,军事刑事法律思维应该做出适当转变,以军地相协调的思维处理好军地关系,为我军打赢信息化战争助力,争取更多的民间力量支持我军未来的反侵略战争,以及其他正义战争。只有把军民紧紧地拧成一股绳,我军才能永葆其人民军队的本色,保证打得赢、不变质。

第六,信息化战争条件下,军事刑法的思维应从军人权利限制转向军人权利保障。在往昔专制时代,军人被视为国家统治的客体和工具,统治者对军人多抱持又爱又怕的心态,若不是以严刑酷罚来控制军人,避免他们滥权危害国家,就是以各种制度(比如我国历史上的虎符、监军)来号令军队,维持军纪。②而且在依法治军的目标提出之前,军队作为一个强调高度集中统一、纪律严明的武装集团,更多地强调首长意志,更多地强调一切为了胜利,至于军人的个人权利则很少得到重视。在信息化战争下,先进的高技术武器装备是决定战争胜负的物质基础。但是,决定高技术武器装备发展的是人。离开了人的智能,就不可能抢占军事技术制高点,就不可能制造出先进的武器装备。同时,人决定着高技术武器装备效能发挥的程度。先进的高技术武器不是现实的战斗力,不会自动走到战场上去,不会自动地发挥作用,而要依赖于人的支配。

---

① 参见叶小军:《寓军于民——外军建设的新特点》,《国防科技》2004 年第 1 期,第 55 页。

② 参见孙宏:《军事刑法基础理论问题研究》,吉林大学博士学位论文 2007 年,第 18 页。

只有人正确支配武器,并实现人和武器的最佳结合,高技术武器装备才能发挥出最大效能。最重要的一点是,不管高技术武器装备的性能如何先进、杀伤力如何超常,它总是一个定量常量,而人的因素却是一个变量,具有巨大的潜力。① 传统的战争对抗主要表现为物质力量间的对抗,而信息化战争则表现为知识力量间的对抗。这种知识和技术的较量说到底是人才的较量,人才是信息战中最重要的资源,而且信息化战争要求诸军种必须一体化联合作战,如果一体化作战中某个环节出了问题将会影响到全军的战斗力,并且影响着战争的胜负。自古以来,我国的兵家就认识到兵乃胜利之本。因此,每个人都是一体化联合作战中不可或缺的一部分,每个人都是一个战斗力。时至今日,随着"公民化的军人"、"穿着军服的公民"这些新理念的出现,军事刑法要从限制军人权利转向保障军人权利,不能随心所欲地对军人权利加以限制,不能一味地强调军事刑法的工具主义、重刑主义、万能主义等。因为军人的个人利益是维护国家利益的重要动力,国家利益的维护也要通过保障军人的个人利益来实现。军人的正当利益与保障国家社会利益是一种正向关系,这就要求在军队这个群体中也要尊重并保障广大官兵个人切身利益。② 也即军事刑法的思维要从军人权利限制转向军人权利保障,要用以人为本、人权保障的现代理念和价值取向指引军事刑法的发展,尊重每一个军人的权利,从而为我军打赢信息化战争提供人才的保障。

第七,信息化战争条件下,军事刑法宜提倡类型思维。军事刑法在适用的过程中如果要从品质上完成从工具军事刑法向价值军事刑法的转变,首先在思维上应该提倡类型思维。刑法上传统的思维方式是概念思维。③ 它完全排斥在刑法适用的过程中渗入价值、目的或者利益等主观因素的观念,无法在刑

① 参见程轶:《从伊拉克战争看信息化战争的特点》,载《西安政治学院学报》2005 年 4 月第 18 卷第 2 期,第 80 页。

② 参见孙宏:《军事刑法基础理论问题研究》,吉林大学博士学位论文,2007 年,第 86 页。

③ 参见齐文远、苏彩霞:《刑法中的类型思维之提倡》,载《西北政法大学学报》2010 年第 1 期,第 69 页。

法条文的不变性与犯罪事实的可变性之间找到一个合适的平衡点。① 刑法是以最重要的社会利益为保护对象,而军事刑法所保护的国家军事利益是其他国家利益实现的基础和重要保障,军事利益一旦丧失,其他国家利益也不可能真正得以实现。所以,对军事利益的保护是决定军事刑法适用的最主要因素。② 信息化战争条件下,随着信息技术的广泛应用,犯罪分子的作案手段、作案方法也变得多种多样,犯罪现象较之以往也更为复杂,国家军事信息系统也极易遭到破坏,从而危及我国军事利益。而我国现行军事刑法是立足于传统战争实践的,概念思维的封闭性和分离性使得其一旦被固定下来就落后于社会现实,如果一如既往地单纯用原有的概念思维来解决军事社会的全部冲突问题,现行军事刑法显得心有余而力不足。因此,面对信息时代日益复杂的犯罪问题,如何通过刑法手段更有效地维护国家军事利益就成为当前军事刑法必须迫切解决的问题。康德指出:"概念没有类型是空洞的,类型没有概念是盲目的。"③所以军事刑法在坚持概念思维的前提下,应该提倡类型思维。这是因为,类型思维是一种具有价值导向的思考方式,是一种实质的、规范的、价值的思维模式。④ 也就是说在军事刑法适用的过程中应该渗入价值、目的或者利益等主观因素的观念,这与军事刑法所追求的维护国家军事利益和军人权益的法价值理念是相吻合的。面对信息时代国际、国内军事情势变迁出现的新情况、新问题,提倡类型思维思考军事社会中的犯罪问题不仅有利于军事刑法价值判断目标的实现,有利于军事刑法立法目的的实现,而且也只有这样才能将军事刑法保障战斗力提高的功能发挥到最大,为我军打赢信息时代的法律战提供强有力的刑法保障。

---

① 参见吴学斌:《刑法思维之变革:从概念思维到类型思维———以刑法的适用为视角》,载《法商研究》2007 年第 6 期(总第 122 期),第 140—141 页。

② 参见付海珍:《论我国军职罪的立法完善》,四川大学硕士学位论文,2006 年,第 10 页。

③ 转引自[德]亚图·考夫曼:《类推与"事物本质"———兼论类型理论》,吴从周译,学林文化事业有限公司 1999 年版,第 119 页。

④ 参见吴学斌:《刑法思维之变革:从概念思维到类型思维———以刑法的适用为视角》,《法商研究》2007 年第 6 期(总第 122 期),第 142 页。

四、结语

信息化战争是不会因为我们的思维而改变的,但是我们的思维却要随着信息化战争的出现而有所转变。此外,"凡兵,制必先定",军队只有依靠严明的纪律、完善的法规,才能"治众如治寡"。由于军事刑法集预防保护、规范约束、威慑处罚等功能于一体,是提高战争能力的一种重要法律武器。军事刑法树立信息化思维、开放性思维、多向型思维、前瞻性思维、由军地严格区分转向军地相协调、由军人权利限制转向军人权利保障,提倡类型思维,对于维护地区和平、捍卫国家主权、维护祖国统一、打赢信息化战争,具有十分重要的意义。

Information Warfare and the Conversion of Mindset on Military Criminal Law

Abstract:The mindset of military criminal law is defined as an understanding of the military criminal law in accordance with the logic and the value orientation of military criminal law.That is to say,it is a kind of cognitive activity that reflects military social relations in the perspective of the criminal law. It is a thinking pattern based on the military criminal law.Chinses armed forces do face both opportunities and challenges in the process of informationization because of the appearance of information warfare.However,many new problems and situations arise at the same time. Military information crimes are unavoidable. Military criminal law, the last line of defense as the punishment of military crimes,has failed to fulfill its designed duties in the context of information warfare to repress military crimes.Information warfare will not change along with our mind. Instead, our minds need to change with the appearance of information warfare.Only in that way,can we acquire reliable legal guarantee for the victory of the regional battle,and provide legal support for that. It is the only way under the circumstances of informationization. Military criminal law has been thought to have various thinking patterns of informationization, openness, multi-direction and perspectiveness, which will change our mind from strict military-civilian separation to military-civilian integration,from the limitation of servicemen's rights to the protection of them.

Key words:information warfare;the mindset of military criminal law;conversion

军民融合视野中的国防权力配置

——兼论国防立法的完善

● 毛国辉[*]

内容提要:随着军民融合式发展的进一步推进,国防立法应着眼国家安全及利益拓展的需求,在国家利益平台上统一优化配置国防权力资源,为国家的安全、持续发展提供坚强的后盾。军民融合背景下,要确保国防权力配置的合理化、科学化,实现国防权力协调配置与良性互动,必须有新的思路,采取积极对策,即完善国防决策的顶层架构,构建国防权力运行的协调机制,强化政府的国防行政权力,剥离军事统帅权中的非军事职能。

关键词:军民融合　国防权　国防立法

一、问题的提出

国防是国家为防备和抵抗侵略,制止武装颠覆,保卫国家主权、统一、领土完整和安全所进行的军事活动,以及与军事有关的政治、经济、外交、科技、教育等方面的活动。为了防御和抵抗外敌入侵,任何国家都享有建立军队、设施、装备等国防权力。国防权力配置是指通过一定形式,确定各种主体在国防权力体系中的地位、职能及相互关系,并确定行使权力的原则、程序和机制,形成一种以互相联系的合力形式来发挥功能。如何配置国防权力、配置得是否合理,关乎国家的巩固和发展,甚至决定国家的兴衰成败。胡锦涛曾指出:必须"站在国家安全和发展战略全局的高度,坚持军民融合式发展,推动国防建

---

* 毛国辉,国防科技大学人文与社会科学学院教授。

设和经济建设良性互动,确保在全面建设小康社会进程中实现富国和强军的统一"。① 军民融合式发展是中国共产党以科学发展观为指导,统筹国家安全与发展、经济建设与国防建设的大思路、大战略,也是新时期配置国防权力的重要理论依据。它"最终的要求是一场军事变革。包括建设思路,实施方法等等,都要做很大的调整。这场军事变革,将是对传统军事观念的一次根本嬗变。"②军民融合式发展离不开合理的资源配置与体制机制,而法律是权力配置最重要的载体。国防权力的配置通常由国家的宪法与国防法来确认与反映,并受到法律强制力的保护。同时,任何一种权力分配模式,都不是一成不变的,总是会发生重心的转移或结构的变化,也会因落后于时代要求陷入结构的僵化或失调,适时地改革或调整权力分配是权力分配的动态性规律。③ 因此,随着军民融合式发展的进一步推进,国防立法应着眼国家安全利益的发展变化,在国家利益平台上统一优化配置国防权力资源,为国家的安全、发展提供坚强的后盾。

(一)军民融合式发展需要调整国防权力配置及互动关系

国防权力配置除了受权力配置理论的影响外,还受其他许多因素的制约,如政治体制、经济体制、政党制度、历史文化传统等。而国家生存、发展与安全需求则是配置国防权力的基本依据。国家面临的安全形势与安全战略不同,必然导致资源配置的极大差异。当前,和平、发展、合作是时代潮流,我国发展仍处于可以大有作为的重要战略机遇期,但影响国家安全的不稳定、不确定因素增多。从冷战时期明显的、集团式的安全威胁,变为冷战后不明显的、分散式的、多方向的、多手段的安全威胁。国家不仅面临来自传统(军事)和非传统(跨国犯罪、走私贩毒、恐怖主义以及经济、科技、信息、金融、资源、生态环境、文化等)领域的双重安全压力,而且非传统安全威胁超越了传统安全主要限于军事领域的样式,具有明显的多样性。国家安全与发展压合成为体现国

---

① 2009 年 7 月 24 日胡锦涛在中共中央政治局第十五次集体学习时的讲话,见《人民日报》2009 年 7 月 25 日。

② 金一南:《军民融合最终的要求是一场军事变革》,《解放军报》2010 年 3 月 7 日第 7 版。

③ 邹平学:《论国家权力分配原理》,http://zoupingxue.fyfz.cn/art/271711.htm。

家根本利益的"一块整钢",国家对外防御功能与对内应对危机管理功能趋向融合,国防亦愈加具有维护国家安全与发展的总体战略特征。① 同时,以信息技术为核心的现代高科技的发展,使得军用技术与民用技术的界限越来越模糊,结合面越来越广,融合度越来越深,国防建设对民用物资、民用技术、社会资源的依赖性变得越来越强,军队建设的投入乃至战争的损耗、补给、保障等,都要求在"军民"之间进行更大范围、更深层次的协作融合。这表明,我国国家安全形势的深刻变化,必然要求实现国家层次的军民融合,以整个经济社会为依托,提高体系对抗能力,使军事战略与国家总体政治、外交、经济、文化战略相互协调配合,形成国家综合安全的合力,以最大限度地维护国家利益。② 军民融合式发展涉及军地两大系统和多方利益关系,需要国家在战略目标、资源配置、运行机制等方面建立有效的制度保障,也要求国防权力行使的范围与方式发生一系列改变,以灵活应对各种挑战。我国《国防法》存在颁发时间早、立法范围窄、界定不够清晰、操作不够具体等问题,难以适应新的国家安全观及军民融合式发展需求,因而有必要通过完善立法调整国防权力配置及互动关系。

(二)谋求国家经济建设与国防建设的最佳效能有赖于国防权力协调配置和良性互动

市场经济条件下,权力是"一种可以为人们带来好处,可以帮助人们实现自己的意志或愿望,可以使权力握有者对社会主体和其他资源发生影响的特别重要的资源。"③权力资源虽然是个有限的量,但对它的利用方式却是无限的。无限的利用方式与有限的权力资源的结合,使得权力享有者总是力图寻找一种能实现行为价值最大化(即耗费资源最少,从中收益最多)的方式去分配和利用有限的资源,并将该方式以法律形式固定下来,使之常态化。不过,权力资源如果配置不当,又会导致部门之间的种种不平衡,或者损害社会利

① 《信息化时代应强化国防理念,实现军民融合》,《光明日报》2009年9月7日。
② 孙学富:《关注战略观的新拓展》,《解放军报》2008年2月26日,第6版。
③ 周旺生:《论作为支配性力量的权力资源》,载《北京大学学报(哲学社会科学版)》2004年第4期,第88页。

益，或者导致社会的低效率。

人类是理性的，国家权力的分配必然要反映人类合理选择行为的经济观。国防权力配置的目标，就是要以国家整体利益为出发点，通过有效利用资源，实现经济建设与国防建设的效益最大化。一般来说，系统效益取决于对系统资源的整合与系统结构的协调。国家经济建设与国防建设的最佳效能有赖于武装力量、国防经济、国防科技、国防工业、国防设施、国防教育、国防动员、国防法制等方面的协调和良性互动，排除国防建设与经济建设互相隔离所造成的制度性障碍，减少运行成本。国防立法必须着眼于国家安全利益和发展利益，依据科学发展观要求，对国防权力及军地资源进行全面统筹和系统整合，对国防和军队建设实施更加集中和高效的组织与管理，从根本上解决重复建设和重复投入问题，有效减少由于国防建设与经济发展相互分离而产生的国防成本，促使国家的经济实力、科技实力更有效地作用于国防建设，推动国防建设与经济建设相互协调、相互促进。

总之，在未来相当长的和平环境下，国防建设的重心是要处理好国家安全与发展的关系问题，使国防建设与经济建设协调发展、良性互动。军民融合式发展必将牵引军政军民关系在更深层次更广领域的融合，因而对国防权力配置要有更为充分的理论探讨，要以是否适应社会发展和国家安全需要为出发点，在对历史和现实的考察基础之上，认真分析国防权力配置模式的现状以及存在的问题，充分揭示国防权在国家权力结构中的作用，进而决定它的定位、取舍和发展。

二、我国国防权力配置的法律审视

国家权力的配置问题既是政治社会长期存在的现象，也是宪法学和政治学十分重要的命题。任何国家都必须构造一个权力运行的系统，并把国家权力配置在系统的各个组织之中，进而建立对权力有效的社会控制。我国宪法对国家的立法权、行政权、司法权及军事权进行了分配，《国防法》作为国家国防法律体系中的基本法律，依据宪法赋予国家机关在国防领域中的权力与职责，特别是将国防权在最高行政机关与最高军事机关之间进行了横向配置。

（一）国防立法对国防权力的配置现状

国家的国防权一般包括国防决策权、军事统帅权和国防行政权。国防决策权是最高国家权力机关拥有的一项权力，包括制定国防军事战略、确立国防和军队建设的发展方向和方针、决定涉及国防利益重大问题的政策和原则、决定国防重大突发事件的处理措施等。军事统帅权是最高军事机关拥有的一项对武装力量的指挥和控制权，是"挥舞在军队领导体制背后的权力"或"军事权在军队内部的体现"。军事统帅权划分为（最高）决策权和执行权，军政权和军令权归属执行权范围。① 所谓国防行政权，就是指行政机关依据国家的法律、法规和政策，管理、执行与军事有关的政治、经济、外交、科技、教育、文化等方面的国防事务的权力。

中华人民共和国成立以来，为使国防权力配置适应国家政治、经济、科技特别是军事发展和保障国家安全的需要，国防领导体制进行了多次调整改革，在实践中不断完善发展。根据现行宪法规定，我国的国防权由中共中央、全国人大及其常委会、国家主席、国务院、中央军委行使。

中国共产党作为执政党，在国家生活包括国防事务中发挥着核心领导作用。为了保证国家对武装力量拥有绝对的领导地位，保证武装力量的稳定性，维护国防利益，我国《宪法》和《国防法》都规定了我国的武装力量受中国共产党领导，并维护这种领导的权威性。简言之，中国共产党对武装力量拥有绝对的控制权，中共中央在国防事务中发挥着决定性的领导作用，这也是我国国防权力结构形式区别于世界其他国家的显著特征。

现行宪法规定，全国人大及其常委会拥有国防决策权，包括国防及军事法律的立法权、战争决定权、监督权。比如，全国人大有权决定战争和和平问题，选举中央军事委员会主席，根据中央军事委员会主席的提名，决定中央军事委员会其他组成人员的人选等。国家主席根据全国人大及其常委会的决定，宣布战争状态，发布动员令等。宪法同时规定，中央军事委员会领导全国的武装力量，即行使军事统帅权。宪法还将"领导和管理国防建设事业"的国防行政权明确为国务院的职权之一，国务院领导和管理国防建设事业的具体办事部

① 李强：《试论军事统帅权及其配置》，载《当代法学》2007 年第 6 期，第 129—130 页。

门为国防部。《国防法》根据《宪法》的规定,以"国家机构的国防职权"一章的篇幅,更加详细、明确地规定了国防领导机关的国防职权。其中国务院的国防行政权包括:编制国防建设发展规划和计划、制定国防建设方面的方针、政策和行政法规,领导和管理国防科研生产,管理国防经费和国防资产,领导和管理国民经济动员工作和人民武装动员、人民防空、国防交通等方面的有关工作,等等。中央军委的军事统帅权则有:统一指挥全国武装力量,决定军事战略和武装力量的作战方针,领导和管理中国人民解放军的建设,制定规划、计划并组织实施,决定中国人民解放军的体制和编制,规定总部以及军区、军兵种和其他军区级单位的任务和职责,依照法律、军事法规的规定,任免、培训、考核和奖惩武装力量成员,等等。从我国的法律规定来看,军事统帅权与国防行政权是分离的,前者归属军事机关,后者归属行政机关。《国防法》的规定使我国国防领导机关在行使国防职权时有法可依,有章可循。

中央以下的各级机关虽然没有设立专门行使国防权的职能部门,但地方各级政府同样具有领导与管理本地区国防行政事务的职责。《国防法》第十五条第二款对此作了规定,即"地方各级政府依照法律规定的权限,管理本行政区域内的征兵、民兵、预备役、国防教育、国民经济动员、人民防空、国防交通、国防设施保护、退出现役的军人的安置和拥军优属等工作。"这也说明,国防决策权、军事统帅权只能由国家统一行使,但国防行政权却是地方各级政府的一项重要职能。

由此可见,我国国防权力配置体现了以下特点:一是人民性。我国国防权力的分配模式是通过宪法规定以全国人大为核心和中枢来分配职权的制度安排,这种制度安排体现了国家一切权力属于人民的宪政本质,表明了国防权力的归属,保证了国防权力来源的合法性和正当性。二是高度集中性。我国有关国防发展的重大问题,最后的决策权、领导权、指挥权都集中在国家的最高领导层,直至国家的实际最高领导人手中。① 具体来说,国防领导权集中在中共中央,国防建设和国防斗争的大政方针由中共中央制定,武装力量的最高领导权属于中共中央。这是适合中国国情、体现中国特色和优势的国防权力配

---

① 康学儒:《国防发展论》,军事科学出版社 2009 年版,第 66 页。

置方式。三是统一性,即党领导军队与国家领导军队的统一。党的中央军事委员会与国家中央军事委员会的组成人员和职能完全一致,形成了由党和国家共同行使领导职责的最高国防领导体制,既体现了党对武装力量和国防建设事业的领导,又体现了国家机构领导全国武装力量、领导和管理国防建设事业的职能。

(二)现行国防权力配置存在的问题

我国虽然对国防权力配置的理论与实践问题进行了不懈探索,取得了一些经验,但还存在不少问题。

1.党领导军队与政府管理国防的关系不顺畅

国防权力配置首先需要理顺中共中央军事委员会领导指挥军队、国家统筹军队发展、政府保障军队建设和军队保障国防安全的关系。新中国成立之初,我国曾依据1954年宪法设立了国防委员会,这是一个带统一战线性质的国防咨询机构。国防委员会主席由国家主席担任,其成员包括中国共产党和党外的著名军事将领。同时还设立了国防部,它是中央军委与国务院双重领导下的军事领导机构,国防部长作为中央政治局委员、国务院副总理和主持军队日常工作的军委副主席,可以使党中央的决策通过中央军委和国防部在军队和政府两大系统有效贯彻,实现了党领导军队与政府管理军队的顺畅结合。但这一体制在"文革"中遭到破坏。这些年的国家政治体制改革,有关部门更多涉及的是党委与政府职权调整和人大、政协功能发挥,对国防体制一般不涉及,以至于党领导国防和国家领导国防相统一的具体实现方式还没有解决,党对国防的领导特别是对国防问题的最高决策缺乏有法制保障的国家表现形式。

2.军事统帅权与国防行政权存在职权边界不清的现象

军事统帅权与国防行政权的运行方式与途径存在一定差异,以何种权力为重,会不同程度地影响到国防和军队建设实践及其成效。目前,国防领导权虽然由党中央、国务院、中央军委统一集中行使,但在具体实施和执行层面却存在职能缺失、权力边界不清、重大关系不顺等问题。一是部分国防权力的行使存在法律空白。国防建设涉及军地方方面面的工作,军队与地方在国防动员、国防科研生产、国防预算、国防产品流通、国防教育、军事运输等方面均存在协作、融合关系，但在《国防法》中，除了规定中央军委协同国务院领导和管理国防科研生产、会同国务院管理国防经费和国防资产之外，对其他方面的协同却没有规定，致使其他国防法律、法规缺乏立法依据。而这些问题集中反映在对地方人力、物力和财力的调整使用上，与地方许多单位和人民群众构成了直接或间接的利益关系，由于没有相应的法律规定，难以推动，甚至是寸步难行，不能适应军民融合式发展的需要。二是权力界限不清。比如，《国防法》规定，国务院领导和管理国防科研生产，中央军委协同国务院领导和管理国防科研生产，但法律对各自职权却界定不明。"在涉及国防科技、军工科研生产、军事订货等领域，目前由于两大部门之间的管理体制和运行机制还需要进一步理顺、磨合，导致立法权限的界定比较困难，有的已经影响这两个机构立法工作的开展，影响到国防和军队建设。"①再比如，军队装备部门对要进入军品市场的企业实行军方主导的资格审查制度，而国防科技工业主管部门也执行武器装备科研生产许可制度，对新进入企业发放协作与配套许可证。这两套分别由军方和军工产业主管部门执行的许可制度，存在着重叠与冲突，增加了成本，降低了效率。②

3.权力配置依然存在自成体系、军民分离的情况

在我国现行《宪法》框架下，国务院和中央军事委员会在法律地位上是平等的，不存在隶属关系。这种体制虽然有利于保证党对军队的绝对领导，但也使军队在很大程度上成为一个与国家行政系统相分离的独立体系，由此容易造成国防建设与经济建设相分离，影响了国防与军队建设的协调发展。虽然《国防法》第十四条规定："国务院和中央军事委员会可以根据情况召开协调会议，解决国防事务的有关问题。会议议定的事项，由国务院和中央军事委员会在各自的职权范围内组织实施。"但由于种种原因，目前在我国的武器装备科研生产体系、军队人才培养体系、军队保障体系和国防动员体系之间，还没有建立起重大问题的会商、情况通报、建设项目和重要产品贯彻国防要求征求

---

① 张建田：《关于我国军事立法理论与实践的几个问题》，载《河南政法管理干部学院学报》2002年第6期，第8页。

② 李晖：《民营企业参与国防工业的政策分析》，载《现代商业》2010年第7期，第68页。

军队意见等工作协调机制,因而推进军民融合发展中的军地协调、资源整合和信息沟通机制不完善的问题依然十分突出。①《国防法》等法规虽然对军队建设融入经济社会提出了总体要求,但不够具体,缺乏可操作性,相关法律法规也不配套。改革开放以来,我国国防领域的自我封闭、军民分离状况已经有了很大改进,但是,部门自成体系、专业分工过细、机构和资源重复配置和低水平重复建设等问题仍然存在,军地之间相对独立,缺乏有效的信息交流平台和互动沟通机制。加上有些军事部门、国防行业受狭隘的部门主义和利益影响,不愿意、也没勇气拆除横在军民之间的篱笆,用"50米军事禁区"保护自己求生存。地方有些部门片面认为国防建设"姓军",与地方经济建设没有关系,当军队提出国防和军事需求时,认为是给经济建设增加负担。军民分离式的权力配置模式,是用计划经济方式来配置资源,忽视了资源通用性特征,导致国防建设失去了获取民用资源和技术的途径,军民项目重复建设,资源浪费严重,效益低下。

4.军事统帅权中存在某些非军事职能

军队的职能是为国家和人民提供一种公共安全产品。军队的主要任务应该是集中精力抓训练与作战,提高军队应对多种安全威胁、完成多样化军事任务的能力。但由于我军特定历史环境,全军自下而上曾建立了完整的保障体系,形成了自办实体、自行服务、自我供给的格局,包揽了从官兵衣食住行到生老病死的全部保障项目。一座军营就是一个小社会,每一级机关都带有一群庞大的保障实体。这种模式在一定阶段体现了计划经济的优越性,但也导致军队承担了大量本应由社会承担的不属军政权的非军事职能,同时使军队背上了巨大的非军事职能包袱,占用消耗了大量的国防资源。

三、军民融合背景下推动国防权力协调配置与良性互动的对策建议

国防权力配置是一个复杂而庞大的规范体系,包括权力行使范围、权力运行方式,以及相应的各种政策、法规和工作制度等内容。军民融合背景下,确

---

① 周建平:《经济建设贯彻国防需求相关问题研究》,载《中国国防经济》2011年第1期,第7页。

保国防权力配置的合理化、科学化,实现国防权力协调配置与良性互动,必须有新的思路,采取积极对策。

(一)完善国防决策的顶层架构

国防包含的内容十分广泛,涉及的关系错综复杂,为避免国防决策出现重大失误,许多国家的国防基本法都设置有国防决策的顶层架构,根据国家安全威胁确定安全战略,保证高层领导决策的科学性。如依据 1947 年美国《国家安全法》建立的国家安全委员会,是美国国家安全最高决策机构,也是总统的政策咨询和研究机构;国防部内建立的武装部队政策委员会,是国防部长的政策咨询和研究机构。其中国家安全委员会深受美国历届总统的倚重。① 每当面临危机时,总统总是首先召开国家安全委员会会议,而很少召开内阁会议。俄罗斯则设有联邦安全委员会,由总统任主席,总理任副主席,职能是分析国际、国内各领域存在和可能发生的危机,保障个人、团体和国家利益不受内部或外部的威胁。《日本防卫厅设置法》也规定,在内阁设置国防会议,"作为审议有关国防重要事项的机关",并明确参谋长联席会议是辅助防卫厅民官的"合议制机关"。总的看来,上述机构均由国家的最高领导人主持,包括与国防建设有关的军事与非军事部门的领导人,具有极大的权威性,适应和平时期国防建设既包括军事方面又包括非军事方面的要求,不仅可以对有关国家安全和国防建设各项大政方针及时作出决策,而且可以对国际上的突发事件迅速做出反应。

我国经过长期发展逐渐确立了自己独特的国防决策体制。但信息化战争与军民融合式发展,需要理顺党领导军队与政府管理国防的关系,建立权威性高、整合力强、执行效率高的国防决策机构,同时要对现行行使国防决策权的系统进行合理调整,设立国防咨询、研究、审议、监督机构。目前我国可从以下几方面着手:一是完善由国家最高领导人负责的,吸纳国内政治、军事、经济、科技、文化、外交等部门负责人参加的国防领导机构;二是建立智库等国防决策咨询机构,通过聘请专家、召开学术会议、发表研究报告等形式为国家国防

---

① 李小燕、方宁:《世界若干国家国防基本法评析》,载《西安政治学院学报》2007 年第 2 期,第 58 页。

决策提供支持;三是在全国人大设立国防或军事工作专门委员会,负责与国防和军事有关的立法和其他事项的具体工作,解决最高国家权力机关一直没有国防专门咨询机构的缺憾。①

(二)构建国防权力运行的协调机制

权力配置必须遵循共通的宪政规律,使合理分配的国家权力相互协调、相得益彰,而不是一味地追求形式上的分割、分立等现象。国防建设是寓于国家总体建设中的一个重要组成部分,不仅门类繁多、涉及面广,而且互相交叉、渗透、制约、促进,它本身具有的许多特点要求按照其发展规律建立权力协调沟通机制。虽然宪法和《国防法》都规定了国务院领导和管理国防建设事业,但从中央到地方、从军队到政府,目前依然没有建立起能够统筹发展的综合性协调机构。中央和地方各级各行业部门也缺乏科学的统筹规划与有效的协调管理,军民融合发展相关职能大都分散在政府和军队有关部门,形不成合力,难以沟通协调。加上承担的职责不同,考虑和处理问题的角度不一样,中央军委及其职能部门与国务院在行使国防权力时可能存在一定矛盾,其决策的科学性和合理性会受到一定影响。国防立法的功能之一就是协调、解决这一矛盾。其实,国防权力的协调运行,从思想观念的角度说,就是一种融合理念,是国家安全和国家发展同生共赢、相融共进的理念。军事机关与行政机关在国防问题上的沟通和协调,事关国家安全和发展全局,涉及相关部门的利益调整,需要依靠国家法律政策推动。

从完善综合协调体制机制的角度来看,重点是加强国务院与中央军委的协调、国家有关部门与军队四总部的协调、地方政府与战区领导机关的协调。20世纪五六十年代,我国之所以能把国防科研、中科院、民用工业部门、高校和地方科研5个方面力量都统一组织起来,干了"两弹一星"等许多大事,一个重要原因就是有一个既能管军又能管民的高层领导机构。② 总结这一成功经验,需要建立党中央领导下的国务院、中央军委的高层协调机构,从军地双方的部门协商式提升到国家战略层次的制度式结合。目前,我国武器装备科

① 李强:《试论军事统帅权及其配置》,载《当代法学》2007年第6期,第131页。
② 姜鲁鸣:《推进军民融合式发展的基本途径》,《学习时报》2009年9月28日第7版。

研生产是由国务院中央军委专门委员会决策和统筹,军队保障社会化由国务院中央军委军队后勤保障社会化工作领导小组负责协调,国防动员则由国务院中央军委的议事协调机构国防动员委员会负责。其中,1989 年成立的国务院中央军委专门委员会是国务院的一个议事协调机构,专委领导由国务院和中央军委主要领导成员组成,主要职责是对国防科技工业和军民融合的重大问题进行决策和统筹安排,相比其他军地联合组成的委员会(领导小组),该委员会协调的层次更高、更具有宏观指导性。为了构建国防权力运行的协调机制,笔者建议整合现有的中央军委专门委员会、国家国防动员委员会、军队保障社会化领导小组,拓展和加强"国务院中央军委专门委员会"的职能,调整充实组成人员部门,赋予其统筹规划、制定政策、总体协调和重大决策等职能,为实现国防建设与经济建设协调发展提供可靠的组织保证。另外,在国务院有关综合性部委设置国防司,在专业部委的综合性司局设置国防处,在国家部委有关专业司局设置国防处,使国防职责通过体制编制的内在联系紧紧纳入各部委的管理职能,使相关的各项工作在政府机关实现按系统按区域全方位的综合有效管理,并与军队相关部门实现业务对接。

同时,要根据各重点领域的特点,将国防建设任务的职权及任务按领域分解到军地各职能部门,通过政策法规等形式加强各相关部门的联系。比如,当前国防动员与应急动员出现了兼容发展的趋势。国防动员和应急动员在建设目的、发展要求、力量保障等方面是大致相同的,两大体系的兼容统一互补是最合理、最经济的选择。构建应战应急一体化的国防动员体系,能有效促进应战应急建设与管理的融合,逐步形成应对"大公共危机"的局面,把应对灾害事故、社会安全突发事件等与应对战争通盘考虑,实现平、灾、战三种机制的灵活转变,确保国家的安全、稳定和发展。

(三)强化政府的国防行政权力

完善国防权力的科学配置,最直接的途径就是合理分权。和平环境下,一方面,国防建设不仅仅包括军队建设,还包括国防经济、国防外交、国防设施、国防教育、国防动员等诸多方面的内容,这使得行政机关国防行政权有了更为广泛的内容,也成为国家行政事务不可或缺的重要部分。"各级党委、政府要一如既往地关心支持国防和军队建设,为国防和军队建设提供坚强有力的支持。"①另一方面，国防建设的许多重大问题，只有依靠政府才能妥善解决，即便是国家行政机关和军事机关共同行使的国防职权，政府的作用也更为重要。特别是对于从事涉及国家安全的特殊产品的研究和生产活动，保密性、安全性与技术性要求很高，迫切需要政府的积极支持与引导。这就要求在国防立法中加强政府的国防职能，充分发挥政府在领导和管理国防建设事务中的指导、调控与协调作用。这既体现了政府作为管理机构在国防建设事业中的基本职能，也能从总体上巩固和加强国防建设。

近年来，军委总部和国务院相关部门相继出台了一系列关于军民融合的政策，完善了国防权力的协调配置。下一步，还必须通过制定《国防预算法》、《国防科研生产法》、《军事装备采购法》、《军事融合促进法》等法律，明确军方有关部门与行政机关在国防建设中的职权和责任，建立起适应现代科技革命、经济体制改革和社会发展转型的军民融合体制机制，科学规范政府、企业和公民在军民融合式发展中的责任、权利和义务。

(四)剥离军事统帅权中的非军事职能

从古今中外情况来看，国防建设最终必须摆脱军队"办社会"模式，把军队担负的非军事职能交给社会，把担负军事保障职能的机构真正搞精干、搞充实。胡锦涛曾明确指出，要毫不动摇地坚持社会化改革的方向，并要求军队"能利用民用资源的就不自己铺摊子，能纳入国家经济科技发展体系的就不另起炉灶，能依托社会资源办的事都要实行社会化保障"。军队必须打破长期存在的自我封闭、自成体系、条块分割的保障格局，统筹好国防资源与经济资源，积极引导社会经济资源进入国防建设领域，充分利用社会力量为军队提供服务保障，有效避免重复建设、分散建设，最大限度地降低保障成本。同时，要制定和完善专门法规，如《军队保障社会化法》，对社会组织参与军队保障活动的权利、义务、责任作出规定，理顺国家、地方、军队以及社会组织在军队保障社会化中的关系，打破国防和军队建设与社会经济建设的制度性壁垒，遵循市场经济规律，构建规范的利益驱动机制和公平的竞争环境。

---

① 2010年3月12日胡锦涛在出席十一届全国人大三次会议解放军代表团全体会议时的讲话，《解放军报》2010年3月14日第5版。

四、结语

将国防和军队现代化建设融入国家经济社会发展进程,坚持军民融合式发展,是世界各国加强国防建设的普遍经验。实践证明,推进军民融合式发展,制度问题带有根本性。胡锦涛曾强调,"我们要不断完善融合机制,丰富融合形式,拓展融合范围,提高融合层次。"这一重要论述必然要求国防立法要对国防权力进行结构和功能的合理分配,使之协调一致,并产生相应的效能。同时,国防立法要着眼于军民融合式发展的新趋势,以明确权力、落实责任、协调利益为原则,解决军地融合的体制问题、法规政策的配套统一问题,在制度层面上实现军民融合,为切实保障各方的正当利益提供法律依据,这也是完善中国特色社会主义法律体系的题中应有之义。

The Distribution of National Defense Power
in the Perspective of Military-Civilian Integration:
The Completion of National Defense Legal System

Abstract:In the context of military-civilian integration, it is necessary for the national defense legislations to look at national security and interests as well as unified and optimized distribution of national defense power (DNDP), which will ensure the sustainable development of our country. For the purpose of rationalization, scientization, harmonization and positive interaction of DNDP, new ideas and effective measures are needed in this aspect. Those involve the improvement of top design in the decision-making process, the establishment of coordinating mechanism in the operation of national defense power, the enhancement of governmental powers in the area of national defense and the elimination of non-military functions from military powers.

Key words: military-civilian integration; the national defense power; legislations on national defense

军民融合背景下军队作为国家军事利益代表的主体适格性探讨

● 余　怿 *

内容提要:在国际政治格局不断演变和国内社会发展、各种利益不断分立整合以及社会法治化进程加快的大背景下,中国特色军民融合式发展道路的提出,使军队作为国家军事利益代表主体的客观需求性,在为适应战争形态变化的军队变革和国家整体发展建设进程中凸显出来。军民融合式发展的实质是为了处理好军队建设的集约化与效益问题,关键是要处理好其中涉及的各种利益平衡与特定条件下的优先关系问题。此模式下,军队必然要在社会内部进行跨领域、多主体的资源流动,这就在客观上具备了利益代表的可能性;军民融合的共融共通式发展,则为军队成为国家军事利益的代表提供了法律上的可能。同时,现代战争的形态变化和军事变革需求也从外因上对此形成了牵引拉动。为更好地迎接这一时刻的到来,现时起军队就应当积极做好相应的准备,如参与国家军事法律法规的制定,调整自身的结构设置与职能等。

关键词:军民融合　军队　国家军事利益　主体适格

党的十七大报告提出了:“建立和完善军民结合、寓军于民的武器装备科研生产体系、军队人才培养体系和军队保障体系,坚持勤俭建军,走出一条中国特色军民融合式发展路子”。军民融合式发展成为新世纪新阶段国防和军队建设的指南,使国防和军队建设与经济社会发展和谐共进,为我军完成新的

---

*　余怿,解放军西安政治学院军队政治工作专业军事斗争准备方向在读博士,少校参谋。

历史使命提供了强大保证。这一科学论述包含了以下两层含义：一是突出军队自身特殊领域建设的专门化,推动军民共通性领域最大限度地从军队建设中"剥离",使军队能够集中专注于专属于军事的特殊领域进行"资本"(包括物质的和人力的)投资,从而使得军队的建设发展实现效益的最大化(这里需要注意的是"剥离"并非"割裂")。二是从各种利益归属看,国家的军事利益与民事利益①随着军民融合程度的加深将愈来愈为广泛地共同融合于同一物质载体之上,这些载体可以是人、物和权利;这也使利益维护的手段由行政趋向于法律,广泛涉及行政、民事、刑法、经济法等部门;从调整的对象看,包括了军队和地方的个人与组织两大类主要的利益与法律关系等。

一、军民融合的发展对国家军事利益的影响

军民融合式发展的潜力随着经济社会发展而不断被推向更广、更高的层次是一个客观的变化和渐进的过程,而其开发程度则在相当程度上由开发主体的主观能动性所决定。国防和军队发展建设理念的变化必然对发展建设行为及过程产生重大影响。由于涉及国防安全的公共性,所以除了采取经济、行政等的手段之外,法律也必然成为重要的手段。军民融合式发展背景下,国家军事利益②和民事

① 这里所指的"民事利益"是指不带有国家行政或半行政色彩的民事主体的利益,如市场上具备国防科技研发与生产准入资格的法人、具有满足特定条件下国防和军事需求的集体组织、公民个体等。国有大型兵器工业集团,由于其具有半行政的特殊性,因此不在本文讨论之列。

② 国家国防利益和国家军事利益是既有区别又有联系的概念。国家国防利益较之于国家军事利益在外延上要更为广泛;国家国防利益则聚焦于国家军事利益,二者之间的关系如果作一具体化的比喻说明,可以用武器装备的"军品"和非武器装备的"军用品"的外延来加以表示。从发生时机来看,国防利益主要是发生在国家和平建设时期,其中政府和军队是国防利益维护和推动实现的主体,而军队是主要的(预期)受益体和责任体;军事利益则主要发生在传统意义上的战时或军事危机应对状态,此时军队已处于军事斗争中或做好展开军事斗争的准备,如军事威慑、军事对峙等。本文主要是指后者,并由于与抢险救灾等非战争行动紧急动员的相通性而主要对此进行讨论。相关论述还可见薛刚凌、周健主编:《军事法学》,法律出版社2006年版,第18页,"军队建设"与"国防建设"项的论述以及田思源、王凌著:《国防行政法与军事行政法》,清华大学出版社2009年版,第3—10页,第一章第一节"'国防'与'军事'的关系"。

利益的对立统一关系将普遍化,这就为二者的法律调整提供了基础和前提。

（一）军民融合极大地拓展了国家军事利益的物质表现外延

军民融合式发展从实质看,是立足于国防和军队建设与社会发展的资源融合,强调在源头上就规划好"军转民"与"民转军"的发展弹性,并在实践中促进相互间的转化。军民融合式发展的深入主要建筑于国防经济或军事经济与社会经济二者间的良好运行及互动基础之上。国民经济的发展水平在对国防科技工业从量和结构上进行制约的同时①,对军民融合式发展也产生着积极而重大的影响。随着科技发展及由此带来的国防科技工业范围的延伸,使军民融合度不断深化、拓展,带来了军民通用技术（职业）范围的增加和由单纯的技术和物资向人力资本延伸两个主要的变化。从微观经济学的角度上看,也即是由于科技的发展使私人物品的消费抗争性逐渐减弱,向着准公共物品转化,并强化了与纯公共消费品——国家安全的联系,使国家安全的供给多元性更强。由此使得国防需求的公共性和国防供给的准公共性的矛盾,演进成为国防需求的公共性与私人性的矛盾。而另一方面,社会主体的法律权利的范围随着哲学概念上的"人"的主体性的增强也在不断地扩大,并得到不断发展着的法律的确认和维护。这就使国防需求与国防供给之间的法律矛盾范围不断扩大,程度不断加深。在此前提下,军民融合式发展就平时和战时而言,涉及两个主要的关系:一是平时国家军事利益与民事利益的融合性,这主要表现为一种潜在性;二是特定条件下利益的对抗性,如战时或紧急状态下二者的公共性与私有性的对抗,以及由此而产生的法律利益及关系调整。这一对抗性关系则是显性,成为法律加以调整和平衡的主要方面。产生这一系列潜在的融合与冲突的矛盾在于,既有客观形态上的物质上的融合性,也具有抽象的国家利益分类上的价值冲突性。如国家的政治、经济和文化利益价值在平时会较之于国家国防或军事利益价值显得更为重要一些,并且在实际上,前述三者的利益价值的实现也确实能够为后者的价值实现奠定非常重要的基础。但是在国家遭受武装侵害的时候,军事利益就成为其他利益实现的基础,

---

① 具体内容参见阮汝祥:《中国特色军民融合理论与实践》,中国宇航出版社2009年版,第12页。

其价值相应凸显出来。这种没有固定位阶的价值排序，就如同法律上的公平、正义与效率一样，由于客观基础事实的变化难以给定一个固定的价值序列。

（二）军民融合使国家军事利益的特性表现发生变化

在军民融合式发展之下，国家军事利益的特性发生了变化。变化的原因主要是：一是国防和军队建设由于采取了军民融合式发展的方式，使之作为一种渠道将经济和社会发展变化导入国防和军队建设领域所致，在客观上表现为军民通用性的增加，这是内因；二是世界军事变革所引起的军事（斗争）需求的变化，这是引起变化的外因。引起的主要变化特点有：

1.国家军事利益表现呈现出多样性、复杂化

由于军事斗争样式变得更为多样化和国防与军队建设相当部分依托或收益于社会和经济的发展进步，使国家的军事利益在不同的情况下有着不同的要求和表现。如军队所有的军事设施维护利益，省军区系统的国防动员利益，军代系统的军品质量和军事运输利益，具有重要军事价值和经济意义的军民两用设施在不同背景下的主体利益变换以及其他物资在临时征用时等所带来的利益价值取向的变化等等。在一个单一的载体上根据不同的时域或空域条件，可能是纯粹的军事利益载体，也可能是军事利益与民事利益的复杂载体。特定条件下民事利益与国家军事利益的判别、区分问题也由此变得复杂起来。

2.国家军事利益需求与属性转换的矛盾性

现代战争或军事危机行动中，军队和军事设施的动用必须在较短的时间内完成动员。由于军民融合式发展使军队相当的能力取得需要通过地方相关机构、组织和人员的合作和努力才能实现，则在这一情况下，军队或国防动员机构将以直接的国家行政行为方式，要求所能满足动员需求的任何物资、设施和人员在急速的时间内按照给出的要求实施指定的行为。也即是要求被动员的对象完成私有性或半私有性资本向公共性产品供给主体的转化。然而这一转换往往遇到民事主体基于自身利益考量或需求等因素的阻滞，往往使转换结果与需求标准之间存在着较大的差距。

3.国家军事利益的属人性逐渐增强

现代军事斗争的核心还是人才的斗争。在军民融合的背景下，国家军事利益的维护者除了最基本的军人外，还将涉及大量的民事人员，争取国家军事斗

争的胜利和军事利益的维护需要二者共同协作才能较好地得到实现。军事利益的属人性愈益凸显和强化。这就需要展开针对全民或特定对象(或人群)的军事人力资本动员,除宣传外,法律是一个非常必要和重要的手段。尤其是现代军队建设发展中军民通用领域向社会化保障拓展的模式,使紧急情况下对这部分人员的动员成为必不可少的内容。这时,战时需求的迫切性、军事人力资本(资源)分布的不均衡性、人的主体的复杂性等各类矛盾相互纠结,虽然在一定程度上可以用思想政治工作加以疏导,但往往不如法律手段更为直接有效。

二、军队作为国家军事利益代表主体的客观必然性

我国历史上的军队在封建王朝的统治下,往往被看作为政治和武装集团的矛盾综合体,即既作为王朝治下的武装力量予以建设强化,又被当作为国家的一支重要政治性力量在政治体制上予以限制。近现代的军阀需要和突出的仅仅是军队的工具性,因此,根本不可能对军队建设采取任何真正的法治措施和手段。"同时,从人类社会治理军事事务的历史实践看,军事权这种公共权力在相当长的历史时期内都是没有完全纳入国家法律制度体系内的,即是说,军事权尽管是一种公共权力,却并不是当然的、彻底的国家权力。"① 随着我军现代化正规化的不断加强,尤其是进入新世纪,在世界军事变革和市场经济改革与依法治国不断深化的内外因共同驱动下,军队法治进程迈向了新的阶段。我军除了军队内部适用的核心军事法之外,国防法律必然将逐渐成为我军建设和发展过程中的主要法律依据。② 在国防法律适用下的军队与社会的互动中不但体现了依法治军和依法治国的衔接统一,并且也是这两个理念最重要

---

① 薛刚凌、周健主编:《军事法学》,法律出版社 2006 年版,第 21 页。

② 这一划分参见周健:《军事法原理》,法律出版社 2008 年版。作者认为,核心军事法主要处理平时和战时军队内部(尤其需要注意的是战时将有相当的地方征召、征用人员被吸收入军队,或成为正规军事人员或成为与正规军事人员相同或近似的法律地位的辅助人员)的法律问题。国防法则主要处理与国防和军队建设相关的诸多军队与地方的互涉问题。这些问题处理的好坏将衍生出从军队建设质量、军队形象等由平时起始直至延伸至战时对军事斗争成败具有重大影响的一系列问题。在这个意义上说,核心军事法与国防法具有时域与空域上的衔接性。

的体现之一。基于技术进步发展不断增强的军民通用性以及在此基础上更进一步提出和推动的军民融合式发展理念,必然要求军队在推进军事变革的过程中,从装备科研生产、物资保障、人才建设三大领域吸收符合标准和需求的社会资源(资本)用于专门建设。这就存在了军队与社会、军队与被吸纳进入的资源(资本)的所有主体①的多重、多类型的复合型法律关系。

另外需要加以注意的是,现代社会由于通信的发达而逐渐使整个社会的思想和利益建构发展带来趋快和趋同的特点。这一方面促进了社会的发展和主体更高层次的意识的觉醒,另一方面则也会产生"牵一发而动全身"的"隐形利益牵动"效应,使国家军事利益与个体或组织的经济、民事利益的冲突向虚拟化演变。面对这一变化,除了具有较高通适性、恒定性的法律以外,也难以寻找到更为有效的解决途径;从结果看,运用法律来处理这些问题,也较政策等临时性行政手段为优。

在这一综合大背景下,军队作为和平时期国防建设的主要倡导与推动者之一、战时预期利益的直接受益者乃至整个国家战时行为的主要实施者、组织者之一,客观上必然被要求改变之前军民分立体制下处于"半隐"的社会状态,主动走到"前台",积极参与国防建设行为,协调诸方关系,推动国防法律的建立和健全,监督和推动国防法律的落实,减少国防法律运行中的社会内部摩擦,节省社会系统内部能量耗费。这样一方面能够在宪政的框架内以法律的手段对军事利益自身固有的、对社会资源的膨胀需求加以理性的限制,一方面通过国防法律的适用促进法律意识的强化,不断提高军队作为国家行政法律主体之一的自我法律约束自觉性。②

三、军队作为国家军事利益代表法律主体的法理探讨

以国家军事利益的体现来界定军事权力的作用领域可以分为对外和对内两大块:对外主要是以国家的战争权为核心、以武装斗争行为为主要内容的相

---

① 如果对装备和其他物资,那么对应的将是"所有者"概念;如果对应的是人才,由于人力资本是以具有自然属性的人为承载体。因此,本文将三者统合起来共称为"所有主体"。

② 相关内容参见薛刚凌、周健主编:《军事法学》,法律出版社2006年版,第21—22页。

关类属的法律总和,对内主要是以国家武装力量建设为主要内容的各部门法律总和。对外,军队在国家统帅机关的领导下,以军事行动维护国家主权和领土完整,为国家利益提供保障和支撑;对内则通过国防法律的协调和调控作用,在政府、军队和社会(包含其中的各类社会主体)间形成合理的资源流动。无论是对内还是对外,军队作为国家军事利益的代表和维护主体,必然以行使国家军事权力的方式参与社会资源分配。必须要予以区别的是,这一流动不仅是单纯的以经济因素为主要考量的流动,其中还包含了相当的政治、道德等的价值取向。这是由国家军事利益和军队的特殊性所共同决定的。此外,军队作为社会组织体,也存在有自身的利益,而同时也由于军队自身的特殊性,使得军队自身的利益实现要受到更为严格的约束,也即是相关利益实现的环节和程序要严于一般行政行为所代表的国家利益的实现。其核心理念仍然是解决对军事权自然膨胀属性与以合理为前提、高质量实现国家军事利益之间的内在矛盾。这也同时决定了决定国家军事利益形成的法律制定权和司法权必须掌握在第三方手中,从而发挥出法律积极的制衡作用。

从社会生物组织的角度看,军队的产生是基于一定社会基础之上的政治需要的结果,必然要从所依存的社会基础中吸纳自身组织体运转和发展所必需的各种社会资源以满足自身需求,并因此对社会发生"反作用"。即使是军队内部具有"纯粹"军事性的军令系统,也将不可避免地通过军政系统涉及对社会公共资源的运用,从而对社会产生较大范围的影响。在军民融合式发展的背景因素之下,随着专业分工的细化所导致的需求的精细化,使军队所面对的利益主体不断分化,主要分为组织体和个体两大类。组织体将包括国有控股的大型军工企业集团和具备国防工业科技研发生产能力的其他组织体;个体则包括军队内的军人个体和社会中已确定由社会人力资源向军事人力资本转化的对象两大类。组织体中的后者和所有的个体类,随着社会的发展将具有双重属性:既通过为军队服务,从而体现和维护国家军事利益,而同时又在一定程度上保持与军队的相对独立性,从而形成军队作为国家军事利益主体所不得不面对的具体与抽象的国家军事利益的矛盾统一。因此,军队必须注意军队内部施行的法律——核心军事法与军队与社会之间适用的法律——国防法律之间的衔接性,注意克服和消除之间的断层与摩擦。

党对军队的绝对领导是我国军事领导体制的核心，这也是我国武装力量建设的前提和基础，必须毫不动摇地坚持。根据《宪法》、《国防法》和《国防动员法》等的相关规定，由中央军委行使国家武装力量的统帅权，并与国务院共同领导和管理国防建设，实施国防动员。从这一体制上看，我国实行的是可被认为是准"军政军令"二元分立的结构，形成这样的根源在于必须在实现和保证党对军队的绝对领导的根本原则基础之上展开相关的政体设计。而按照现代军事发展趋势，为适应现代战争要求、提高军政动员效率，军政军令二元分立又逐渐向着统一的方向发展。但政府对国防建设的领导和管理职能仍然没有减少或弱化，这是由政府对社会经济的公共行政管理根本职能所决定。因此，我国的军政军令体制在理论上存在着较多的优越性。而在实践中，则困囿于从宏观的市场经济深化程度、社会法治程度到中层与微观的社会中组织与公民的法律精神与理念的实践行为与环境建设等诸多因素，存在着从国防经济领域的非主战装备的军品研发生产准入及其中权力的"创租"、"寻租"与利益的"创租"①到军民融合的军事人才培养等诸多问题，使军民融合式发展背景下的国防建设和国防动员无形中成为整个国防和军队建设的焦点所在。也即如前述，军队内部的依法治军的效果只有放在军队与社会的物质和能量流动中，以法律的眼光审视与评判军政、军民关系的运作循环质量及其社会影响才能真正反映出依法治军的效果及与依法治国要求的结合程度。②

---

① 具体内容参见杜人淮：《国防工业有效运行的制度安排：政府与市场》，军事科学出版社 2008 年版，第 143 页。

② 军队作为特殊的政治武装集团具有一个社会内部最为强大的力量，同时因强烈的效率与目标追求特性而产生强力的自由裁量权，这就不可避免地将军队内部的行为方式惯性地施用于军外的行为活动中；再加上军队长期以来被施以政治和人格约束的强大历史惯性，使军队内部的法治实践遭遇到较多的隐形阻力，在涵盖军政、军民关系运动的国防法律范围内，来自军队内部的阻力就更大。具体内容参见薛刚凌、周健主编：《军事法学》，法律出版社 2006 年版，第 22 页。本文作者认为这么做的理由在于，依法治军从社会生物组织体的角度看，毕竟仍相当于个体的内在修为，评价军队组织体内部的法制建设状况的好坏就恰如评判人的道德一样必须放到外部行为实践中去检验，尤其是通过军队与军外的主体的交流中去反映。反过来，推动依法治军的深化，其着力点也恰恰在于军民融合的国防建设和国防动员。

四、军队成为国家军事利益代表主体的相关问题探讨

军队成为国家军事利益代表主体的有效性涉及从思想观念到法律衔接，再到一体遵循的各个环节和程序的良好循环运动，核心与前提是军队法律精神与理念的深化以及对自身的法律主体地位的正确认识，关键则是正确约束自身的能量和行为。

（一）传统思维习惯的转化与法律理念的深化是核心和前提

前面已经论述军队成为国家军事利益的代表主体具有事实上的客观性必然性和法理上的适格性，而真正实现法律上的适当性和取得实践上的优良效果，则完全属于理论与现实的不同范畴。这其中最为主要和最关键的是军队对自身的法律视点和理念定位。这直接关系到法制的质量和法治的效果。

一支理性的、具有坚强战斗力的军队必然也是一支处理好人格化影响与军队优良传统和法律之间关系的军队。一支军队的辉煌历史和战绩是一笔丰富的集体精神财富，但绝不应该仅仅从中只抽象出少数的特殊人格，并以之作为历史传统的象征。另一方面，优良传统与历史中的特殊人格应该居于思想影响层面，作用的是道德领域，强调的是精神的延续与传承。我军具有光荣的革命历史，新中国成立时期地方政权几乎是在军队的帮助之下建立起来的。随着地方政府经济建设与社会管理职能的不断强化，军队对地方的影响逐渐在淡化，而同时军队的社会任务和作用却在（以非战争行动的方式）不断增加。这就造成了一种外部行为反差。就军队内部而言，随着改革开放和经济建设、社会发展，军队（建设）原有的封闭性被逐渐打破，社会思想和观念随着军队人员的流动不断对军队建设形成各种影响。随着军民融合式发展的国防和军队建设理念的施行和深化，这种影响将会更为广泛和强烈。如何平衡和解决这一内外部的巨大反差，在一个社会内部，无疑法律是最好的也是最为有效的方式。用法律的方式加强军队建设在理论和实践上将带来诸多的益处，有利于军队的长远建设和推动军事变革的深化。从现时看，革命化、现代化、正规化的建设目标，也都需要法律作为保障，既需要核心军事法作为内在的治军保障，也需要国防法作为外在的推动。

在这里需要注意的是，军队政治性随着军队社会（救援）职能和作用的增

强,虽然在表面上可能显得淡化,但是在军人的思想中作为政治信仰则必须予以不断的建设和强化。这是据以区别不同性质军队的根本所在。但对政治性的强调不可能也不应妨碍依法治军和依法治国的要求在军队内外的实现,并且还应当对推动法治进程起到积极作用。因为这在某种程度上体现了政治对军队的约束力和导向性,为推进依法治军起到良好的环境建设作用。

(二)军事法与国防法的法律的衔接和协调是基础

根据《宪法》、《国防法》和《立法法》等法律,我国军事法制定权限划分为:(1)全国人民代表大会制定、修改宪法中的军事条款;全国人民代表大会和全国人民代表大会常务委员会制定军事法律;(2)中央军事委员会制定军事法规,国务院单独或与中央军事委员会联合制定军事行政法规;(3)中央军事委员会各总部、各军兵种、各军区制定军事规章,国务院各部、委单独或与中央军事委员会各总部联合制定军事行政规章;(4)地方有权立法的国家权力机关和国家行政机关制定地方性军事法规和规章。① 也即是我国的军事立法主体分为单一的军事立法主体、单一的地方立法主体和军地联合立法主体。

从有利于法律衔接的角度看,军事法与国防法的衔接和国防法立法的推进必须要由军地联合立法主体共同实施,这是确保立法质量的前提和基础。其次是法律、道德与价值取向的协调,这是确保立法质量和制定法得以有效实施并取得良好的社会效果的保证。这一协调的内涵在于尽可能地减少法律未来实行过程中因主体价值取向的不同所产生的适用偏差,使制定法得以运行在一个相对比较恒定和稳定的基础之上,减少或消除同一行为不同法律结果的情况发生。并且这也是使诸多制定法得以在基本精神内涵上相互衔接贯通的内在联系。再次是基本法律精神的确立和具体法律事项的框定。这就要求所制定的法律具有明确的精神指引和价值指向性,能够对主体的行为起到指引、强制、评价、预测、教育等作用,其适用能够起到积极的教育和实践推动作用;所制定出的法律事项有较强的针对性、完整的法律逻辑架构和较强的操作性,扼制和堵塞可能发生的任何权力与利益之间的"寻租"和"创租",从而维护军事利益的严肃性权威性,保证法律适用过程和执法过程的公正性,并在此基础之

---

① 薛刚凌、周健主编:《军事法学》,法律出版社2006年版,第36页。

上促进效率和效益,推动和促进国家军事利益与其他利益的均衡协调发展。

(三)注重法律适用效果做好要素设计是着力点

由于战时或紧急状态下,军队与社会之间必然会发生频繁的(物资与人力)资本流动,这就要求形成以军事利益为核心,以军事核心法各领域为基础和相对区分,以军事需求为前导和延伸,形成核心军事法、国防法、普通法各领域既相互(相对)独立又相互衔接的法律保障体系,从而使整个军事利益的实现、保障行为都在国家法律体系的框架内,遵循法律的规定与精神。

由于国防利益最终要以军事利益的方式表现出来,军队作为国家军事利益的执行和维护者在此时成为兼具双重法律身份的主体:一是作为国家军事利益最直接的代表和执行者;二是成为遭受损害的军事利益的后果的直接承担者。前一主体身份使军队具有了代替国家主动提起相关诉讼的法律资格,后一主体身份则使军队居于"受害人"的地位,具备了被动提起诉讼的法律资格。如前所述,军事斗争需求和军事利益在军民融合式发展下多样、复杂的载体表现,使某些军事利益在和平时期前伸至国防建设领域既是必然亦是必须。因而,军队作为国家军事利益主体不仅对军事利益,而且对某些国防利益也具有了诉讼主体的资格和权利。并且由于国防建设领域内多主体的参与和主体的分立性,大量的诉讼也将集中于国防建设(利益)领域。① 这就使得军队正

---

① 这里需要辨清的问题是政府对国防建设的领导和管理职责。作者认为,政府主导的国防建设,从最终服务对象上看分为两大块:战时或危机时服务于军队或服务于社会。据此可以肯定的是,首先国防利益并不是完全向军事利益转化;其次,部分国防利益向军事利益的转化使军事利益的范围得到拓展,就使得军队作为国家军事利益的代表主体对相对人的法律责任的追究往往采取追诉的方式进行。由军队进行或推动的国防建设及其利益实现,往往采取的是带有潜在的高强制约束力的行政合同或带有强烈的军事行政色彩的民事合同,而在实际执行实践中,这两类合同基于军事需求的特点并无明显的执行要求或标准层次的分界线,如都必须按时限高标准完成、非不可抗力下不得自行中止合同等,区别只是在合同相对方和产品的不同:前者的主体是掌握关键的军民两用技术的国有控股或大型的企业集团或科研组织,产品是与作战直接相关的军民通用性较高的非主战装备,后者是进行非武器装备类的后勤物资生产的大型国有或民营集团(企业),如被装或其他装具物资的生产。这也是本文此部分论述的对象。而主战装备的生产则由传统上高度依赖于军事需求、具有高度的军事专用性的国有兵工企业集团承担,则不在本文论述对象之内。

常状态下将主要采取行政合同和民事合同两种主要的军事利益实现方式,而为维护和保障军事利益则将根据利益受到损害的程度大小和可弥补程度,采取民事、行政乃至刑事的责任追诉方式。在这三种方式中,核心又是对应的诉讼程序中诸要素的法律规定和处理。

由于采取的是以合同为国家军事利益的主要实现方式,考虑到涉诉主体和诸多需要加以平衡的因素,地方检察和审判机关职能作用发挥的质量就显得非常重要。国家军事利益在法律适用、尤其是诉讼上带来的难题是国家军事利益在受到侵害或损害情况下侵害行为与结果的因果关系证明、造成的损害结果的范围或程度的客观认定等问题,即诉讼中的实体证明问题。此外,考虑到军事利益的特殊性、军队对军事利益实现和维护的独占性以及对国家军事秘密的保护及诉讼相对方的行为能力等情况,容易对军队对相对主体的证据证明行为产生客观性和公正性的怀疑。以较为复杂的刑事诉讼为例,首先,显然国家军事利益作为一种重大利益必须要体现出其严肃性,因而不宜作为自诉案件进行起诉和审判,应采取公诉的方式。其次,公诉中地方检察机关由于缺乏一定的专业性,在对诉讼相对方的行为的军事意义或其性质与作用的认识、行为的实际影响或与危害结果间的因果关系等的判定难以真正做到清晰明了,也即是对诉讼相对方行为的性质或程度认定存在一定的专业认知困难。如果请专家鉴定,基于前述的同样原因,仍难免出现军队"自己做自己的证据的裁量者"的情况。总体来看,这势必增大了地方检察与审判机关的裁量难度。另一方面,从军队的法律行为能力看,军队自身拥有同地方相同的、完备的司法系统,拥有完整的诉讼行为能力,地方检察机关的职能极有可能被"弱化"甚至"虚化";相对应的,从权利保护角度上讲,在诉讼程序设计上必须更为强调对诉讼相对人的程序和权利保障,以此来保证诉讼的客观性和公正性。倘若以提高审级的方式来加以解决,则涉及如何协调法律精神与司法资源使用的价值取向矛盾与实践中如何具体合理设计的问题,也可以现有的普通刑事诉讼为基础创设军事特别刑事程序等的方式加以解决,在此限于论述主题和篇幅就不展开论述。

在诉讼的价值上,除了维护基本的司法公平正义及与国家安全价值相统一之外,还要体现出战时或危机状态与平时状态的差别。即在实践中要求将军事利益的特殊性与审判程序时限的设计实现有机衔接,既保障公平、正义、安全、效益等价值的实现,又突出诉讼实例在特殊背景下的法律指引、评价、教育、强制功能,发挥出国防法制教育作用和增强后续动员效果。为此在地域管辖中,根据现有的刑事诉讼管辖规定,考虑到上述因素,以行为发生地或居住地为管辖受理原则,这样可以减少诉讼成本,适应军事诉讼的快(便)捷性要求,发挥法制教育作用。在级别管辖中,根据案件侦查起诉阶段对产生的危害结果的大小的预测和诉讼相对方的情况来确定管辖级别。如个人或数人拒绝征召或这一事件导致某一小型战斗失利与某一大型科研生产企业未能及时交付预订的非主战装备导致某一重大战斗(战役)中我方遭受严重损失,在级别管辖上必然不同。需要注意的是,在国家军事利益相对人的义务与权利的确定过程中需要仔细区分开道德与法律义务的规定。这是理性确认法律责任和防止舆论干扰诉讼的基础。因为体现国家军事利益的特殊时期,道德的要求与情感的反应往往会被无限地拔高,对诉讼造成非理性的干扰。此外,军队既然作为国家军事利益的维护者和受害者双重身份提起诉讼,在发生错误的诉讼或导致诉讼相对方损失的情况下,也必须因此而承担相应的国家赔偿责任。

(四)其他相关问题的思考与设想

随着国家发展和实力不断增强,国防和军队建设的各个方面也在得到不断地完善和提高。但由于经济社会发展的不均衡性,使各地区的人才、物资、能源、基础设施等国防和军队建设的基本要素也体现出较大的不均衡性。同时,经济社会发展需求与军事需求之间的矛盾逐渐突出,军民融合式发展的理念的提出在某种意义上说,也是对军事需求进行理性的约束,在合理确定需求规模的基础上对社会资源进行均衡调配,使国家军事能力的增长与社会经济发展之间实现和谐共进。

因此,在已经变化了的外部环境因素的影响下,军队的内部结构、尤其是直接适用国防法律的分系统,必须要进行相应的调整以适应这些变化。如从国防法律的属性和内涵上看,对国防部及省军区等属于"军政"系统的职能部门予以改革并赋予新的职能,不但有利于国防行政管理权力实现统一、有序、高效、法治化运行,而且能够增强应对军事斗争或紧急事件的灵活性和适应性。例如,对于国防行政职能涉及最多的省军区系统而言,其职能可以作如下转换:一是强化社会调查统计和军事视角下的分析思维能力,以合理估计区域内的国防动员能力或潜力;二是开展对国防和军队建设的特殊需求具有潜在满足能力的对象的、指向性明确的调查统计,譬如区域内某一领域的专门人才数量与分布、其研究专业与方向及其成果的军事价值转化评估等;三是利用军地联通和国防动员职责优势,承担相当部分的军事利益维护诉讼职能;四是积极搞好国防和军事协同,如与地方政府就服务于社会的国防行政管理建设事项提供军事参考和与作战部队共同就域内预设战场实施勘察等,如防空疏散地点的防空设施建设、未来作战地域的自然社会情况调查统计等。

对于重大军事利益的涉诉案件,在诉讼行为能力已超出省军区系统非专业性的事务范畴时,考虑由军事检察院作为该重大军事利益的诉讼发起主体,而不是军队内部的保卫部门。这样考虑的理由在于,由于军队具有完整的军事司法系统,可以行使侦查权、检察权和审判权,如果完全由军队内部司法系统完成侦审合一的整个司法程序,那么结合军事权自我扩张的本质属性,不但会使司法程序及实体缺乏必要的(法律)监督,更会造成某种事实上的军事司法系统替代地方司法系统的印象。因此,军事司法系统由军事检察院提起,一是可以通过诉前证据审查保证起诉的质量;二是地方检察和审判机关可以行使审查起诉和审判(监督)权的方式对整个案件实施监督。另外,如果案件涉及国家军事秘密,根据一般规则将不公开审理,但仍须公开宣判,以公开性保证案件的公正性。

The Role of Armed Forces in Protection of National Military Interests in the Context of Military-Civilian Integration

Abstract: In the context of the constant evolvement of international political situations, domestic social development, continuing separation and integration of various national interests and the acceleration of the process of the rule of law, the theory of military-civilian integration highlights the role of armed forces in protection of national military interests. The military-civilian integration is substantively required to deal with the relationship between intensiveness and benefits in building armed forces. The key point is to deal with the balance and priority of various interests. It is necessary for the armed forces that resources cross-functional flow within the civil society, which makes it possible *de facto* that the armed forces is responsible for the protection of national military interests. Further, the military-civilian collaborative development of civil-military integration makes it possible *de jure* that the armed forces is responsible for the protection of national military interests. At the same time, the changes of modern warfare and the needs to military reform push it forward from the outside. The armed forces should prepare for that by, for example, the participation in legislative process, the adjustment of their own structure and functions, etc.

Key words: military-civilian integration; armed forces; national military interests

军民融合条件下战时民用运力
征用补偿的若干法律问题思考

• 刘 华 胡 明 *

内容提要：在军民融合条件下，对战时民用运力征用补偿，既是维护征用相对人合法权益的重要途径，也是提高征用效率的有力保障。而我国战时民用运力征用补偿制度仍不健全，需要从补偿主体、补偿标准、补偿方式、补偿程序、补偿救济等方面加以完善。

关键词：民用运力 战时征用补偿 法律问题

人民战争是我军取得胜利的重要法宝。战时依托军民融合方式，由政府和人民群众提供及时、充足的物资保障是赢得战争的重要条件，而征用是满足战争物资需求的重要途径。为了赢得战争，保护人民的公共利益，各国普遍建立了战时法律征用制度，有权对民用运力进行军事征用。但实施征用必将会损害相对人的利益；在公权力与私权利的冲突下，补偿成为一种理性选择。依法有偿征用，既是维护征用相对人合法权益的重要途径，也是提高征用效率的有力保障，因而有必要对战时民用运力征用补偿问题加以研究，进一步完善相关法律体系。

一、我国现行战时民用运力征用补偿的法律规定

首先，在国家的根本大法《宪法》层面，2004 年《宪法》修正案第 22 条规

---

* 刘华，大连舰艇学院政治系军事法学教研室讲师；胡明，南京军区空军军事法院院长。

定："国家为了公共利益的需要,可以依照法律规定对公民的私有财产实行征收或者征用并给予补偿。"其次,在法律层面,1997 年颁布的《国防法》第 48 条规定："国家根据动员需要,可以依法征用组织和个人的设备设施、交通工具和其他物资。县级以上人民政府对被征用者因征用所造成的直接经济损失,按照国家有关规定给予适当补偿。"2007 年颁布的《物权法》第 44 条规定："因抢险、救灾等紧急需要,依照法律规定的权限和程序可以征用单位、个人的不动产或者动产。被征用的不动产或者动产使用后,应当返还被征用人。单位、个人的不动产或者动产被征用或者征用后毁损、灭失的,应当给予补偿。"2010 年颁布的《国防动员法》第 58 条规定："被征用的民用资源使用完毕,县级以上地方人民政府应当及时组织返还;经过改造的,应当恢复原使用功能后返还;不能修复或者灭失的,以及因征用造成直接经济损失的,按照国家有关规定给予补偿。"再次,在单行条例层面,1995 年颁布《国防交通条例》第 37 条规定："对被动员和被征用运力的操作人员的抚恤优待,按照国家有关规定执行;运载工具、设备的补偿办法另行规定。"而 2003 年颁布的《民用运力国防动员条例》更是用了一章五条的篇幅对民用运力征用补偿问题作出了详细规定,要求中央财政和县级以上地方各级财政对因履行民用运力国防动员义务造成直接财产损失的相关单位和个人给予适当补偿。

二、战时民用运力征用补偿法律制度存在的问题

通过上述规定可以看出,从宪法到法律法规,再到单行条例,关于战时民用运力征用补偿问题,我国已经初步形成了一个较为完整的法律体系,对国家军事征用权和征用相对人财产权冲突的缓解与衡平发挥着积极的作用。但笔者认为以上条款过于笼统和抽象,在补偿实现过程中仍存在一些问题,应当引起足够的重视,以有效保证民用运力征用法律制度的落实。

（一）补偿主体不够具体,不利于及时补偿

战时民用运力被征用后,国家对征用相对人负有主动补偿的法定义务。但国家是一个抽象的概念,具体由谁来担任补偿主体,承担补偿义务,各国做法不尽相同,大致包括"征用后谁受益谁补偿"、"谁申请征用谁补偿"和"谁实施征用谁补偿"三种原则。战时征用,受益的是国家和人民,不存在具体的局

部地区、单位和私人受益者,相应的征用补偿应从国家财政收入中支出。在战争环境下,大部分民用运力的征用是由军队申请的,且情况紧急时军队也可直接实施征用。但是由于军队作战地域的频繁变更和军事活动的高度保密,实施征用后相对人无法了解征用者及其使用被征民用运力的情况将会大量存在,这就给相对人申请救济带来了很大的困难。同时,军队的职能主要是作战和训练,花费大量的时间和精力去解决征用后可能造成的与相对人之间的矛盾,有悖军队职能的根本要求。而宏观调控、社会管理和公共服务是政府的三大职能,组织征用和对征用相对人予以补偿当属政府职能之列。因此,我国法律规定县级以上人民政府为补偿主体。但是,究竟由哪一级政府作为补偿机关,我国法律法规没有更为细致的规定,容易在补偿时造成各级、各地政府的相互推诿,不利于补偿的及时兑现。

(二)补偿标准不够明确,缺乏可操作性

梳理我国现行的关于战时民用运力征用补偿的法律法规,没有对补偿标准进行规定。由于我国《宪法》对征用补偿原则的缺失,使战时征用补偿迟迟未有明确的补偿标准。各国对征用补偿的看法也不尽相同,主要有三种观点。一是"完全"或者"充分"补偿,即对于相对人所产生的损失之全部进行补偿,这是补偿的最高标准。如英国政府法律规定,商船因被征用而造成的亏损由国家补偿,被击伤、击沉的由国家负责赔偿;进入作战区域后,船员每人每天加发 150% 的工资,有的还可以转入现役,享受军人待遇。二是"相当"或者"公正"补偿,即补偿价值与被征用财产价值大体相当,但要参考国家经济情况来算定,属于中等补偿标准。三是"适当"或者"合理"补偿,也就是给予补偿即可,是最低的补偿标准。① 我国现行法采用了对征用相对人直接财产损失在规定的限期内给予适当补偿的标准,同时对征用中的人力伤亡依照军人抚恤优待标准予以对待,但对补偿的具体项目、数额及方式并没有作出明确规定。

(三)补偿程序不够完善,容易引发争议

对战时民用运力征用的补偿程序,我国现行法在《民用运力国防动员条

---

① 参见李芳梅:《战时民船征用中个人利益的法律保护》,载《安徽警官职业学院学报》2010 年第 5 期,第 10 页。

例》中作出了"三步走"的规定。第一步由使用民用运力的单位统计民用运载工具及相关设备、设施的损失、损坏情况以及操作、保障人员的伤亡情况，按照有关规定办理移交手续，并出具民用运力使用、损毁情况证明；第二步由拥有或者管理民用运力的单位和个人凭使用单位出具的使用、损毁证明，向当地县级以上政府国防交通主管机构提出补偿申报；第三步由属地政府国防交通主管机构审核申报材料并确认情况属实，并报本级人民政府批准后，由当地的国防交通主管机构负责在规定时限内实施补偿。实际上，上述规定只是补偿程序中的实施过程，没有涉及补偿的决定过程和相对人对补偿不满的救济过程。而就现有的这一补偿实施过程的规定而言，相对人的权利也十分有限，与政府之间存在着明显的不对等状态，不利于维护相对人的合法权益。

三、完善战时民用运力征用补偿法律制度的思考

在军民融合条件下，应当及时解决民用运力征用补偿制度的法律缺陷，通过进一步科学论证和细化相关法律规定，完善制度措施，更好地保证战时民用运力征用补偿制度的全面落实。

（一）严格规范补偿主体

虽然按照《民用运力国防动员条例》第 39 条的规定，征用民用运力后"中央财政"和"县级以上地方各级财政"都负有适当补偿的义务。但笔者认为，鉴于战时民用运力征用规模大、时间长，设施设备毁损可能性高，补偿涉及范围广、数额大等特殊性，应由中央政府担任首要的补偿主体，以降低协调成本，减少和防止利益冲突；地方各级政府在中央政府的指导下，结合征用地域的划分范围、被征用财产的价值、征用机关的权限、征用地域经济发展水平等因素，具体负责执行各项征用补偿事务。

（二）明确规定补偿原则、项目及数额

凡是战时被征用的民用运力都应当是对取得战争胜利具有必要作用的，同时也可能影响到征用相对人的预期收益。但是，也不能排除某些民用运力即使不被征用，相对人的预期收益也不一定实现的情况，加之相对人负有依法履行国防动员的义务，故基于战时征用的特殊性而摒弃对部分预期收益损失

的补偿,将补偿范围的基数确定在相对人的直接经济损失或直接财产损失①是合理的。但笔者认为,征用补偿的实质是对因征用行为而利益受损者的保护和补救,在我国综合国力日益强盛且宪法强调合法私有财产不受侵犯的今天,仅仅因征用相对人负有履行国防动员的义务而给予其上述损失范围内安慰性质的"适当补偿"、"合理补偿"②,无疑会侵害相对人的合法权益,挫伤相对人参与国防动员的积极性,成为战时民用运力征用高效实施的障碍因素。因此,建议修订完善有关民用运力征用的法律法规,进一步明确补偿原则、细化补偿项目、提高补偿标准,使补偿既可以充分照顾征用相对人的利益,又能够有效服从国防利益的需要,尽可能地达到实质公平。具体地讲,补偿项目应包括民用运载工具使用补偿,民用运载工具损坏赔偿,民用运载工具操作人员人力补偿,民船征用时使用港口、码头、仓库及配套设施的补偿,船舶技术改造、加装特殊专用设备和技术储备经费补助、渔船在捕鱼期利润损失的基本补助等。需要指明的是,补偿项目应与补偿对象(补偿请求权人)相对应。如按照《国防法》第 48 条和《民用运力国防动员条例》第四章的规定,"被征用者"即被征民用运力的拥有者或者管理者都有权请求补偿;但基于他们对所征民用运力所享有的财产权能不同,补偿的项目也应有所区别。"拥有者"是物的所有权人,补偿项目应主要集中在民用运力的征用改装、使用折旧、毁损维护等费用;"管理者"可能是因合同债权而临时享有该物使用权的人(如民船租赁合同中的承租人),可能是物的用益物权人(如向船主买断某商船数年经营权的人),补偿项目应主要集中在因失去对该民用运力占有和使用而引发的部分预期收益③。具体补偿数额的确定,应当以征用相对人的直接物质损失为基准,以开放市场上的公平价格为参照,同时适当考虑相对人因征用而造成的其他直接经济损失(如客运班轮被征用前正常运营状态下所能够取得的较为固定的基本收益)、估价的时间界限等因素。

---

① 《国防动员法》第 58 条称为"直接经济损失",《民用运力国防动员条例》第 39 条称为"直接财产损失"。

② 即使这种补偿不属于安慰性质,其"适当"或"合理"的标准也不确定。

③ 这种补偿应以近三年使用该民用运力获得收入的平均值为限,或者可以是这一平均值的一定比例。

(三)积极拓展补偿方式与途径

梳理我国现行的关于战时民用运力征用补偿的法律法规,没有对补偿方式与途径进行规定。从理论上讲,战时征用补偿的直接目的是公平弥补因征用给相对人带来的物质损失,但更深层或更积极的意义在于让相对人感到自己为履行国防动员义务而牺牲的私权利能够得到整个社会的充分认可和国家法律的有效保护。尤其是在战时或战后,征用补偿还应具有帮助相对人重建家园、妥善安置、扶助生活、恢复生产的功能。同时,从补偿有效实现的角度考虑,经历过战争之后,国库空虚、财力紧缺,在这种情况下,相对人也有可能不能及时得到法律规定的补偿金。事实上,《民用运力国防动员条例》第41条为我们解决这一问题提供了很好的启示。按照该条的规定,因履行民用运力国防动员义务遭受人员伤亡的,依照《军人抚恤优待条例》的有关规定对待。也就是说,战时民用运力征用的人员遭受伤亡的,可以享受乘坐交通运输工具和参观旅游景点减免票价、本人及家属的医疗优惠待遇、子女考学录取优待、子女和兄弟姐妹自愿服役优先批准等非货币补偿。从这一规定引申思考,更多的补偿方式也可以被引入对战时民用运力征用所造成的财产损失的补偿。因此,为保障补偿及时、有效的实现,战时民用运力征用的补偿方式不应仅仅局限于补偿金的给付,而最好实行以金钱为主的多样化补偿,包括货币补偿、实物补偿和政策优待补偿(如战时征用的民船可以在战后减免税收),以便实现对利益受损者更为有利的全方位补偿。

(四)加紧完善补偿程序实施细则

严格规范的补偿程序是落实征用补偿制度、维护征用相对人合法权益的有力保证。而从目前《民用运力国防动员条例》所规定的"使用单位出具证明——相对人提出申请——政府核实补偿"的"三步走"补偿程序来看,整个补偿实施过程,完全操控于国家各级政府之手,征用相对人只有是否申报的决定权,而无权对民用运载工具和保障人员的损失程度及补偿价值提出异议,加之没有确切的补偿标准和兑现期限,在战时征用实践中,征用相对人的合法权益将会受到损害。因此,应进一步规范补偿程序细则:一是完善民用运力使用及毁损情况的统计与评估制度,必要时可允许具有专业水准的中立的评估机构参与。二是弱化政府和相对人权利义务不完全对等的倾斜度,吸纳征用相对人参与到补偿程序中,一方面政府应限期内作出补偿决定并进行公示,讲明补偿原则、标准和方案,必要时组织听证,调整补偿方案;另一方面与征用相对人签订补偿协议,写明补偿标准、民用运力使用及毁损情况、单项及全部的补偿数额、非货币补偿的方式及享受时限等,并告知其实施补偿救济的权利。三是对战后民用运力使用单位清查、统计民用运力使用和损毁情况的期限、政府核准期限及其后的补偿兑现期限作出具体规定。

(五)建立健全补偿救济制度

战时民用运力征用后,补偿机关负有对征用相对人进行主动补偿的法定义务。当有关部门不履行,或怠于履行这一法定义务,或履行后与相对人的补偿请求权仍存在矛盾时,就需要完善的补偿救济制度来追究有关部门的补偿责任,维护相对人的合法权益。因战时民用运力征用补偿引起的纠纷,包括相关部门怠于履行补偿程序,补偿主体与补偿请求权人对补偿标准、数额、方式的争议以及补偿费的归属纠纷等。对于这些纠纷如何解决,尚处于探讨阶段。而对这种公权力与私权利的矛盾的强制解决,不外乎申请行政复议和提起行政诉讼两种公力救济途径。

对于行政复议,由于战时民用运力征用补偿是行政机关应履行的法定职责,属于行政复议的范围,行政机关没有依法履行的,只要按照我国《行政复议法》的规定申请行政复议即可。

对于司法救济,学术界颇有争议,主要缘于《行政诉讼法》第12条规定了人民法院不受理公民、法人或其他组织对国防、外交等国家行为有关事项提起的诉讼。有学者根据该条规定,认为被征用者对补偿不服而提起行政诉讼,人民法院不予受理,从而否定战时民用运力征用补偿司法救济的可行性。笔者认为,这里的"国家行为",应按照2000年3月实施的《最高人民法院关于执行〈中华人民共和国行政诉讼法〉若干问题的解释》第2条的规定来理解,即"国务院、中央军事委员会、国防部、外交部等根据宪法和法律的授权,以国家的名义实施的有关国防和外交事务的行为,以及经宪法和法律授权的国家机关宣布紧急状态、实施戒严和总动员等行为"。据此,人民法院对因征用行为本身的合法性引起的诉讼不予受理,而并没有将因征用后补偿纠纷提起的诉讼排除在受理范围之外。同时,实施补偿的前提是合法征用,征用双方因补偿问题引发纠纷,相对人诉诸诉讼途径解决时,并非是请求人民法院审查征用行为本身的合法性,而是请求人民法院审查政府在补偿过程中的不作为、延迟作为、作为结果侵犯相对人合法利益等行为,并作出公正的判决。而征用本身就是非法的情况,涉及的则是国家赔偿问题,不在我们讨论的补偿救济途径之列,需要在《国家赔偿法》中完善军事赔偿的相关规定来解决。因此,为切实保护征用相对人的合法权益,行政诉讼仍是一种重要而有效的救济手段,这与现行《行政诉讼法》并不矛盾。对此,在相关的法律法规中应予以确认。

Compensations for the Expropriation of Civil Transport Resources during Armed Conflict in the Context of Military-Civilian Integration

Abstract：In the context of Military-Civilian Integration, it's both an important approach to protect individual's legitimate rights and a guarantee of efficiency through the compensations for the expropriation of civil transport resources during armed conflict.However, there are significant improvements still to be made in law in our country, including but not limited to subjects, standard, methods, procedure and remedies for compensations.

Key words：civil transport resources；compensations for the expropriation in wartime；legal issues

军民融合式后勤法律制度体系构建及主要任务

• 马振宁 康 磊 李学虎*

内容提要:军民融合式后勤法律制度体系的构建与完善,要着眼利于军地后勤保障资源的深度整合,分别在法律、法规和规章三个层次上展开,围绕军民两用技术,国家基础设施贯彻国防功能,后勤保障社会化,军民通用保障标准等内容,使军民融合式后勤发展的主要方面、主要环节有法可依,有章可循。

关键字:军民融合式后勤 法律制度体系 立法

军民融合式后勤法律制度体系的构建与完善,要分别在法律、法规和规章三个层次上展开,立足于军民融合式后勤建设与发展的重点领域,使军民融合式后勤发展的主要方面、主要环节有法可依,有章可循。

一、军民融合式后勤法律制度体系的框架设计

根据我国现行的立法体制,结合军事后勤立法实践,军民融合式后勤法律制度体系纵向和横向结构可按下列方式细分:

在纵向上,按照我国现行的法律效力等级,可将军民融合式后勤法律制度体系区分为法律、法规和规章三个层次。军民融合式后勤法律制度体系是军事法体系"贯穿性"的组成部分,为保持和谐一致,它的层次结构必须与军事法体系的层次结构相一致。具体来说,军民融合式后勤法律层次的外在表现

---

* 马振宁,63600部队后勤部,高级工程师;康磊,后勤学院军事教研室,教员;李学虎,后勤学院军事教研室,教员。

形式主要为,"单行军事后勤法律"与《中华人民共和国国防法》、《中华人民共和国国防动员法》等国防与军事法律中"有关后勤活动的规定";军民融合式后勤法规层次的外在表现形式主要为,国务院单独制定颁发或"国务院、中央军委联合制定颁发的关于调整国家、社会组织、公民和军队之间在军民融合式后勤活动中产生的社会关系的后勤法规",以及"中央军委制定颁发的关于调整军队后勤建设和保障过程中产生的社会关系的后勤法规";军民融合式后勤规章层次的外在表现形式主要为,"国务院有关部委、军委各总部联合制定颁发的关于调整国家有关部门、地方政府和军队之间在军民融合式后勤活动中产生的社会关系的后勤规章","军委各总部联合制定办法或总后勤部单独制定颁发的关于调整全军或军队后勤工作某一方面社会关系的总部后勤规章",以及"军兵种、军区制定颁发的军兵种、军区后勤规章"。

在横向上,主要依据军事后勤立法主体的职能性质及军事后勤机构及其业务部门的职能分工为标准进行分类。根据上述对不同层次法律规范的概括性表述也不难看出,军事后勤法律规范的立法主体可以分为,军队主体与非军队主体。按此标准,军民融合式后勤法律制度首先划分为调整军队内部社会关系的法律规范与涉及军队后勤工作的调整全社会关系的法律规范两大类,前者由国家军事领导机关单独制定,后者由国家立法机关制定,以及国家行政机关单独或与国家军事领导机关联合制定。其中,国家军事领导机关制定的法规、规章,主要在武装力量内部发生法律效力。对于这一部分法律规范的再次分类,主要以后勤机构及其业务部门的职能分工为标准进行划分,具体包括:后勤综合法规规章;各专业勤务法规规章;各军兵种、军区后勤规章等。国家立法机关制定,以及国家行政机关单独或与国家军事领导机关联合制定的法律规范多为综合性法律文件,其内容并不局限于军事后勤工作,在实施上也往往只需要军队其他职能机构的参与或配合,故不适宜按照业务职能再加以区分。上述划分,既与现行的军事后勤立法运作机制相适应,又与后勤现行的统一领导、分工负责的管理体制相一致,我们认为是合理可行的。

军民融合法律制度建设应根据上述框架,开展编订立法规划计划、组织法律规范起草等具体法的制定工作。以当前我国既有军事后勤法律规范为基础,军民融合法律制度体系结构应当包括:

在法律层次,主要包括已经制定的《国防法》、《国防动员法》等法律,以及军民融合建设发展与改革亟需制定的具有普遍约束力的法律制度,如《促进军民融合法》、《军队后勤保障社会化法》(所列的法律名称不尽贴切,主要反映其调整范围)等。需指出的是,本层次法律的设置,仅是我国军民融合法律制度的基本组成部分,是国防现代化、正规化和军事斗争准备的现实要求,是近段历史时期急需制定的,它将随着时代的发展而变化。再就是,上述法律中,有的不完全是规范军民融合的内容,把它们纳入军民融合法律制度体系,基于以下考虑:军民融合法律制度体系是军事法体系的有机组成部分或者子体系。既然是一个有机的整体,那么作为军事法体系中的子体系——军民融合法律制度体系,必然与母体系之间存在着一定的合理交叉,否则,就不能构成一个无缝链接的有机体。

涉及军民融合后勤活动的国防行政法规、军事法规立法范围包括,制定军民融合式后勤的基础性法规,如《经济建设贯彻国防需求项目产品指导目录》、《军民融合式后勤的决策机制》、《军民融合式后勤决策、协调的规则程序制度》、《军民融合式后勤专项经费预算制度》、《推进军民融合式后勤项目联合审计制度》和《适应军民融合的后勤标准体系》等;整合现行军事投资与民用投资项目管理制度;健全军地通用基础设施建设法律制度,如《重大基础设施项目军地联合审批制度》、《国防交通建设动员法律制度》、《军民通用战略物资储备与调用制度》等;完善后勤保障社会化法律制度,如《社会化保障单位资质认定及监管条例》、《战时动员及保障条例》、《军队职工管理法律制度》等。

涉及军民融合活动的国防行政规章、军事规章立法范围包括,对上述法律法规具体操作措施的细化,如军事投资与民用投资项目管理制度方面的《军民融合式后勤项目招投标管理办法》,国防交通建设、动员法律制度方面的《民用运力国防动员经费补助补偿办法》、《交通战备等级管理规定》,军民通用战略物资储备与调用制度方面的《国家战略物资储备办法》、《军民通用战略物资储备与调用管理办法》等。

二、军民融合式后勤法律制度的效力位阶与冲突规则

军民融合式后勤法律制度是军事后勤法律制度的重要内容,是军事法体系的组成部分,也是整个国家法律体系的一部分,故其效力位阶与国家法律体系的效力位阶是紧密联系在一起的。要明确军民融合式后勤法律制度的效力位阶与冲突规则,就必须充分考虑到我国整个立法的位阶系列,《中华人民共和国立法法》对宪法、法律、法规、规章的效力位阶做出了明确规定,《军事法规军事规章条例》也规定了军事法规军事规章的冲突在武装力量内部的适用规则。

据此,军民融合式后勤法律制度的效力位阶规则应当是:宪法的效力高于军事后勤法律、法规、规章;其他待制定的军民融合式后勤法律不得与《国防法》相抵触;军民融合式后勤法律的效力高于国防行政法规、规章和后勤法规、规章;国防行政法规的效力高于国防行政规章,军民融合式后勤法规的效力高于军民融合式后勤规章。

在同一位阶或位阶不明确的法律规范发生冲突时,法律适用应当遵循以下规则:同一机关制定的法律、法规、规章,特别规定与一般规定不一致的,使用特别规定;新的规定与旧的规定不一致的,使用新的规定。法律之间对同一事项的新的一般规定与旧的特别规定不一致,不能确定如何使用时,由全国人大常委会裁决;国防行政法规之间对同一事项的新的一般规定与旧的特别规定不一致,不能确定如何使用时,由国务院或中央军委或国务院同中央军委协调裁决;军民融合式后勤法规之间对同一事项的新的一般规定与旧的特别规定不一致,不能确定如何使用时,由中央军委裁决。国防行政法规与军民融合式后勤法规之间对同一事项的规定不一致,不能确定如何使用时,国务院同中央军委协调裁决,必要时提请全国人大常委会裁决。军兵种规章与军区规章对同一事项的规定不一致,不能确定如何使用时,由中央军委裁决。此外,需要研究的是,军队后勤法规与国防行政规章之间不一致,不能确定如何使用时,应当如何处理。军队后勤法规的效力等级虽然高于国防行政规章,但其调整范围仅限于武装力量内部,不能调整武装力量之外的社会关系,因而对于这一类的社会关系,军队后勤法规应当不具备法律效力。在现实中,一旦出现这

样的法律规范冲突,如果忽视军队后勤法规的有关规定,对待同一事项,武装力量内部与地方双方则处于不同的法律规范调整之下,极容易影响实际工作的开展。所以,出现种情况时,应当由中央军委同国务院及时协调解决,在必要的时候还应对相关法规规章做出修改。

三、军民融合式后勤法律制度建设的主要任务

推进军民融合式后勤建设与发展,要着眼军地后勤保障资源的深度整合,有针对性地确定重点领域加以突破:军民两用技术是推进军民融合式后勤发展的关键支撑;国家基础设施贯彻国防功能是推进军民融合式后勤的坚实基础;后勤保障社会化是推进军民融合式后勤的核心内容。军民融合式后勤法律制度建设的重点也应当从顶层的统筹规划着手,围绕上述内容展开。

(一)制定军民融合式后勤的基础性法律制度

基本法律与相关法律的修改。根据《立法法》的规定,军事领导机关制定的军事法规、军事规章在武装力量内部实施,对普通公民和社会组织不具有法律效力。但是,军民融合式后勤不仅涉及军队,而且更多地涉及政府、社会经济组织和有关中介组织。因此,仅有军事领导机关立法是不够的,还必须提请国家享有立法权的机关制定具有普遍约束力的法律法规,为推进军民融合式后勤提供法律保障。应提请国家有立法权的机关制定《促进军民融合法》、《经济建设贯彻国防需求项目产品指导目录》、《军民融合式后勤法律制度建设实施纲要》等推进军民融合式后勤的基础性、宏观性的法律规范性文件。

由于当前我国的修法门槛比较高,周期较长,军民融合式后勤涉及的部门法律也较为广泛,为推进军民融合式后勤,而对现有的法律,如《国防法》、《建筑法》、《公司法》、《合资企业经营法》、《合同法》、《产品质量法》等,进行大规模修改的可行性较低。从长远看,在上述法律中应调整、增加军民融合式后勤方面的相关内容,我们有关部门应当重视和把握这些法律的修改机会。就目前来讲,推进军民融合式后勤发展过程中,不能长期处于"违法"的境况,建议以"特殊法"的形式出台"军民融合式后勤法律制度建设实施纲要",列举继续修改的具体的法律法规条款,并赋予其相应的法律地位。

决策与协调制度。构建军民融合式后勤发展的决策机制,应当遵循在中

央建立决策机制,在部委与总部、地方与驻军之间建立协调机制的架构。依照我国《宪法》、《国防法》关于"国务院领导和管理国防建设事业","中央军事委员会领导全国武装力量"的规定,《国防动员法》关于"国务院、中央军事委员会共同领导全国的国防动员工作,制定国防动员工作的方针、政策和法规"的规定;参照其他各类法律规范的相关规定,军民融合式发展的决策机构应当由国务院和中央军事委员会共同组成。按照《国防法》中关于国务院与中央军委,地方政府与驻军分别构建不同协调机制的规定,国家部委与军委总部,地方政府与驻军的共同决策与国务院和中央军事委员会的共同决策,具有不同的内涵,前者实质上属于一种基于各自管理领域的联合协调机制,尤其是武装力量系统内,最后指挥权仍然属于中央军委。

(二)整合现行军事投资与民用投资管理制度

军民融合式后勤资产管理涉及内容较多,当前工作的重点是加快建立高效投融资决策与运行机制,引导企业拓宽投融资渠道,加大对技术开发、设备改造、人才培养等方面的投入力度,增强企业发展后劲。鼓励符合条件的企业,尤其是军民两用项目、产品生产企业改制上市。抓好规范固定资产投资项目的立项、可行性研究、初步设计、招投标、竣工验收、决算审计管理活动;研究制定基础性固定资产、科研投资项目的管理制度,规范投资项目的审查,实施过程的评价、检查监督等管理活动,确保后勤军民融合项目投资方向和投资效益;研究建立后勤军民融合项目资产的管理监督制度,规范军地资产的使用、处置、核查、评估等管理监督活动;建立知识产权管理制度,合理解决科研成果技术专利所有、使用和分成方面的利益纠纷,保护专利人的正当权益,为军地后勤科技成果专利权的管理提供依据。

(三)健全军地通用基础设施建设法律制度

重大基础设施项目军地联合审批制度。根据《经济建设贯彻国防需求项目产品指导目录》有关内容,科学界定哪些重点基础设施建设项目列入联合审批范围,一旦列入就得按照联合审批制度严格进行军地联合审批。对明确预置国防功能的项目,要制定严格检查、验收和评估程序,真正使这些项目兼顾经济建设与国防建设发展需要,达到资源共享的目的。如在修建高速公路、铁路、通信、供电、供水、重要油库、粮仓等一些重点基础设施建设项目,军地双方应共同论证,在满足双方技术要求前提下,按照国防要求,贯彻国防标准,赋予其国防功能。建议国家及地方政府每年拟定重点项目时,邀请军方列席参加;军方的一些重大项目,必要时也应邀请地方政府投资主管部门参加,便于军地项目的沟通衔接。

军民通用战略物资储备与调用制度。《国防动员法》的颁布实施为军民通用战略物资储备动员提供了基本的法律依据,但依法推进军民通用物资储备还需要一些具体的、有效的规章制度做支撑。应依据《国防动员法》有关规定,尽快出台《国家战略物资储备办法》、《战时物资动员办法》、《军民通用战略物资储备与调用管理办法》等,完善战略物资储备管理体制和工作运行机制,对军民通用物资储备特别是地方和企事业单位的储备管理,以及重要储备仓库的规划建设,在国家层面上进行政策引导;建立完善军民融合式发展战略储备沟通、协调机制,使战略储备中的军事战略物资储备和企事业单位物资储备互为补充、互为支持,促进国防物资储备更好地发挥"平时服务"、"急时急用"、"战时应战"作用。各战区后勤物资储备部门以此为据,会同有关省市战略储备物资管理分公司等单位,紧密结合本地区的实际情况,联合研究制定本战区军地联储战略物资的具体管理规则、联保方式及手续制度等。

(四)完善后勤保障社会化法律制度

加快制定《军队后勤保障社会化法》、《社会化保障单位资质认定及监管条例》、《战时动员及保障条例》等军队后勤保障社会化基础性、宏观性的法律制度,明确军队后勤保障社会化的具体项目,为军队服务的社会经济组织的条件及资质认定,招、投标的程序,投资的比例,经营服务方式,经营注册和合同的审批管理,军地双方的权利和义务,军队资产的使用管理,军队职工的分流安置和纳入社会养老、失业、医疗统筹的政策,地方提供的优惠条件,减免税收、违约处罚和执法监督等问题。同时,对合同法、税法、反不正当竞争法等法律进行修改时,也要注意增加军队后勤社会化保障方面的相关内容。

(五)深化军民融合监督管理法律制度

在军民融合式后勤保障中,参与军队保障任务的各类地方保障实体基本都是以追求经济回报为根本目标,采取限制和激励的办法对其进行科学严格的管理,奖勤罚懒、奖优罚劣,有利于激发保障实体的积极性和主动性,提高军队保障的质量效益。要依据必要的法律程序,结合军地双方的特点和规律,对军地双方的权利和义务、保障效益评估及纠纷调解与仲裁办法等加以规定和明确,实行依法操作,契约管理,确保军地双方合作的稳定性和规范性。在军民融合式后勤保障实体的实际管理中,可以在相应的职责范围内,依据法律制度中的有关条款,设定奖惩的具体标准和内容,对在军民融合式后勤的保障工作中做出突出贡献的机构和人员予以必要的奖励,对没能按时间完成保障任务或完成质量达不到标准的机构和个人,要依据合同和规定予以处罚,触犯刑法的要追究其法律责任。对于进军营服务的地方保障实体,各级政府既要在启动资金、注册审批、经营增项、行业管理、税费收缴等方面为保障实体提供方便和优惠,也需要在金融、工商、税务、物价、卫生、质量、交通、治安、计量等方面给予监督与管理。地方政府应当进一步完善相关法律制度,为监督与管理提供法律依据。

The Main Aspects in the Establishment of
Military-Civilian Logistical Legal System

Abstract: For the establishment and improvement of logistics legal system, it is necessary to focus on three levels(i.e.statutory laws, regulations and rules) in favor of the deep integration of military-civilian logistical resources. It will provide a legal basis for main developments of military-civilian logistics, which involve dual-use technologies and standards; infrastructures as required by national defense; socialized logistics, etc.

Key words: military-civilian logistics; legal system; legislations

适应军民融合和市场经济要求
加快实现武器装备法治采购

• 杜　亮[*]

内容提要:调整改革国防科技工业体制和武器装备采购体制,提高武器装备研制的自主创新能力和质量效益,是新时期党中央对我军武器装备发展的新要求。为此,对装备采购体制调整和改革进行跟踪研究,将装备采购体制改革的成功经验加以总结,尽快建立和完善符合社会主义市场经济规律的装备采购法规体系,确保军队获得性能先进、质量优良、价格合理的装备,具有非常重要的现实意义。在建立健全武器装备采购法规体系的过程中,应遵循协调统一、改革创新、符合自身规律的原则,重点加强在装备采购体系中关于装备采购计划、装备采购合同、装备采购人员行为准则、涉外装备采购等起支撑作用的法规立法工作,逐步实现全军装备采购工作法制化、规范化、制度化、科学化。

关键词:军民融合　市场经济　武器装备　武器装备法治采购

党的十七大报告指出,调整改革国防科技工业体制和武器装备采购体制,提高武器装备研制的自主创新能力和质量效益。国务院、中央军委《关于建立和完善军民结合寓军于民武器装备科研生产体系若干意见》(国发〔2010〕37 号),明确要求新时期我国国防科技创新和武器装备自主建设必须走集约

---

* 杜亮,总装备部法制秘书,解放军西安政治学院军事法学硕士,中国政法大学军事法学博士研究生。

化军民融合道路。这充分反映了党中央对我军武器装备建设的高度重视,也是对武器装备发展提出的新要求。落实十七大和《意见》提出的新要求,深化武器装备采购体制改革,必然要求建立一套适应军民融合和市场经济要求的法规制度,用法律手段强化对装备采购活动全过程的调控指导,逐步实现装备法治采购,提高装备建设的质量效益。

一、建立健全装备采购法规体系的重要意义

当前,对装备采购体制调整和改革进行跟踪研究,将装备采购体制改革的成功经验加以总结,尽快建立和完善符合社会主义市场经济规律的装备采购法规体系,实现全军装备采购工作法制化、规范化、制度化、科学化,确保军队获得性能先进、质量优良、价格合理的装备,是尽快建立与完善武器装备建设"竞争机制、评价机制、监督机制和激励机制"的关键环节和重要保障,具有非常重要的现实意义。具体体现在以下几点:

(一)建立健全装备采购法规体系有利于尽快形成符合社会主义市场经济规律的装备采购运行机制。

近年来,随着装备采购体制改革的不断深化,装备采购逐步打破军工行业部门界限,引入竞争机制,支持非军工国有企业和高技术民营企业进入军品市场,采购方式由过去的定点采购加速向公开招标、邀请招标、竞争性谈判和询价采购等多种方式转变。随着装备采购体制调整改革的进一步深化,必须用法律手段来调整国家、军队、军工企业、科研院所等行为主体在装备采购活动中产生的各种社会关系,将装备采购改革的成果体现在法律规范中,使装备采购工作有法可依,尽快形成符合社会主义市场经济规律的装备采购运行机制。

(二)建立健全装备采购法规体系有利于提高武器装备的质量水平。

以法律的形式科学地规范装备采购各个环节和各个方面,将会有力地推动装备质量建设,促进装备质量和水平的不断提高。首先健全的装备采购法规,可以确保各承制单位平等地参与武器装备采购招标,规范和引导装备承制单位开展有序竞争,促使其加强生产管理,加强科技创新,努力提高产品的技术性能,从而有效促进装备质量的提高。其次,通过建立健全装备采购法规,规范装备采购人员的行为准则,严格依法落实装备采购责任制,有利于避免采

购过程中的舞弊行为,加强采购过程中的质量监督,确保武器装备质量的不断提高。

(三)建立健全装备采购法规体系有利于提高武器装备经费的使用效益。

按照市场经济规律建立装备采购法规体系,依法加强装备经费管理,严格规范装备采购招标、装备采购合同的订立和履行、装备价格成本核算、装备经费使用的审计监督等装备采购行为,可以确保装备采购经费的专款专用,有效降低装备采购管理的各项支出,同时通过依法引导装备承制单位有序竞争,可以促使其积极降低产品成本,合理调整投标价格,使我军有限的装备采购经费发挥出最大的军事经济效益。

(四)建立健全装备采购法规体系有利于促进国防科技工业提高竞争力。

国防科技工业的竞争力决定了武器装备的质量和水平。装备采购法规体系的建立,有利于依法开展装备承制单位的资格审查,规范武器装备科研生产的准入制度,鼓励和支持民营等各种所有制企业参与国防科技生产,同国有企业展开公平竞争,实现装备承制单位的优胜劣汰;同时有利于引导装备承制单位提高创新能力,加大科技投入,加强人才培养,不断提高市场竞争能力,从而促进整个国防科技工业水平的不断提高。

二、建立健全装备采购法规体系的指导思想和原则

建立健全装备采购法规体系,必须坚持以江泽民国防和军队建设思想、胡锦涛关于国防和军队建设的一系列重要论述为指导,深入贯彻落实科学发展观,坚持依法治军的方针,按照党中央和中央军委关于装备建设的一列系列指示精神,以提高部队战斗力为标准,以实现装备现代化为宗旨,紧密结合我军装备采购的自身特点和发展规律,逐步形成一套管理科学、工作规范、运行有序、办事高效的装备采购法律制度,提高武器装备采购的规范化、科学化水平。在建立健全法规体系的过程中,要充分体现以下基本原则:

(一)遵循协调一致的原则。

装备采购法规体系是装备法规体系的一个组成部分,根据军事法制统一的原则,装备采购法规体系要与全军装备建设的基本目标相适应,体系中所设置的法律、法规和规章,必须受《中华人民共和国国防法》和《中华人民共和国

政府采购法》的制约,要与国家的《中华人民共和国合同法》、《中华人民共和
国招标投标法》、《中华人民共和国产品质量法》、《中华人民共和国公司法》和
《中华人民共和国对外贸易法》等大法相协调,与《中国人民解放军装备条例》
等相关军事法规相一致,同时体系中各项法规和规章之间也要保持协调一致。

（二）体现改革创新的精神。

改革开放是我国的基本国策,创新发展是军队现代化的不竭源泉。装备
采购法规是我军装备采购工作的基本准则,因此必须充分体现改革和创新的
精神,一方面要坚持与装备采购体制改革同步的原则,总结已有的改革成果,
将其用法的形式固定下来,使之获得法律上的保障。另一方面要积极探索新
的装备采购管理模式和方法,加以概括总结,使之上升为法律,规范装备采购
的实践活动,做到立法先行,用法律手段引导、推动和保障军队装备采购体制
的改革。在此过程中要注重借鉴西方发达国家装备采购法规制度建设的成功
经验,积极加以吸收利用。

（三）符合自身特点规律。

装备采购作为国家政府采购的重要内容,要与政府采购的基本要求和原
则相适应,又要符合其自身的特点和规律。武器装备不是一般的商品,它是由
国家投资主导研制,由国家统一采购使用、用于保卫国家安全的公共产品。武
器装备这种高技术、高质量的要求以及特殊的用途,决定了必须由国家对武器
装备的采购实施决策和管理,才能使有限经费发挥出最大的使用效益,才能最
大限度地确保武器装备的质量和可靠性。上述特点规律决定了武器装备采购
领域要专门立法,所制定的有关法律、法规和规章既要符合社会主义市场经济
的规律,又要符合国家安全的需要,充分体现其自身的特点规律。

三、建立健全装备采购法规体系的主要内容

建立健全装备采购法规体系是一项复杂而艰苦的任务,同时也是一项经
常性的工作,不可能一步到位。因此要统筹规划、突出重点,循序渐进、逐步完
善。当前,应重点加强在装备采购体系中起支撑作用的法规立法工作。

（一）装备采购计划法规

装备是一种特殊的商品。首先,它具有商品最基本的要素,即使用价值和

价值。其次装备之所以是特殊商品,一是因为装备的生产、分配、流通和管理由国家统一组织,指令性计划占主导地位。二是因为装备的消费是一种特殊的非生产性消费,它不直接为社会再生产过程提供生产要素,只表现为一定的国防和军事实力。三是装备的生产和消费受国防和战争需求的制约,平时和战时差别很大,具有不平衡的特征。装备的这种特殊商品的属性,决定了世界各国的军队装备采购均实行高度集中的指令性计划管理。并且装备采购计划是装备采购过程中的第一个环节,这项工作的好坏,直接关系到装备购置费能否发挥其应有的效益,关系到装备的质量。正是由于装备采购计划具有如此重要的地位,因此必须实行严格的依法管理,用法律的形式进一步明确和规范装备采购计划管理部门的职责,装备采购计划的种类和编制要求,装备采购计划的拟制、审核、执行和调整,装备采购计划的监督、检查以及奖励和处分等内容,为军方实施装备采购计划管理工作提供基本依据。

(二)装备采购合同法规

装备采购已普遍实行合同制,但是由于多方面的原因,现行合同制还不够完善,没有充分体现市场经济的竞争规律和价值规律。随着新体制的实施,装备采购合同制度,要进一步引入竞争机制,而与这种竞争机制相适应的健全的合同法规是保障新的采购机制有效运行的基础和关键。这就要求:一是加快制定完善装备采购合同法规,用法的形式明确订立和履行装备采购合同应遵循的原则,首先是一般原则,即遵守平等互利、协商一致、等价有偿和诚实信用的原则;其次是特殊原则,即坚持维护国防利益,武器装备采购具有优先订货权的原则。二是要制定体现上述原则的合同签订、审批和备案,成本会计准则,合同修订和中止,合同资金提供,审计监督,合同债务与纠纷处理,合同的监督、诉讼和仲裁等各项具体规范。

(三)装备采购人员行为准则

各国关于武器装备采购人员行为准则、道德规范方面有着一系列的法律。这些法律几乎与武器装备采购制度同时产生,因为要保证采购的廉洁、高效运行,规范采购人员的行为准则十分重要。如美国早在1808年就通过法律规定了"公职人员在国家采购中不得谋求私利"的原则。其后这方面的法律规定越来越细,直至规定"以政府代表身份同承包商进行合同谈判者在两年内不得为该公司所雇用",甚至将采购人员卸任后擅自担任不许承担的工作列为犯罪行为。当前,我军因缺乏装备采购人员行为准则法规制度,在一定程度上影响了我军装备采购工作的顺利进行。为加强对装备采购人员的管理,必须尽快制定规范装备采购人员行为准则方面的法规,明确装备采购人员的权力、责任和义务,装备采购人员的日常管理,装备采购人员的工作守则,装备采购人员的考核办法,装备采购人员的任职公示制度,装备采购人员的回避制度,装备采购人员的任职资格和条件,装备采购人员的选调和交流制度,装备采购人员的教育与培训,装备采购人员的奖惩与处分等。

(四)涉外装备采购法规

当前,随着装备采购管理体制的改革,加强对外装备采购已成为提高装备购置经费使用效益,促进装备承研承制单位有序竞争,以及提高国防科技工业水平的有效手段。由于对外装备采购工作涉及国家的政治、经济、军事利益,是一项全局性的工作,具有很强的政策性,在实施中必须严密组织,确保安全。因此必须坚持对外装备采购工作的集中统一,避免分散多头管理。这就要求必须尽快制定完善这方面的法律制度,明确和规范对外装备采购部门的职责和分工,对外装备采购计划的拟制、管理,对外装备采购立项审批,对外装备采购的保密管理,对外装备采购人员的培训教育,境外装备承研承制单位资格审查,装备对外贸易许可管理,以及涉外装备采购的奖惩与处分等。

此外,还应加强装备价格管理、装备招标投标管理、驻承制单位军事代表工作、装备购置经费审计等方面法规的制定工作。

四、建立健全装备法规体系的有效措施

装备采购法规体系建设是一项复杂的系统工程,为持续开展好各项工作,顺利实现法规体系的建设目标,应重点落实以下措施:

(一)要加强集中统一领导,增强立法工作的权威性,提高立法工作效率。

各级领导必须站在战略高度,充分认识当前加强采购立法的重要性和紧迫性,把装备采购立法作为落实十七大的新要求、提高装备保障能力建设的大事来抓,切实加大组织领导力度,带头参与立法的研究,选准立法的重点,列入党委议事日程,逐项抓好落实,从人力、物力、财力上保障立法工作需要,保障装备采购立法工作的顺利进行。领导机关要精心组织,统筹谋划,制订切实可行的实施计划,明确任务,提出措施,落实责任。每项工作都落实到具体单位、具体部门、具体人员身上,做到事事有人抓、有人管,形成一级抓一级,层层抓落实的责任体系;要加强检查督促,及时跟踪问效,真正把工作抓紧、抓细、抓实,努力开创装备采购立法工作的新局面。

(二)搞好立法计划的制订和执行工作,加快立法进程,提高立法质量。

建立完善装备采购法规体系,必须积极适应装备采购体制改革的发展趋势,科学制定装备采购立法规划,并以此为指导,制定中、近期装备采购立法计划,将一定时期的立法目标、任务、方向、决策明确部署下来,以利于立法的协调统一,保证立法重点,克服立法的随意性,使立法工作有目的、有步骤地进行。在立法计划实施过程中,要建立多层次的立法协调机制,各部门要相互配合、搞好衔接。在法规起草阶段,起草部门要主动吸收法制部门提前介入、了解情况,对涉及其他部门的事项要主动沟通协调,对一些重大问题提前统一认识;法制工作机构在审查法规草案时,要对存在意见分歧难以达成共识的事项进行论证、协调,要吸收起草部门和其他相关部门参与,认真听取他们的意见,进一步统一思想,使立法工作在各个环节上衔接流畅、运转快捷,保证立法计划的顺利实现。此外,立法计划的制订机关要加强对立法计划执行情况的督促检查,经常了解立法计划执行情况。只有科学制订立法计划并严格执行,才能加快立法进程,提高立法效率,逐步建立和完善装备采购法律体系。

(三)根据当前装备采购体制调整和改革的新情况、新特点、新要求,适时对现有装备法规进行修改。

法律体系不是静止的、封闭的、一成不变的,而是动态的、开放的、发展的。因此,加强装备采购立法工作,提高立法质量,不仅要抓紧制定对形成装备采购法律体系起支柱作用的基本法律,还要体现与时俱进的精神,把修改装备采购法规与制定装备采购法规放在同等重要的位置,及时修改那些与新的装备采购体制相矛盾、相冲突的法规,并适时进行装备采购法规的解释和清理工作,以适应新情况,解决新问题,只有这样,装备采购法规才能具有一定的超前性,才能面向未来,确保能够根据装备采购体制改革的客观要求逐步趋于完善。同时,要根据依法治国和社会主义市场经济发展的客观要求,在现有的合同法、招投标法、刑法、审计法、军队纪律条例等法律法规中,补充增加有关军事装备采购特殊方式和程序的原则性规定,以及刑事处罚、奖惩等方面的内容,使这些法律法规与装备采购法规相互衔接配套,体现法制统一和改革创新的精神,从立法的层面上保证国防法律间的协调一致,形成规范和提升装备采购工作的强大合力。

五、外军装备采购法规体系建设经验

为规范市场竞争行为,杜绝营私舞弊事件,外军强调依靠法律的权威来维护军队在武器装备采购活动中的权益,使武器装备采购有法可依。在建立健全装备采购法规体系过程中,以下几点经验值得借鉴:

(一)制定严密的法律法规。

美军为确保军品采办任务的顺利完成和获取良好的军事经济效益,一直非常重视武器装备采办法规体系建设。据统计,美国有关国防部采购的法律条款有近 900 项,主要有:《国防生产法》、《武装部队采购法》、《国防合同法》、《联邦采办条例》、《国防工业储备法》、《合同竞争法》等。俄罗斯于 1995 年开始对武器装备采购实行国家军事订货制度改革,并颁布了一系列法律规定。在联邦法律层次,1995 年颁布了《俄罗斯国家军事订货法》,1999 年颁布了《俄罗斯关于配置国家所需商品及服务订货竞争法》。在政府法规层次,1996 年出台了《关于实施俄罗斯国家军事订货法的决议》和《编制国家订货计划及其主要指标的暂行办法》;1998 年出台了《关于优化国家军事订货委员会章程的规定》等。

(二)采办经费纳入财政预算。

根据《国防拨款授权法》和《国防拨款法》,美国国防部制定武器装备采购计划,必须逐年向国会申报,先经两院的军事委员会审议,再经两院的拨款委员会审议,通过拨款法案,规定装备采购在年度财政预算的拨款数额,并经总统签署后,方可付诸实施。俄罗斯武器装备订货经费依法纳入联邦预算。联邦预算中的军事订货经费通过拨款方式拨给订货主体;订货主体根据合同支付费用;若合同没有特殊规定,订货主体可向承包商直接支付费用。《俄罗斯国家军事订货法》还明确规定,由国家军事订货主体给总承包商或承包商的

费用,只能用于完成军事订货合同及相应工作的支出;若挪作他用,则要追究当事人责任。

(三)通过公平竞争确定武器装备承制单位。

目前美国由国会制定涉及采购竞争方面的法律有 300 部。《武装部队采购法》是美国国防部管理武器装备采购中竞争工作的基本法律。该法规定"在和平时期,除了特殊情况下可通过谈判的方式采购军品外,一般的采购必须采用公开招标的方式,进行充分、公开的竞争。"《俄罗斯国家军事订货法》规定,军事订货的承制单位要求在竞争的基础上进行,无论何种所有制形式的科研生产单位,只要具有完成军事订货任务的许可证,都可以成为承包商。为此,俄罗斯还专门颁布了《俄罗斯联邦关于配置国家所需商品及服务订货竞争法》,规定选择承包商主要采取招标方式,分为公开招标和封闭招标两种形式。

(四)武器装备订货通过合同具体落实。

根据美国《武装部队采购法》,武器装备订货必须签订合同,按合同的履行阶段分期拨款,按合同的严密条款规范双方的行为,尤其是武器装备技术性能的检测考核标准,在订购合同中有明确细密的约定。俄罗斯武器装备采购合同分为国家合同和一般合同。武器装备订货合同的内容包括:供应清单、数量及供货期限;订货总概算和价格,以及各部分、各阶段的概算和价格;订货主体清单;被提名的总承包商或承包商清单。

(五)对武器装备承制单位实施奖惩。

美国《联邦采办条例》规定了对武器装备承制单位的奖惩制度,如承制单位的研制费用超出军方的"天花板价格",作为惩罚,超出部分的 30% 由研制方自掏腰包,这就是风险共担。同时,军方用严格的法律措施和手段,鼓励厂方加强责任心,降低成本,生产质优价廉的产品。若某一产品性能优于合同指标,则军方按超过部分性能给军方在作战、作用、经费上带来的效益,给予不同程度的资金。《俄罗斯国家军事订货法》鼓励科研生产单位技术创新,规定对在生产和设计中使用现代设备、利用新技术、新工艺和新材料的,从财政预算中进行拨款支持。根据《俄罗斯联邦关税税率法》和俄罗斯联邦有关的关税规定,总承包商还可免除完成军事订货、技术更新、技术改造及扩大再生产部分所获利润的所得税,用于动员的资源税。对未按要求完成订货任务而造成的损失,《俄罗斯国家军事订货法》规定,责任方要根据俄罗斯联邦民法及合同要求,向对方赔偿损失。

The Weaponry and Equipment Procurement in Line with the Requirements of Market Economy and Military-Civilian Integration Under the Rule of Law

Abstract：The new demand of the Party Central Committee for weaponry and equipment of PLA in the new period is, reforming and improving the system of science, technology and industry for national defense and that of weaponry and equipment procurement, as well as enhancing the capacity, quality and benefit for independent innovation in the development of weaponry and equipment. To this end, it is very significant to study those reforms and improvements, sum up successful experience as well as establish and improve the legal framework for weaponry and equipment procurement in line with the requirements of socialist market economy as soon as possible, which aim to ensure that the PLA will get advanced and affordable weaponry and equipment with the best quality. In all those efforts, the principles of harmonization, innovation and self-adaption should be followed and the legislations for domestic and international procurement plans, contracts and professionals should be strengthened. Finally, the legalization, normalization, institutionalization and scientization of weaponry and equipment procurement will gradually become true.

Key words：military-civilian integration；market economy；weaponry and equipment；procurement under the rule of law

我国预备役法律制度存在的问题及其完善

● 曹　莹　李亦欣*

内容提要:预备役法律制度的完善程度通常是衡量一个国家军事力量强弱的重要因素之一。随着《国防法》、《预备役军官法》、《国防动员法》等一系列法律法规的出台,我国预备役法律制度建设不断健全和完善,但从依法治军的高度来看,我国预备役法律制度还有待进一步加强。本文通过阐述我国预备役法律制度的现状,分析我国现行预备役法律制度存在的主要问题,并提出完善我国预备役法律的建议。

关键词:预备役法律制度　依法治军　现状　问题　建议

一、我国预备役法律制度的现状

预备役是同现役相区别的一种兵役义务。依照法律规定,在年龄、政治、身体适合服兵役而未服现役的公民,以及服现役期满退出现役后符合服预备役条件的人员,统称预备役人员(包括预备役军官和预备役士兵)。预备役人员根据国家需要,随时准备应征入伍。预备役法律制度的完善程度和预备役人员的数量、质量情况,通常是衡量一个国家军事力量强弱的重要因素之一。

我党在领导中国人民进行的长期革命斗争中,历来重视后备兵员的建设。除建立有正规军外,还建立了群众性武装组织。早在第二次国内革命战争时期,党领导的革命根据地,乡有赤卫队(23 岁至 56 岁)、少年先锋队(16 岁至23 岁)、儿童团(8 岁至 15 岁),区有特务营,县有独立团;抗日战争时期,民兵

---

* 曹莹,西安政治学院军事法学系,教授;李亦欣,西北大学法学院,硕士研究生。

发展到 220 万人,自卫军 1000 余万人;解放战争时期,民兵发展到 550 余万人,自卫军几千万人。这些群众武装,除配合正规军作战外,还担负着正规军的兵员补充任务,实际上起着预备役的作用。

新中国成立时的 1949 年,第一届全国人民政治协商会议通过的《共同纲领》规定,中华人民共和国实行民兵制度。1950 年 6 月 30 日,中央人民政府人民革命军事委员会为加强和统一对民兵的领导,决定成立人民武装部。当时民兵已发展到 550 万人以上。1951 年 3 月人民革命军事委员会决定地方县以上政府设立人民武装部,乡或行政村设民兵队部。到 1952 年底,各级人武部已陆续建立 1.7 万个,人民武装干部 6.3 万多人。

1955 年 7 月,全国人大通过了我国第一部《兵役法》,其中明确规定:我国的"兵役分为现役和预备役",从而在法律上确立了预备役制度。同年颁布施行《中国人民解放军军官服役条例》,对预备役军官的选拔来源、军衔晋升、转服现役等作了明确规定。同年 8 月,国防部发布了《关于组织预备役师的命令》,开始出现了预备役军官的早期分类。之后,从 1955 年年底开始,各部队按照国防部的指示,在退伍军士和士兵中选拔预备役人员,分别登记成为指挥军官或政治军官。先后在成都、武汉、昆明、兰州等军区组建了一批预备役部队,接受预编了十几万名预备役士兵。1956 年 4 月开始训练,历时一年半。1958 年 3 月,奉国防部命令,预备役师机构集体转业,预备役师取消。

党的十一届三中全会以后,为了加强国防现代化建设,提高战时快速动员能力,中央军委借鉴国外的先进经验,结合中国国情、军情,决定恢复预备役制度,明确提出了武装力量建设实行精干的常备军与强大的国防后备力量相结合的建设方向,并作出了组建预备役部队的决定,在全国有计划地组建一批预备役师、团。从 1983 年 3 月 25 日,总参组建动员师(后改称预备役师)以后起,沈阳军区、北京军区等单位开始着手组建预备役部队。1983 年 5 月,总参谋部发出通知,明确预备役部队实行统一编制,有关师、团均授相应的军旗一面,并授予番号,按规定刻制印章。从此,中国预备役部队迈开了历史性的步伐,开始了全面建设的时期。1986 年 8 月 10 日,三总部发出通知,规定预备役部队正式列入中国人民解放军建制序列。1992 年 5 月中下旬,在烟台举行了新中国成立以来第一次专门研究全国基层民兵、预备役部队建设情况的会议。1995 年 5 月 10 日,第八届全国人大常委会第 13 次会议通过了《预备役军官法》。该法与中国兵役法相衔接,与中国军队干部工作的"三个条例"(即《中国人民解放军现役军官服役条例》、《中国人民解放军军官军衔条例》、《中国人民解放军文职干部暂行条例》)相配套。至 20 世纪末,我军的预备役部队已发展成为拥有步兵、炮兵、装甲兵、工程兵、通信兵、防化兵在内的诸兵种合成的一支重要力量。①

　　法律制度是运用法律规范调整各种社会关系时形成的制度。法律制度和其相应的法律规范的总和构成一国的法律部门。预备役法律制度是指运用法律规范调整预备役部队的征召、训练、执行任务、后勤保障等所形成的各种制度的总和。从我国的预备役法律制度实践看,其内容主要包括训练制度、应急制度、培养制度和保障制度。其特征体现在三个方面:一是法律制度的军民融合性。预备役部队不仅肩负着维护国家安全稳定的神圣职责,其在非训练期间还要在地方工作,参与普通的生产经营活动,这就决定了预备役法律制度既要体现军事性,也应体现出一定的非军事性的特点,与其他军事法律规范、地方法律规范既有联系、又有区别。只有二者相互协调才能有力推动预备役法律制度的发展。二是法律制度调整范围的广泛性。这一特点是由预备役工作所涉及社会关系的广泛性和复杂性所决定的。从预备役部队内部讲,其法律制度不仅包括对预备役军官、士兵的结构调整,也包括对预备役职务、技能、年龄、性别等不同因素的调整。从预备役部队外部讲,预备役法律制度建设不仅涉及预备役军官与国家、政府和军队的关系,也会涉及其与地方工作单位之间的利益调整,同时还会对预备役军官的家属产生一定的影响。这些都使得预备役法律制度的调整范围比较广泛,表现形式灵活多样。三是法律制度的实施体现了军地配合性。国内外长期的实践表明,预备役法律制度的实施主要还是依托地方政府及企业的力量进行的,军队只是提出具体的需求。因此,在预备役法律制度立法过程中,必须充分考虑地方政府及相应单位的责、权、利;充分考虑军队、地方涉及预备役部队的权利、义务与职责,规范军队与地方进

---

① 中国的兵役制度(四):预备役制,新华网 http://news.xinhuanet.com/ziliao/2004－06/30/content_1557079_3.htm,2009 年 10 月 20 日访问。

行沟通与协调的方式、方法,以提高预备役结构优化的效率,这样才能有效地推进预备役队伍建设的发展。也只有军地双方紧密配合,才能有效地实施预备役法律制度。

二、我国现行预备役法律制度存在的主要问题

《国防法》、《预备役军官法》、《国防动员法》等一系列法律法规的出台,凸显了我国在预备役法律法规建设方面做的大量工作,预备役法律制度建设不断健全和完善。但是,从依法治军的高度看,我国预备役法律制度还存在着诸如:原则性要求较多,具体规范偏少,预备役的管理制度、集训制度法规不够健全,制度的操作性不强等问题,因此,我国预备役法律法规建设还有待进一步加强。

(一)预备役人员管理规定不够具体,缺乏一定的操作性

根据我国《预备役军官法》的规定,全国的预备役军官管理工作在国务院、中央军事委员会的领导下,由中国人民解放军总政治部主管,大军区、省军区、军分区警备区的政治部负责本区域的预备役军官管理工作,县、自治县,不设区的市、市辖区的人民武装部负责本行政区域预备役军官的具体管理工作。国务院有关部门、地方各级人民政府应当根据职责分工,依据预备役军官法和有关法律、法规的规定,做好预备役军官的管理工作。预备役军官所在的单位,应当支持预备役军官参加军事训练、执行军事勤务和履行其他兵役义务,协助做好预备役军官的管理工作。《预备役军官法》的这些规定,形成了一套完整的、周密的预备役军官管理工作的职责体系,使预备军官处于一个有领导、有组织、逐级负责、分工落实的管理体制之中。但是,从实践执行中看,这些规定都较原则概括,缺乏一定的操作性,管理的程序和管理的内容不明确。使管理者对预备役人员怎么管、管什么,无法落实。

(二)预备役军官培训方式滞后,难以满足军事斗争准备的需要

我国现行预备役军官培训体系基本上仍属于军队内部培训模式,即采取军队自身的各种培训方式进行培训。该模式已经不能适应信息化条件下国防动员对后备军官素质的要求。打赢信息化条件下局部战争要求预备役军官必须紧跟世界军事科学技术的发展步伐,达到召之即来,来之能战,战之能胜的

目的。因此,预备役军官必须进行基础性和军地通用课目的培训,以提高其作为后备军官力量的理论修养。从实践看,预备役军官的教育培训在依托地方,建立开放型的培训教育体系方面还有一定的差距。如何按照"训战一致、突出重点、讲求实效"的原则,集中选派预备役军官到地方接受教育培训。建立充分依托并利用地方院校、科研机构、高新技术企业、党校等社会教学力量和优势教育资源,采取就近就地、军地兼容、有偿教育的制度,提高其作为后备军官力量的理论修养还有待进一步规范。

(三)预备役部队相关机制不完备,难以满足完成多样化军事任务的需要

预备役部队相关机制不完备,难以满足完成多样化军事任务的需要,主要表现在两个方面:一是缺乏完善的保障完成多样化军事任务需要的经费制度。预备役目前的经费制度是为了保障预备役部队参加日常军事训练、担负战备勤务期间的各项费用的规定,它只体现在日常军事训练和战时,其有明确的经费来源,对民兵事业费的管理、使用和监督也有明确的规定。但这些规定不能满足预备役部队在紧急环境、特殊条件下完成多样化军事任务的需要,已经滞后预备役部队发展的需要。随着预备役部队参加完成多样化军事任务的明显增加,预备役部队参加多样化军事任务中所产生的各项经费应该由哪些部门保障? 这些经费如何管理? 使用过程中如何监督等都没有明确的法律规范。《民兵工作条例》中专门规定了民兵事业费作为保障民兵建设的专项经费,作为国家预算的组成部分,专款专用。同时,它还明确规定了民兵事业费主要用于军事训练、武器装备管理维修、组织建设、政治工作等开支。然而,对于预备役部队在执行多样化军事任务过程中征收征用后的补偿费、维修费、燃油费及其他合理费用的来源则从法律上找不到依据。在汶川抗震救灾行动中,社会各界给予了充分的经济支援与帮助,国家下拨专项经费用于救灾,经费的来源暂时没成问题,但如此巨额经费开支如果没有固定的保障机制,仅依靠临时下拨经费和社会捐款,显然不能解决根本问题,且这些经费保障如果没有专门的管理部门、监督机构以及配套监管制度予以监督,势必造成专项经费在使用中的随意性,不能保证专款专用,影响和制约预备役部队快速高效地遂行历史赋予的使命。二是预备役部队在紧急环境、特殊条件下征收征用制度不明确。目前,我国关于紧急状态征收征用的立法,因所涉问题比较零散,平时与紧急

状态下征收征用两个不同阶段的关联措施没有法律上的明确规定,宏观上不能体现立法的完整性、指导性,微观上缺乏适用性、协调性。由于征收征用法律制度的不明确,一方面对被征用人的利益保护不能从制度上予以救济,另一方面致使预备役部队无法正常使用相关措施,迅速征收征用到需要的物资,难以及时有效履行任务。法律只规定了征收征用的目的必须是出于公共利益的需要或因抢险、救灾等紧急需要,但却没有就征收征用国家和公民财物的程序、征收征用后的补偿主体等进行规定,即使事后权利人依据《国家赔偿法》的规定要求补偿,也会由于预备役部队遂行任务的补偿问题没有经费保障,而无力赔偿损失,进而带来很多不必要的纠纷。

(四)预备役人员的优抚待遇明显不足,影响预备役人员响应国防动员的积极性

我国国防法规定,预备役人员依法参加军事训练、担负战备勤务、防卫作战任务时,国家和社会保障他们享有相应的待遇,按照有关规定实行抚恤优待。《中华人民共和国预备役军官法》对预备役军官的待遇也作出了具体的规定,但相比现役军人比较完备的抚恤优待规定,以及其他一些国家的相关规定,我国对预备役人员优抚的规定明显不足。按照法律规定,预备役部队因执行特定任务伤亡的抚恤,应参照《军人抚恤优待条例》以及各省市的地方性法规、规章,但是,这些规定从颁布施行距今已有二三十年,仍依据旧标准进行抚恤,明显落后于现在的经济消费水平,同时,由于我国东西部地区经济发展不平衡,收入差距较大,如果依据"属地原则"来发放抚恤,势必会出现预备役人员执行同一任务,却因"属地"不同而拿到的抚恤金相差甚远的情形,这势必严重影响经济落后地区的预备役人员响应国防动员的积极性。

三、完善我国预备役法律制度的建议

党的十七大在提出加紧培养大批高素质新型军事人才,切实转变战斗力生成模式的同时,还提出要提高预备役部队建设质量。① 这为我国加快预备役部队建设,完善相关法律制度提供了有力的历史机遇,将对预备役法律制度

---

① 参见《中国共产党第十七次代表大会报告》。

的完善起到现实的推动作用。

从预备役部队法律制度对我国国防建设的战略意义及其调整社会关系的广泛性看,我国预备役立法应采用统一立法模式,以此加强制度的权威性,统一协调各方权利义务。在法律层面,依照《宪法》和《立法法》赋予的立法权,制定《预备役部队法》统领预备役法律制度建设,明确预备役工作的指导思想、原则、内容、程序、机构设置、权利义务、经费保障等整体性规定。在法规层面上,制定《预备役部队条例》,就法律层面的宏观规定进行细化,切实解决因配套法规的缺失而影响法律有效实施的问题。在规章层面,建议借鉴美军的立法模式,由各个军兵种结合自己的特点,与政府联合制定相应的军事行政规章,就具体领域的预备役工作程序、方式分别作出进一步的规定等等,尤其要规范主体必须承担的法律责任,要改变现行工作制度协调能力不强,法律效力不足的情况。同时,相关立法机构还应根据自身情况制定各种工作规范性文件,为预备役工作提供更加具体、合理的操作细则。具体讲,完善预备役法律制度主要包括以下的内容:

(一)制定预备役部队的军地共建共管法律制度

制定预备役部队军地共建共管法律制度要从以下三个方面着手:一是完善军地共建机制的立法。军地双方要切实转变"后备后抓"、"后备后用"、"后备无用"的观念,牢固树立"预备要早准备"的思想,立法要着眼先期用、首战用、随机用和全程用,把预备役部队建设纳入地方和军队人才建设的整体规划,统一筹划、统一立法、统一建设。军队要积极主动向地方党委、政府汇报预备役军官选配的条件、数量,并提出军地双方在预备役军官选配中的责任分工建议,争取地方党委、政府以及组织、人事部门对这些工作的立法支持,严格按照规定的标准、程序和专业特长为部队选准配强合格的预备役军官。二是完善共管机制的立法。加强"管什么"的立法,从深化预备役军官职责入手,建立健全回营办公、走访、定期联系、过军事日、联合办公、组织生活、建档考勤、联合考核、述职等法律制度。加强"怎么管"的立法,明确军地共管责任、规范军地共管内容、注重军地共管实效的法律制度,把被实践证明是好的、切实可行的做法,如"五纳入",即:把预备役人员日常管理纳入军地人事组织系统、调配使用纳入军地干部选配机制、素质培养纳入军地教育培训规划、工作部署纳入军地岗位目标、尽职守纪纳入军地干部政绩考评等制度法律化,尽快实现预备役部队管理工作目标的法治化。三是完善配套的法律监督立法。军事法律法规和条令条例,是我军建设的制度依据。依法治军,必须坚决维护军事法律法规和条令条例的权威性和严肃性。① 因此,完善配套的法律监督制度,对于加强预备役部队建设具有十分重要的作用。应通过建立经常性的管理、检查和监督模式,使法律监督常态化。此外,还可以结合实际,充分利用军队与地方已经建立起的一整套行之有效的管理体系,根据国防后备力量建设的需要,进一步完善军地双方共同进行监督检查的协调机制,与权威部门在军内外创建联合执法机制,组成精干的预备役管理督查组,在部队和地方党委的领导下,具体负责对预备役法律制度的贯彻落实,提高监督的权威。

(二)制定预备役军官培训的法律法规

制定预备役军官培训法律法规制度,重点是明确各级各类人员职责,统一和规范培训内容、时间、保障等,确保培训工作有法可依、有章可循。可以考虑设立预备役军官学院,在全国范围统一规划,以撤建的陆军学院为基础组建一、二所,招收应届高中毕业生和相当文化程度的退伍军人,培养预备役初级指挥军官,为各级人武部门输送合格人才。省市则可建立预备役培训中心,根据不同类别、不同职位、不同层次的预备役军官所需知识的深度、广度,按不同标准和要求进行多层次的培训。充分挖掘和利用军地培训潜力,依托军队院校、部队教导训练机构和地方高等院校、科研院所、军工企业等教学资源,建立以总部、军区、省军区和预备役部队、军分区四级分层负责的培训体系,最大限度地发挥军地教学培训机构的作用。

(三)健全预备役部队完成多样化军事任务的配套法规

一是完善经费保障体制。首先,建立综合保障制度,确保经费来源落实。建议在相关法律法规中增加预备役部队参加多样化军事任务的经费保障条款,对经费来源、管理、使用、监督做出原则规定。修改《兵役法》、《民兵工作条例》、《预备役军官法》中预备役部队参加军事训练和执行战备勤务的相关

---

① 参见江泽民在九届全国人大二次会议解放军代表团上的重要讲话,网址:http://www.cnr.cn/military/tpxw/200403/t20040315_207915.html。

经费保障条款,明确规定预备役人员在参加非战争军事行动期间的补偿及其他合理费用。在地方人民政府和原单位因正当理由无力保障民兵参加非战争军事行动的相关费用时,采取由中央到地方各级人民政府综合保障,确保经费落实的保障制度。其次,加强使用管理,提高经费保障效益。建立严格的管理制度,明确管理经费部门和机构的岗位职责,全面约束和规范经费保障工作。建立标准化管理制度,制定出科学合理的经费保障标准,克服保障工作的随意性和盲目性。推进规范化管理制度的落实,对经费管理使用的全过程进行科学、准确的监控,跟踪问效,分析经费使用状况,评估经费使用效益。

二是完善征收征用法规体系。首先,完善有关征收征用的配套法律法规,在内容上明确非战争军事行动征收征用的条件、主体、范围、征收征用程序、征收征用的补偿、法律责任等,界定全国各地区和有关部门征收征用的具体分工及权利义务。各省(直辖市、自治区)可依据有关法律规定,尽快制定地方性征用条例或实施办法,明确各级政府和职能部门的职责,规范其权利和义务。同时,规范征收征用制度平战状态转换机制。紧急状态的征收征用应当实现军需和民用相结合、平时和紧急状态相结合的目的。加强不同类型非战争军事行动需要的征收征用行动预案建设,对各种需要征收征用的物资登记注册。义务单位和个人须定期向有关部门报告该物资装备的相关情况,加强装备和物资的适用性改造,使平时能够用于经济建设的装备,在紧急状态下一旦接到征用命令后,能够立即投入使用。

(四)完善预备役部队的优抚法律制度

一是细化预备役人员的伤亡抚恤制度。细化预备役部队优抚的法律规定,以执行任务情况为衡量标准,由国家统一制定抚恤标准或幅度,避免出现因执行同一任务,却因"属地"不同而抚恤金相差甚远的情况。二是加强预备役人员及其家属的优待。我国对预备役部队除在执行特定任务时享有工资奖金福利待遇不变和乘坐交通工具的优先权外,其他优待规定甚少。因此,有必要通过立法,明确预备役人员及其家属的福利待遇及经济待遇,给予其在受教育、就业等方面一定的优先权利。预备役人员参加训练时,根据经济发展程度适当调整误工补贴,对在训练中表现特别突出的,实施一定的物质与精神奖励,对训练时间较长、专业较复杂的,适当增加津贴、补助和奖金等等。并以立法的形式规定执行任务的预备役人员所属单位的义务,为预备役人员提供"外围保障"。

Legal System of Reserve Duty in China:
Problems and Recommendations

Abstract:The legal system of reserve duty is an important factor to measure military strength of a state.With the introduction of a series of laws,such as the National Defense Law, the Reserve Officers Law and the National Defense Mobilization Law,the legal system of reserve duty in China continue to be improved and perfected.However,it remains to be further strengthened in the perspective of running armed forces by law.Through the elaboration of the status quo of the established legal system,this article explores the main problems and makes recommendations for improvement of that system.

Key words:legal system of reserve duty;running armed forces by law;status quo;problems;recommendations

军事法学教育协同创新模式的理论探析

• 张沪生*

内容提要:胡锦涛总书记的重要指示和国家出台的相关政策明确了当前高校的重要任务之一就是协同创新。军事法学教育作为军事法学科建设的重要内容之一,也同样面临寻求适合自己的协同创新模式的课题。文章运用协同学理论,对军事法学教育协同创新模式加以理论探讨,构建符合军事法学教育发展规律的协同创新模式。

关键词:军事法学 教育 协同创新 模式

2011 年 4 月,胡锦涛总书记在庆祝清华大学建校 100 周年大会上围绕当前和今后相当一段时期全面提高我国高等教育质量的问题高瞻远瞩地指出,必须大力提升人才培养水平、增强科学研究能力、服务经济社会发展、推进文化传承创新,对我国高等学校担负的历史使命和重要责任作出新的精辟阐释。他特别强调,我国高校特别是研究型大学要在"积极提升原始创新、集成创新和引进消化吸收再创新能力"的同时,同科研机构、企业开展深度合作,"积极推动协同创新"。[1] 关于协同创新,多见于国内外论文报告,也曾纳入国内地方或行业规划,但立足国家战略层面明确提出要求这还是第一次。其后,为贯彻落实胡总书记的重要讲话精神,教育部、财政部发布《关于实施高等学校创新能力提升计划的意见》,旨在积极推动协同创新,促进高等教育与科技、经

---

* 张沪生,解放军西安政治学院博士研究生。
[1] 胡锦涛:《在庆祝清华大学建校 100 周年大会上的讲话》,《人民日报》2011 年 4 月 25 日。

济、文化的有机结合,大力提升高等学校的创新能力,支撑创新型国家和人力资源强国建设。置身如此的大环境中,军事法学的成长与突破也同样面临建构协同创新模式的新课题,而军事法学教育的协同创新是军事法学研究与学科建设中最为重要的一个环节,选取探索军事法学教育协同创新的模式,以期对军事法学的整体学科发展有所裨益。

一、"协同创新"的理论解读

关于协同创新(Collaborative Innovation),有一种说法是,美国麻省理工学院斯隆中心(MIT Sloan's Center for Collective Intelligence)的研究员彼得·葛洛(Peter Gloor)最早给出定义的,即"由自我激励的人员所组成的网络小组形成集体愿景,借助网络交流思路、信息及工作状况,合作实现共同的目标"①。目前,从国内外的相关实践来看,协同创新多表现为组织(企业)内部形成的知识(思想、专业技能、技术)分享机制,参与者拥有共同目标、内在动力、直接沟通,依靠现代信息技术构建资源平台,进行多方位交流、多样化协作。在教育领域内,协同创新的表现方式多为产、学、研同盟,由于相较之下,自然科学比社会科学从理论研究到生产实践再到效益产值的转化更为直接,因此,协同创新模式的探讨多出现在自然科学中,而社会科学的协同创新研究明显较弱。

这一定义较为准确地揭示了协同创新的语义,直观地勾勒出协同创新的表现形式,但未能深刻反映协同创新的理论依据和科学内涵,对于我们进一步研究军事法学教育的协同创新意义有限。笔者认为,协同创新的核心在于"创新",而创新的模式或途径在于"协同",显而易见,"创新"一词并不难理解,因此,欲从理论上解读"协同创新",关键是对"协同"的分析认识,这就不得不引入"协同论"的相关内容。

协同论产生于 20 世纪 70 年代,是系统科学的重要分支之一。赫尔曼·哈肯(Hermann Hake)首次创立了"协同学"的概念。他认为,"世界的统一既在于它们微观构成的单一性,也遵从其宏观结构规律的普适性。一方面,系统

---

① Collaborative Innovation Network, http://en.wikipedia.org/wiki/collaborative_innovation_network.

内子系统的协同作用导致了序参量的产生;另一方面,序参量的出现与存在反过来又支配或调控着这些子系统的协同作用,由此促成了系统有序结构的产生与形成,或即系统从无序到有序的'自组织'过程得以发生"。① 也就是哈肯提出的"在没有外界干预下获得新结构的系统,即自组织着的系统"过程②。由此可见,序参量也是教育协同模式的生成物,同时,序参量在实际中的理性活动对于教育系统创新成果的优劣起到了决定性作用。

进入20世纪80年代,哈肯进一步指出:"现在协同学一词已经有了双重的含义。原来我将协同学定义为'系统的各部分之间的互相协作,结果整个系统形成了一些微观个体层次不存在的新的结构和特征。'现在我认为,协同学还意味着完全不同的学科之间的协作、碰撞,进而产生一些新的科学思想概念。从这个意义上讲,也许存在某种'相变',使得我们能够共同形成一个对世界更为深刻的理解。"③也就是说,协同学为我们提供了一套全新的不同于以往的科学研究方法,并给出了合理的思维方式,从而帮助"我们研究系统各部分是怎样合作并通过自组织来产生空间、时间或功能结构的"④,因为协同学"在微观世界与宏观世界的过程之间架起了一座桥梁:协同学阐明了部分与整体之间的关系"⑤。

简单来说,哈肯以"协同学——协同工作之学"⑥来诠释他的科学理论,这一理论应用于教育科研领域能够为后者带来新型的结构系统,这种结构系统

---

① H.哈肯:《信息与自组织——复杂系统中的宏观方法》,郭治安等译,四川教育出版社1988年版,第 vii 页。

② H.哈肯:《信息与自组织——复杂系统中的宏观方法》,郭治安等译,四川教育出版社1988年版,第 xiii 页。

③ H.哈肯:《协同学——自然成功的奥秘》,戴鸣钟译,上海科学普及出版社1988年版,第5页。

④ H.哈肯:《信息与自组织——复杂系统中的宏观方法》,郭治安等译,四川教育出版社1988年版,第49页。

⑤ H.哈肯:《协同学——自然成功的奥秘》,戴鸣钟译,上海科学普及出版社1988年版,第2页。

⑥ H.哈肯:《协同学——自然成功的奥秘》,戴鸣钟译,上海科学普及出版社1988年版,序言。

可能为包括军事法学在内的教育科研创新提供更为科学有效的运作机制。

二、军事法学教育在协同创新理论下的演绎展开

在协同学支撑的协同创新理论体系框架内,军事法学教育作为一个整体系统,包含了关系较为复杂的多个子系统(如图1所示)。其中,在军事法学专业内的子系统关系类型包括单个军事法学教育主体内部、多个军事法学教育主体之间(承担或开展军事法学教育的不同主体)以及军事法学教育主体与军事法律实践部门之间(主要是军事执法与军事司法部门)。此外,在军事法学专业外部,军事法学教育还存在与其他相近学科教育之间的子系统关系类型,如军队政治工作学、哲学、经济学等。欲探索军事法学教育可靠的协同创新模式,需要以微观的视角观测上述各个子系统的形成与运行,以期在协同创新理论下对军事法学教育各个子系统作出原理上的准确定位。

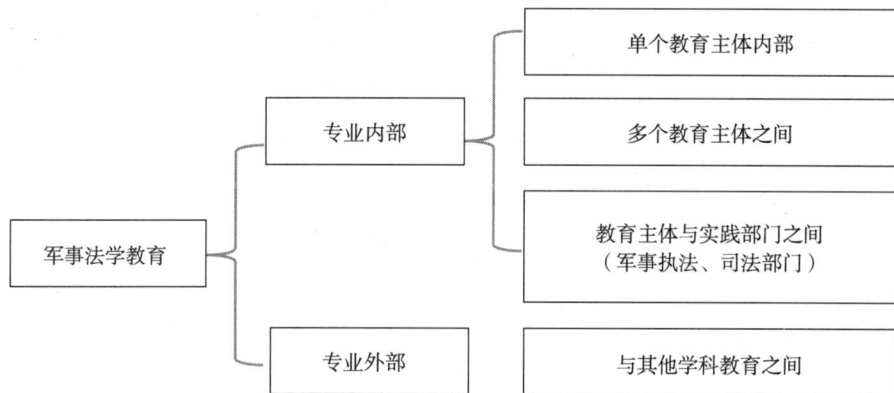

图　军事法学教育子系统关系类型

(一)协同的整体效应原理

从军事法学教育的实际出发,结合协同创新理论,军事法学教育在协同过程中的整体效应至少包括四个方面:

一是教育理念协同。当前,军事法学教育主体是以军队和地方高校为主,同时涉及军队和地方的相关科研机构,内容涵盖了军事法学专业的各个方面①。

---

① 主要包括军事立法、军事行政法、军事刑法、军事司法、军事法律史、武装冲突法等。

各教育主体之间在基本条件上有着较大的差异性，如教育层次和类型①、师资力量配备、专业方向设置等，此外，各教育主体之间在教育资源配置和教育方式上也存在着明显差别，这些都可能会成为军事法学教育系统中的不确定因素，影响着军事法学教育创新目标的实现。为了克服不利影响，保证军事法学教育协同创新模式的有效运行，需要建立和谐发展的教育理念，充分尊重军事法学教育的特点，积极引导并利用好各教育主体之间的差异，围绕整体目标，求同存异。

二是教育目标协同。军事法学教育目标协同是指教育主体从军事法学教育发展的总体目标出发，充分把握军事法学教育各子系统之间的相互联动、相互影响的关系，使军事法学教育各子系统在运动方向上保持一致。对于单个军事法学教育主体而言，行政领导机关、相关院系、教研室、实验室，甚至教学人员个人等，在实施军事法学教育的目标上应当取得一致。对于不同军事法学教育主体而言，相互之间在协同创新的过程中，教育目标也应当是一致的。也就是说，军事法学教育协同创新的总体目标对系统内各要素的活动具有导向作用，它促使各子系统围绕其相互作用、协调与合作。

三是教育组织结构协同。军事法学教育组织结构协同主要包括决策协同、操作协同和方式协同。决策协同是指军事法学教育主体的决策者以总体目标为导向而进行的相互合作与协调，即决策者通过组织调配教育主体的相关要素进行相互合作与协调，最大限度地发挥各要素的积极作用。操作协同主要指人、财、物之间的相互协作与配合。方式协同是指决策者通过一定的方式作用于实际操作过程，这将直接影响军事法学教育协同创新的效果。具体而言，军事法学教育主体决策者通过制定相关教育制度，建立各种联系、评价、监督机制，实现上述要素构成的组织结构能够协同一致，实现创新。

四是教育实施协同。实施是军事法学教育达成协同创新目标的核心。各军事法学教育主体应明确自身的教育发展现状，以军事法学教育协同创新的总目标为主旨，制定各自的教育发展规划，并且充分考虑到军事法学教育的内

---

① 目前，军事法学教育层次主要包括本科、硕士、博士及博士后，教育类型主要包括学历教育和任职教育培训。

容,结合各教育主体之间的个性与差异,兼顾可行性因素确定因人而异、各自适宜的教育实施步骤,以求发挥最佳的协同创新效应。在教育活动的过程中,通过制定健全的法律法规制度等来规范各教育主体的教育活动,引导军事法学教育向预期的协同创新目标发展。

(二)协同过程中的支配原理

如前所述,系统的协同效果常常是由序参量决定的,它不仅主宰着系统的演化方向,而且决定着系统演进的结果,即所谓协同创新中的序参量支配原理。就军事法学教育系统而言,影响其在协同创新过程中正常运行的因素很多,各因素对协同创新过程及目标的作用力也大小不一,只有确定起决定性作用的序参量,才能把握整个军事法学教育系统的发展方向,顺利实现协同创新的预期目标。

军事法学教育主体应当制定整体教育发展目标,科学分析自身教育发展现状,找出其在军事法学教育协同创新过程中存在的问题,准确划定在军事法学教育协同创新过程中起决定性作用的重要因素,即军事法学教育协同创新的序参量,这也是正向利用序参量支配原理的关键步骤。笔者认为,就目前军事法学教育的现状来看,其协同创新的序参量主要有积极的教育政策导向、明确的教育目标、科学的教育评价体系以及合理的教育资源配置。

上述军事教育协同创新的序参量可以通过及时的控制手段人为地加以调节。具体来说,当协同创新向正方向发展时,我们可以创造条件,强化各序参量,放大军事法学教育创新的协同效应,推动创新的加速实现;当协同创新向负方向发展时,我们也可以相应地通过控制相关因素,削弱某个或几个序参量,使协同创新回到我们预期的方向上来。①

(三)协同创新体系内的自组织原理

自组织原理强调的是一个系统在不受外力特定驱使的情况下,其内部要素可以自主协调并达到一种高度有序的状态。协同创新理论中的自组织原理

---

① 当然,需要说明的是,不同的军事法学教育主体,因其创新能力状况不同,其序参量的具体标准是不一样的,这更加说明找准符合自身协同创新发展的序参量是加入并顺利实现协同创新的关键一步。

指的是在协同创新的过程中,系统从无序向有序演化的过程,实质上就是系统内部进行自组织的过程,协同是自组织的形式和手段。

军事法学教育系统的协同创新要想从无序的不稳定状态向有序的稳定状态发展,应用自组织原理是达到这一目的的有效途径。当然自组织原理的实现还必须具备两个条件:

一是信息的开放与互通。自组织的过程是系统内多个子系统,以及每个子系统内多个要素之间互动的结果。对于军事法学教育系统而言,在协同创新的过程中,单个教育主体中的不同教育个体,或者不同教育主体之间,要想实现通过自组织过程达到有序协同创新的目标,必须以相互之间教育信息的开放与互通为前提。有了信息的开放与互通,自组织过程中的各要素方可通过信息的及时获取与处理,调整自身参与军事法学教育协同创新的具体方式,与协同创新的整体方向保持一致,正向引导协同创新的目标实现。

二是充分利用教育资源。如前所述,单个军事法学教育主体内部个体之间、多个军事法学教育主体之间都存在着教育资源分配不均衡的现实。而自组织的过程在信息开放与互通的基础上,同时也是充分利用教育资源的过程,使教育资源在自组织的同时实现更为合理的重组与配置。在这个过程中,教育评价对军事法学教育资源伴随协同创新的矢量流动也起到了导向作用,因此,科学的教育评价体系也是充分利用教育资源、实现协同创新的必要环节。

三、军事法学教育协同创新模式的理想模块

通过对军事法学教育运用协同创新理论加以分析,我们对军事法学教育协同创新的模式有了较为理性的思考。如果论及军事法学教育协同创新模式的构建,那么,我们还需要在理性思考的基础上,以若干模块的形式对军事法学教育的协同创新模式进行更加具体的研究与探讨。

(一)协调中枢机构的运行

这一模块是军事法学教育协同创新模式中的核心模块,可以说整个协同创新模式都是围绕这一模块分别展开的。这一模块需要由一个具有全局性的专门机构(如中国军事法学研究会)承担协调中枢的职能,在军事法学教育协同创新过程中发挥引领和指导的功能,确保军事法学教育协同创新顺利且高

效地实施,尽可能避免重复动作,从而减少教育资源的浪费。具体而言,协调中枢机构应当承担的职能主要有两项:

一是政策导向。协调中枢机构在其权限范围内①通过发布有关军事法学教育协同创新的政策,引导或编排军事法学教育协同创新的各参与者以最适当的方式参与协同创新过程。如若超出该机构的权限范围,又确需在协同创新过程中予以解决的政策层面的问题,该机构可以通过积极与有权机构以协商、催促等多种形式进行沟通,辅助相关政策的出台与发布。

二是信息集散。如前所述,信息的开放与互通是军事法学教育协同创新的重要前提,然而,在实践中,由于协同创新的参与者众多,且存在空间上的距离阻隔,难免导致信息交流不畅、准确性不足、时效性不强等信息损耗,影响协同创新的顺利进行。而协调中枢机构的建立可以有效地解决这一问题,该机构通过分别汇总各个协同创新项目的相关信息,再对信息进行筛检后,有针对性地投递至相关的每一个协同创新参与者,既提高了信息利用率,又铺平了协同创新各参与者之间的信息通路。

三是资源整合。通过政策导向和信息集散,协调中枢机构实现分配协同创新任务、调控协同创新流程的功能,同时也是完成军事法学教育资源整合的过程。军事法学教育资源最初分布存在不合理的部分,协同创新的实施过程中,协调中枢机构可以运用政策导向职能引导教育资源向更具创新活力的军事法学教育主体流动②,从而激发其他参与协同创新的教育主体的积极性与主动性。

(二)各子系统的协同创新方式

如前所述,军事法学教育系统中包含若干子系统,它们在整体协同创新模式中的运行方式各有不同。

1.军事法学专业内部的子系统。一是单个军事法学教育主体内部各教学

---

① 关于此处权限范围的最终确定,笔者考虑仍应以法律规范的形式明确加以规定。

② 这里只是从理论上对军事法学教育资源的流动进行探讨,在实践中,尤其是在军队体制内,军事法学教育主体之间人员、物资的流动在人事管理、后勤保障等方面仍存在很大的制度障碍。

单位(组织)、个人比较容易形成协同创新的团体,这也是目前军事法学教育协同创新最常见、最普遍的模式。该类子系统的优势是组织方便、沟通方式简易、信息互通快捷,但存在的劣势也较为明显,即占有教育资源有限、协同创新能力较弱。因此,在军事法学教育协同创新整体模式中,该子系统最理想的运行状态是存在于其他子系统之中,处于基础地位,发挥整体模式中的最小单元功能。二是多个军事法学教育主体之间进行联合协同创新的模式,这也是目前较为常见的一类。该类模式在运行中需摆脱容易出现的各教育主体之间简单分工的合作方式,避免"生产流水线式"的表面协同,应当以各主体教育资源优势互补为平台,旨在展现各主体在军事法学教育中的强项,建立更加合理、深层的协同创新机制,最终目标当然是为了提升协同创新成果的品质。三是军事法学教育主体与军事法律实践部门之间的协同创新模式,由于存在跨领域的障碍,这是目前较为薄弱的一类子系统。法作为"活着的"事物,其生命即存在于法律实践中,因此,法学教育离不开法律实践的鲜活事实。军事法学教育也不例外,军事法律在执法、司法的过程中也会遇到大量的实践问题,都需要在军事法学教育中得到反馈。该类模式需要军事法学教育主体与军事执法、军事司法等实践部门在协调中枢机构的协调之下密切配合,各自发挥理论与实践优势,达成理论与实践紧密联系的协同创新模式,其协同创新成果的实际可操作性应当明显大于前两类单纯教育主体模式。

2.军事法学专业外部的子系统。学科是人们对知识的一种人为划分方式,随着人类认识的深入,各学科的外延不断扩大,学科之间的原有藩篱逐渐模糊,新的科学发现往往需要突破学科围墙,强化学科交叉。近100多年里,交叉科学运用多种学科的理论和方法,消除了各学科之间的脱节现象,填补了各门学科之间边缘地带的空白。军事法学教育也应当注重与其他相近学科教育之间的协同创新,推动军事法学与军队政治工作学、哲学、经济学等学科交叉融合,促进不同学科思维的相互碰撞,促进跨学科协同创新,突破军事法学教育的固有思维和模式,鼓励尝试用其他学科的思维方法研究军事法学教育领域的问题,寻找更多的创新基点。囿于篇幅所限,在这里我们不再分别探讨军事法学教育与其他相近学科教育协同创新模式的详尽内容。

The Mode of Collaborative Innovation in Military Law Education

Abstract: Collaborative innovation, one of the most important roles played by colleges and universities, is expressed in national policies involved. An appropriate mode has also to be provided for military law education, which is an integral part of discipline construction. This article explores possible modes of collaborative innovation in military law education with synergetics theory. It aims to establish such a mode as conformity to internal rules of military law education.

Key words: military law; education; collaborative innovation; mode

红十字国际委员会对军民融合的看法

• 彼得·埃文斯[*]著 范亦漳^{**}译

内容提要：随着现代战争性质的演变和军事行动的发展变化，红十字国际委员会（ICRC）作为一个特殊的、法定的平民人道组织在坚守使命、开展任务工作的过程中面临着诸多挑战。本文通过分析战争性质和军事行动对人道领域的潜在影响，重点讨论国际红十字会与军方的相互关系，以及军事行动对该组织工作所造成的影响。

关键词：军民融合 国际红十字委员会 军事行动

军民融合可以采取多种形式。在一些国家，争论的焦点在于军方和在特定冲突地区工作的其他政府部门之间是否开展有效的对话；在其他国家，则更加注重军方与东道国平民居民之间的关系。红十字国际委员会（ICRC）对这些问题不宜置评。不过，本文将要讨论的是 ICRC 作为一个非常特殊的、法定的平民人道组织与军方的相互关系，以及军事行动又是怎样影响该组织的工作的。

本文首先设定争论的要点，提醒读者切记 ICRC 的使命和战争性质的演变；其次再考虑军事行动对人道领域的潜在影响，进而波及 ICRC 接触受害者。本文最后总结了人道领域未来的发展趋势。

---

* 彼得·埃文斯，红十字国际委员会东亚地区代表处武装部队合作代表。

** 范亦漳，红十字国际委员会东亚地区代表处武装与安全部队合作助理。

一、ICRC 的使命和战争性质的演变

ICRC 是一个国际性的人道组织，国际社会赋予的使命如下：

> ICRC 是一个公正、中立和独立的组织，其特有的人道使命是保护武装冲突和其他暴力局势受害者的生命和尊严，并向他们提供援助。
>
> ICRC 还致力于通过推广和加强人道法和普遍人道原则来防止苦难的发生。
>
> ICRC 创立于 1863 年，它是《日内瓦公约》和国际红十字与红新月运动的起源。它在武装冲突和其他暴力局势下负责指导和协调"运动"所开展的国际活动。

ICRC 在武装冲突和其他暴力局势中所发挥的作用意味着我们必然要与军队在同一空间开展行动。因此，我们有与各种武器携带者打交道的强烈历史责任感，军民互动对于 ICRC 来说屡见不鲜。实际上，ICRC 就是从 1859 年意大利的索尔费里诺战役中诞生的，而且我们的首任主席也是一位军官（杜福尔将军）。当然，此后的战争发生了显著的变化。19 世纪，战争往往远离平民，专门的军事力量在开阔地带进行对垒和鏖战，其结果是绝大多数的伤亡人员都是军人，这一点在日内瓦第一公约和第二公约的约文中得到了具体的体现。20 世纪中叶，战争的性质已经发生变化，对平民造成了很大的影响。例如，1937 年至 1945 年的第二次中日战争导致 3500 万中国人伤亡，其中近90% 都是平民。世界各地的战争所造成的人道影响与日俱增，我们现在耳闻目睹的战争伤亡人员主要都是平民。ICRC 肩负着国际人道法发展的责任已然反映出这种变化趋势，《日内瓦第四公约》和日内瓦四公约附加议定书就重点关注冲突对平民居民造成的影响。现实情况和 ICRC 在保护武装冲突受害者所发挥的作用促使该组织在开展工作的一切环境中不断地与武装部队交流互动，试图确保他们了解并遵守国际人道法。同时，只要军方愿意，我们还向他们阐述所在任务区的人道局势。

军事行动的发展变化已经对 ICRC 与军方之间的关系产生某些影响，我

想在下文中继续探讨这些问题。

二、军方的人道责任

纵观全球，军队越来越多地参与援助受自然灾害影响的平民。2010 年，中国人民解放军出动直升机和派遣医务人员帮助巴基斯坦抗洪救灾。这种行动在全球已经司空见惯，难能可贵的是军事组织把拥有的直升机和重型运输设备用于向灾民提供援助。

在冲突区，冲突各方有责任为平民居民提供生活必需品。[①] 他们同样还有协助人道行动者开展行动的责任。[②] 然而，在现代军事行动中，军队在冲突期间也充分利用提供援助和协助的机会，以赢得当地民众的支持。开展"民心运动"是为最终达到所希望的军事成果而利用全部的军事能力，不仅是作战能力来施加影响的军事方法的一部分。的确，这种理念目前正扩展到把提供援助都作为活动安排不可分割的组成部分。换言之，提供援助被用作"赢得战争"策略的一部分。这种想法已经发展成为像在阿富汗所采用的"北约综合方式"的理念。因此，军事组织进入了如红十字会这样的人道组织开展活动的领域，给我们的行动带来了很大的困难。下面我将解释一下 ICRC 的行动方式为何对我们取得成功至关重要，而军事援助行动又怎样把我们的成功置于危险之中。

三、ICRC 的工作方式

ICRC 只有接触到武装冲突的受害者，才能完成使命。不论他们是因冲突而被关押的拘留者、无家可归或无饮用水的平民或者是战斗中的伤员，都是武装冲突的受害者。他们不仅应受到国际人道法的保护，而且也属于弱势群体。ICRC 为了履行使命，总是想方设法接近这些受害者，并为他们提供援助。下面让我举几个例子来说明。

很多人可能都了解 2008 年年底至 2009 年年初在斯里兰卡岛国上展开的

---

① 参见《第一附加议定书》第 69 条，《日内瓦第四公约》第 23 条。

② 参见《第一附加议定书》第 70 条和第 71 条。

军事行动,政府军在军事行动中把反政府武装——面对迅速扩张的军力压力的泰米尔伊拉姆猛虎解放组织——逐渐逼迫到越来越小的区域。最终,猛虎解放组织和成千上万受人道法保护的平民被围困在斯里兰卡东北部海岸的一小块地盘和海滩上。在整个战役中,ICRC 奔赴前线与冲突双方开展工作,始终与政府军和反政府武装保持联系;能够在实施敌对行动中交换尸体,并进行适当的干预。在冲突后期,ICRC 前去商谈中止战斗行动,以便从海滩上撤离受保护的人员,最终使 14000 名平民安全脱险。如果我们没有获得冲突各方的信任,这种救援行动只能纸上谈兵。最近在利比亚,ICRC 能够再次与冲突各方阐述其使命和工作方式,从而得到各方的信任,所以,我们通过协商几乎深入到利比亚全国各地。当时,33 名新闻记者被困在的黎波里的瑞克索斯酒店(Rixos Hotel)内,事实上他们身处政府军和武装反对派交战的前线,而ICRC 则能够与冲突双方进行沟通,并进入酒店撤离这批受国际人道法特别保护的新闻记者。① 在这两起事件中,ICRC 都必须深入到激战正酣的战区,根据其使命和国际人道法履行应尽的义务。然而,我们的员工在行动中并没有携带武器,也没有武装护卫或者乘坐装甲车。那么,ICRC 在这些情况下开启通道的关键何在?

ICRC 完全依靠冲突各方了解其中立、公正和独立的人道使命,允许该组织自由进入战区。也就是说,我们获得进入战区的关键贵在坚持使命所明确规定的一系列原则。ICRC 的代表通过严格遵守中立、公正、独立和人道行动的原则,能够确保冲突各方理解我们的工作性质和履行使命的方法。

对于 ICRC 而言,至关重要的中立原则始于高层领导。大会是其最高决策机构,由 12 名瑞士公民组成向外界发出政治中立的明确信息。最高决策层之下的代表们谨慎行事,以免介入政治争论,或者偏袒任何一方的政治论战。在组织机构层面和一线,我们也始终坚持独立的立场。譬如说,ICRC 不是联合国系统的一部分,坚持维护独立于联合国,以便不被视为存在政治偏见。为了强化这种观点,ICRC 设法确保来源于日内瓦公约缔约国的经费用于那些根据我们自己评估的、取决于受害者需求的一切行动。当然,ICRC 必须完全公

① 《第一附加议定书》第 79 条。

正地履行职责,不得基于种族、宗教、肤色、性别或政治派别而有所歧视。要做到这一点有时候也面临挑战,因为 ICRC 必须向敌对势力提供援助,这也是其使命所规定的公正性的客观现实,而冲突各方理所当然地根据他们对 ICRC 的认知水准行事。因此,ICRC 强烈地甚至是强制性地要求保持中立、独立和公正的原则。实际上,中立原则是该组织每个成员工作的灵魂,具体体现在行动之中。一旦该组织被认为失去公正性和中立性,那么,对于我们接近受害者将造成极其不利的影响。

四、问题所在

现在,让我们来考虑一下军方人员也声称在开展"人道行动"的地区,人们对人道工作者的看法。军事行动和一般政府部门的行动都带有政治色彩,而并非中立的。德国伟大的战争哲学家克劳塞维茨的著名论断"战争无非是政治通过另一种手段的继续"。[①] 他接着解释说战争不是一种独立事件,而是一种政治行为,更是一种"真正的政治工具"。[②] 倘若人道行动被视为一种政治工具,这将给 ICRC 的工作带来巨大的风险。同时,顾名思义,只要冲突的状态存在,冲突的每一方进入为冲突而战的部分领土将受到限制。显然,即便存在以公正的方式去支持所有受影响的平民居民的政治和军事意愿,军队也根本不可能支持处于险境的全体国民,其中那些急需人道援助的人们也无可奈何。在利比亚 2011 年的冲突中,没有任何一方(卡扎菲政府、反对派武装或北约)可以畅通无阻地接触到受冲突影响的所有平民居民。即使在阿富汗伊斯兰共和国政府军与北约军队已经携手合作十多年的阿富汗,他们也无法畅行无阻地接触到全国所有的受冲突影响者。

这种情形也是国际人道法的预期,事实上是一种公认的战争习惯法:

> 冲突各方须准许和便利向急需帮助之平民提供的人道救济迅速并无阻碍地通过,该救济须具有公正性质且在不加任何不利区别的条件下进

---

① 克劳塞维茨将军的《战争论》,由格雷姆上校翻译,第一卷第 24 段。

② 同上。

行,并应服从冲突各方的控制。①

因此,法律承认有必要让那些以纯粹的人道方式开展工作的 ICRC、范围更广的红十字运动或者类似的组织进行干预。可是,如果他们认为"人道"行动实际上是敌方企图削弱他们的力量,又怎么能期望冲突各方准许人道介入呢? 这里的关键问题是如果人道行动要取得成功,人道介入和行动都必须得到各方的承认——那就是在中立和公正的基础上解除人们的痛苦。当冲突的一方或多方不清楚这一点,ICRC 员工的安全可能遭到严重的威胁,潜在地影响该组织向冲突受害者提供支持。

五、展望未来

那么,各国怎样确保 ICRC 在一线的人道工作能够依照使命的要求持续开展下去?

首先是要了解我以上提出的各种挑战。

其次是确保军队与当地居民互动时,军方以透明的方式行事,保证军援和真正的人道行动之间不可能混为一谈。在某种意义上说,就是确保遵守现有的国际人道法。② 实际上,也是承认人道行动者所面临的风险和军队在降低(或增加)风险方面能够间接地发挥作用。驻扎在阿富汗的国际安全与援助部队(ISAF)也认识到这个问题,便下令把在阿富汗使用的 ISAF 的所有车辆喷上与人道行动者的车辆有显著区别的颜色,这就是该地区最佳实践的例证。③

① 红十字国际委员会《习惯国际人道法》规则 55。英文原文参见 http://www.icrc.org/customary-ihl/eng/docs/home。同时参考《日内瓦第三公约》第 9 条;《日内瓦第四公约》第 23 条;《第一附加议定书》第 69—71 条、第 81 条和《第二附加议定书》第 18 条。
② 《第一附加议定书》第 48 条"……冲突各方无论何时均应在平民居民和战斗员之间加以区别……。"
③ 2009 年 6 月 1 日,北约驻阿国际安全与援助部队总参谋长马可·博托里尼少将说:"北约拥有的全部白色车辆都要改变颜色……使得车辆的多种色彩一目了然、显而易见。"参见 http://www.irinnews.org/Report/84634/AFGHANISTAN-Aid-agencies-win-NATO-concession-on-vehicle-markings。

第三是确保冲突各方不使用导致其他各方混淆视听的言语。把人道行动者当作达成军事目的或者"赢得战争"的"合作伙伴"这类语言可能对人们的普遍看法产生严重的影响。虽然没有任何军队故意把人道行动者置于险境，但是由于信息管理不严，把人道行动描述成战争"策略"的一部分就完全有可能把风险转嫁给人道行动者。

最后一点是冲突中的一切行动者都需要尊重 ICRC 作为中立人道组织的独立性。该组织会在冲突地区跟所有的相关行动者开展对话。例如，在刚果民主共和国，ICRC 与大约 40 个不同的武装团体或派别进行对话。我们这么做完全是根据使命的要求，严格遵守国际人道法，开辟出我们自己的"人道空间"，以我们自己的方式接触并援助武装冲突的受害者。虽然这并非易事，有时候还需要进行微妙的谈判，但是 ICRC 在最具有挑战性的环境中也有良好的成功记录。虽然国家进行公开干预旨在支持该组织的工作，但是又往往会被视为出于政治动机。尽管初衷良好，实际上却给我们的行动造成不利的影响。

六、结语

总之，ICRC 作为一个主要的平民人道组织，在冲突地区的军民融合方面与军队合作已经积累了丰富的经验。它完全是按照使命明文规定的一系列原则开展人道行动。这么做的目的就是要确保人们了解该组织所发挥的作用和工作方式，从而保证我们能够接触到武装冲突的受害者，并向他们提供援助。

对于军队而言，ICRC 唯一希望就是他们能够遵守国际人道法，包括有利于区分人道行动者和军事行动，并尊重 ICRC 的独立和中立原则立场。如果那些负责军民关系的人能够支持区分原则，那么，ICRC 就能够一如既往地开展任务艰巨却很有价值的工作。

ICRC's Perspective on Military-Civilian Integration

Abstract：With the changing nature of warfare and military operations, the ICRC，a very specific，legally mandated civilian humanitarian actor，is facing varous challenges when it achieves its mandate and continues its difficult but valuable work. The paper will address the interaction between the ICRC and the military and how military action can affect the work of the institution, based on an analysis of the potential effects of nature of warfare and military action in the humanitarian sphere.

Key words: military-civilian integration; ICRC; military operations

占领者在被占领土内的立法权

——战时军民融合的特殊形式

● 李 强*

内容提要:为了确保占领地的安全和秩序,占领法赋予占领国在被占领土内的立法权。按照传统的观点,由于占领国不是被占领土的主权者,因此它没有权力在其军队的维持与安全和战争宗旨的实现所暂时必需之外,对该地区的法律加以改变;相反,它却有义务按照现行法律管理该地区。但是,20世纪以来发生的许多军事占领都突破了这一限制,特别是在"改造型军事占领"的情况下更是如此。事实上,占领国在被占领土内的立法活动就是在变革的愿望和维持现状以保持稳定之间取得利益平衡。

关键词:军事占领 立法权 军事必要 《海牙章程》 《日内瓦第四公约》

国家之间发生的国际性武装冲突经常伴随着军事占领。所谓军事占领,是指一国武装部队实际控制不属于本国领土并以统治的意图行使自己权力的一种事实状态。1907年《陆战法规和惯例章程》(简称《海牙章程》)第42条规定:"领土如实际上被置于敌军当局的权力之下,即被视为被占领的领土。占领只适用于该当局建立并行使其权力的地域。"军事占领的存在使得被占领土的合法权力转移到占领国手中,事实上导致了占领国在被占领土内具有

---

* 李强,中国政法大学法学院军事法研究中心讲师,法学博士。

最高权威,从而取代原政权行使国家职能。① 通常由平民政权行使的立法职能也是其中之一。②

一、占领者立法权的来源

较早的观点认为,占领者在被占领土内没有任何立法权,该权力仍归属于合法的主权政府,因此丧失对被占领土控制的主权政府颁布的新法律在占领地内仍然有效。譬如麦克奈尔就认为:"基本的原则是,如果新法属于占领期间持续有效并且占领者不能合法改变或废除的那类国内立法,它就应当在被占领土内发生效力。"③早期的一些判例也部分地支持了这一观点。在第一次世界大战德国对比利时的占领中④,比利时法院在一个判决中这样写道:"占领者的法令,无论是怎样的,都不是源于国家主权的行使。它们不拥有比利时法律的效力,仅仅是敌国军事当局的命令,不能包括在本国的立法或制度之内。"⑤不过更为主流的观点是,合法主权政府的权力在军事占领期间中止,被占领土内制定新法的权力转移给占领者。事实上,这是一个对 1907 年《海牙章程》的理解问题。1907 年《海牙章程》第 43 条对占领者的立法权作了原则性规定:

合法政府的权力实际上既已落入占领者手中,占领者应尽力采取一切措施,在可能范围内恢复和确保公共秩序和平民生活,并除非万不得已,应尊重

---

① 占领国的这种最高权威通常由占领军对被占领土的实际有效控制体现出来。

② 这里的"平民政权"(civilian government)意指由平民控制国家权力,与"军人政权"(military government)相对。

③ Arnold Duncan McNair,"Municipal Effects of Belligerent Occupation",*Law Quarterly Review*(1941),Vol.57,p.33.

④ 1914 年,第一次世界大战爆发后不久,德军即攻占中立国比利时全境,从此对比利时实施了 4 年多的军事占领。1914 年 8 月 26 日,德国皇室内阁在被占领的比利时大部分地区建立起所谓的"总督府"(government general),负责对比利时的管理,靠近战区的部分比利时领土则由占领该地区的德军指挥官直接管理。总督府在其发布的一份命令中曾明确表示,总督府的行为将会遵守 1907 年《海牙章程》的规定。比利时的司法系统也因此在占领的大部分期间里像战前一样继续运作。占领于 1918 年 11 月 11 日德国投降后结束。See Eyal Benvenisti,*The International Law of Occupation*,Princeton University Press,1993,p.40。

⑤ See Hackworth,*Digest of International Law*(1943),Vol.6,p.396.

当地现行的法律。

实际上,从第43条的措辞来看,它肯定了占领者在占领期间享有立法权,否则"除非万不得已,应尊重当地现行的法律"这句话就失去了任何意义。正如勒坎所评价的:"从该条得出的结论是,占领者在必要的情况下有权修改(占领地)法律……当长期占领以及由于战争被占领土的经济和社会形势经历较大变化时,非常明显,新的立法措施迟早是必要的。"①但是,尽管该条并不禁止占领者依据国际法原则在占领地内立法,却对占领者的立法权施加了限制,不过这种限制的程度有多大,一直引起争论。

除此以外,1949年《日内瓦第四公约》第64条还对占领者的刑事立法权作了原则性规定:

占领地之刑事法规应继续有效,但遇该项法规构成对占领国安全之威胁或对本公约实行之障碍时,占领国得予以废除或停止。在后者之考虑及保证有效的司法之需要之限制下,占领地之法庭对于上述法规涉及之一切罪行,应继续执行职务。

但占领国得使占领地居民服从该国为执行其在本公约下所负之义务,维持该地有秩序之统治,与保证占领国、占领军、与行政机关之人员及财产,以及其所使用之设置与交通线之安全所必要之规定。

第64条被视为对1907年《海牙章程》第43条的精确和细化。其中第1款明确提到"刑事法规",而第2款的"规定"则没有作出这样的限制,但是第2款的适用仍只限于刑事立法。② 除了根据第64条的上下文,这一点也可以从《日内瓦第四公约》第66条的措辞推断出来,该条"遇有违犯根据第64条第2款公布之刑法规定之案件……"的表述清楚地表明这些"规定"只能是刑事的。但是也有学者提出了不同的看法,认为上述这种推断有其合理性,但不是唯一的解释。譬如本韦尼斯蒂就指出,第2款也可能有更为广泛的意义,允

---

① See Leurquin, "The German Occupation in Belgium and Article 43 of The Hague Convention of the 18th October 1907", *International Law Notes* (1916), Vol.1, p.55.

② See Yoram Dinstein, "The International Law of Belligerent Occupation and Human Rights", *Israel Yearbook on Human Rights* (1978), Vol.8, p.114.

许占领者为实现该款列举的目的而要求当地居民服从任何必要的刑事、民事或行政立法;而且从第64条制定时的讨论情况来看,第二款中的"规定"一词未用"刑事"加以限定并不仅仅是一个巧合。因此第64条应当理解为:要求尊重现行刑事法规,但也允许对所有类型的法律进行修改。①

事实上根据《海牙章程》规定的原则,被占领土的刑法和民法都可以继续适用。之所以《日内瓦第四公约》第64条只规定了关于占领地刑法的效力问题,是因为在谈判缔约的外交会议上,各国代表普遍认为在过去的武装冲突中,刑事法律没能得到占领者的充分尊重。因此,这一规定不能被认为免除了占领者尊重占领地其他法律的义务。② 必须强调的是,第64条规定的"刑事法规"应当广义解释,它是指制止犯罪的所有法律规定,既包括一般意义上的刑法典和刑事诉讼法典,也包括单行的刑事法规、规章以及其他法律中涉及刑罚的条款。

二、立法的条件

《海牙章程》第43条并未要求占领者在任何情况下都必须尊重被占领国的法律。如果万不得已(absolutely prevented),它可以采取贬抑占领地现行法律的措施。这一措辞源于1874年《布鲁塞尔宣言》第3条的规定,即:"为实现该目的,占领者应维持(maintain)和平时期当地现行有效的法律,并且除非必要(unless necessary),不得予以修改、中止和取代。"但是在1899年第一次海牙和平会议上,比利时和荷兰的代表团坚决反对将该条写入《海牙章程》。比利时代表在谈到这一问题时认为:"被入侵的国家服从入侵者的法律,这是一个事实,也是一种强制。但是,我们不应该事先就将这种权力的行使合法化,承认这种强制可以产生权利。"③关于这一问题随后提交的草案也都没能

---

① See Eyal Benvenisti, *The International Law of Occupation*, Princeton University Press, 1993, pp.101-103.

② See Jean Pictet(eds.), *Commentary on the Geneva Conventions of 12 August 1949*, Volume IV, ICRC publication 1958, p.335.

③ See W.Hull, *The Two Hague Conferences and Their Contributions to International Law*, 1908, 244, quoted from Eyal Benvenisti, *The International Law of Occupation*, Princeton University Press, 1993, pp.12-13.

协调各方的观点,因此都未在海牙和会上通过。① 最终,在法国代表团的协调下,以"尊重"(respect)和"除非万不得已"(unless absolutely prevented)替代《布鲁塞尔宣言》中的"维持"(maintain)和"除非必要"(unless necessary),因为该措辞被认为比《布鲁塞尔宣言》的措施更具限制性。② 不过,这种措辞上的变化并没有太大的价值,因为对"万不得已"的判断并没有一个具体的标准,它的含义依然模糊。甚至有学者认为,第43条提出的"除非万不得已"要"尊重"现有法律的要求本身没有什么意义,因为从技术意义上说,占领者几乎从来不会被绝对阻止尊重这些法律。③ 但是,20世纪以来发生的各种军事占领都没有证明这种观点的正确性和可行性。

事实上,《海牙章程》的制定者们从未否认占领者的立法权,只是对这种权力的行使施加了严格的限制,以防止滥用。不过在实践中,占领者是尊重占领地现有法律还是制定新法,是在衡量了自己的军事利益和占领地军民的利益之后作出决定的,而往往前者会处于优先地位。因此,《海牙章程》对占领者立法权的限制程度完全依赖于对"除非万不得已"的解释。

从措辞来看,《日内瓦第四公约》第64条第1款对占领者刑事立法权的限制似乎不如《海牙章程》严格。只要被占领土内现行有效的刑事法律对占领国的安全构成威胁或对占领国履行《日内瓦第四公约》的义务构成妨碍,占领国就有权修改或废除占领地现行刑法并制定新的刑事法规。事实上,这两个限制条件与《海牙章程》的规定没有实质差别,只是更为具体。前者体现的是一种军事必要,后者体现的是占领地居民的利益,因为《日内瓦第四公约》的主要目的之一就是保护被占领土内的平民及其财产。但无论是被占领土内的现行刑事法规还是占领国在被占领土内的刑事立法都不能与

---

① See Edmund H. Schwenk, "Legislative Power of the Military Occupant under Article 43, Hague Regulations", *Yale Law Journal* (1945), Vol.54, pp.396-397.

② See Eyal Benvenisti, *The International Law of Occupation*, Princeton University Press, 1993, p.13.

③ See Ernst H. Feilchenfeld, *The International Economic Law of Belligerent Occupation*, Columbia University Press, 1942, p.89.

1949 年《日内瓦第四公约》的规定相冲突,在发生冲突的情况下,公约必须居于优先地位。① 除此以外,占领国不得以任何其他理由废除或中止被占领土的刑事法规。

第二次世界大战前的普遍观点认为,军事必要(military necessity)是占领者"万不得已"的唯一考虑因素。所谓军事必要,是指在战争或武装冲突中,交战方出于军事上的迫切需要,可以不遵守战争法规定的义务。② 从这一时期大量学者的论述中可以清晰地看出这种倾向。譬如,海德表示,如果被占领土的法律与"占领者军队的安全或其支柱、功效和目标"相冲突,那么占领者就是被绝对阻止了尊重这些法律。③ 加纳则建议将军事安全或军事利益作为是否能够改变法律的衡量标准。④ 威尔森认为占领者有权废除被占领土的现有法律,如果它们"对占领者构成损害"。⑤ 菲尔臣菲尔德也认为,法律可以被改变,如果这种改变能被"充分证明是合理的"。⑥ 费恩韦克指出,占领者不必尊重被占领土的法律,如果它们"与战争状态的存在和占领军的安全不符"。⑦ 史多芬伯格认为改变被占领土的法律是可以的,如果有正当理由证明这是

① See Jean Pictet(eds.), *Commentary on the Geneva Conventions of 12 August 1949*, Volume IV, ICRC publication 1958, p.336.

② 这一点曾是许多交战国未遵守战争法时援引的理由。譬如德国有句谚语:"战争的必要优于战争的方式",许多德国人在第一次世界大战前就主张,在极端必要的情形下,战争法规就失去它们的拘束力。参见[英]劳特派特修订:《奥本海国际法》(下卷第一分册),王铁崖、陈体强译,商务印书馆 1972 年版,第 168 页。

③ See Charles Cheney Hyde, *International Law : Chiefly as Interpreted and Applied by the United States*, Little, Brown, and Company, 1922, p.368.

④ See James Wilford Garner, *International Law and the World War*, Longmans, Green and Company, 1920, Reprint : William S.Hein & Co. , 2003, p.86.

⑤ See George Grafton Wilson, *Handbook of International Law*, West Publishing Company, 1939, p.315.

⑥ See Ernst H. Feilchenfeld, *The International Economic Law of Belligerent Occupation*, Columbia University Press, 1942, p.89.

⑦ See Charles G.Fenwick, *International Law*, The Century Company, 1934, p.486.

"战争、公共安全和当局居民福祉所必需的"。① 米尤拉持有的立场是只要"不可逾越的军事障碍存在",被占国家的现有法律就可以被改变。② 他还认为,这种"不可逾越的障碍"很快就会存在。③ 然而,第一次世界大战中的军事占领表明,以军事必要作为占领者更改占领地现行法的依据无法充分保护当地居民的利益,占领者也会因此规避其本应承担的义务。

第二次世界大战后,考虑到轴心国在占领区的残酷行为,军事必要作为贬损战争法的理由越来越受到限制。战后设立的军事法庭基本都驳斥了"为了保证战争的胜利,采取军事必要行为是正当的"这样的抗辩理由。设在纽伦堡的美国军事法庭在"人质案"中就坚决主张:"军事必要不能为违反现行法规而脱卸责任……国际法规则必须被遵守,即使这一遵守将导致战斗或整个战争的失败。"④军事必要只能在《海牙章程》或《日内瓦公约》明确规定的情况下作为严格例外而被援引。因此,战后很多学者开始寻找占领者在占领区内立法权的其他法律基础。譬如格莱恩就主张,占领者为了非军事目的可以制定法律,"任何军事占领的第二目标都是保护当地居民的福祉,这一第二位的和合法的目的似乎给占领者为当地居民的利益而不是自己的军事必要和需求通过的新法提供了必要的基础"。⑤ 麦克奈尔和瓦茨则归纳了占领者合法

---

① See Stauffenberg, *Veriragliche Beziehungen des Okkupanlen zu den Landeseinwohnern*, quoted from Edmund H. Schwenk, "Legislative Power of the Military Occupant under Article 43, Hague Regulations", *Yale Law Journal* (1945), Vol.54, p.400.

② See Meurer, *Die Haager Friedens-Konferenz*, quoted from Edmund H. Schwenk, "Legislative Power of the Military Occupant under Article 43, Hague Regulations", *Yale Law Journal* (1945), Vol.54, p.400.

③ See Meurer, *Die Haager Friedens-Konferenz*, quoted from Edmund H. Schwenk, "Legislative Power of the Military Occupant under Article 43, Hague Regulations", *Yale Law Journal* (1945), Vol.54, p.400.

④ See The *Hostages* Trial (Trial of Wilhelm List and Others), US Military Tribunal, Nuremberg, 1948, *Law Reports of Trials of War Criminals* (1949), Vol.8, pp.66-67.

⑤ 他认为第一目标是"公共秩序"。See Gerhard Von Glahn, *The Occupation of Enemy Territory: A Commentary on the Law and Practice of Belligerent Occupation*, University of Minnesota Press, 1957, p.97.

制定法律的三个理由:"维持秩序、占领军的安全和占领合法目的的实现。"①德巴什也提到"占领军的安全和当地公共秩序"是变更占领地现行法律的两个合法的理由。② 由此可见,根据被占领土的利益,占领者可以中止现行法律或发布新法。事实上,由于原则上占领者可以改变占领地现行法律的基础扩大了,第二次世界大战后,已很少有学者反对占领者对被占领土内立法作出任何改变,实际上可以说"万不得已"已被实践解释成了"绝对必要"。

由此可见,如果占领者希望改变被占领土内的现行法律,它总会找到"万不得已"的理由,因为第43条事实上赋予了占领者自由裁量的权利。尽管占领者一般都会援引当地人民的需要和福祉作为其立法的理由,但这种对当地居民的关注是不是真诚的,很难有一个客观标准来予以评判。丁斯坦认为,判断占领者是否"真诚"的简单规则是,占领者在占领地立法的时候是否给予了当地居民和占领者本国居民一样的关切,如果占领者本国也有这样一部法律,就能构成在被占领土内制定一部相似法律的合法性的证据。③ 从某种程度上说,这是一种实践检验标准,看起来虽然合理,但在适用上却存在很大问题。首先,任何一种法律制度都根植于该国的社会、政治、经济和文化传统,占领国和被占领土的社会政治经济条件可能完全不同,因此法律制度的关注重点也可能完全不同,简单的移植可能会造成更多的混乱。其次,即使文化传统相似,同样的法律在适用上也可能会出现完全相反的结果。再次,这种标准实际上允许占领国可以将自己的法律全部移植到被占领土,这意味着会彻底改变占领地的社会政治经济制度。因此,有学者对此提出比较严厉的批评,认为它实际上一种缓慢的兼并(creeping annexation)或者具有将被占领土从其所属

---

① See Lord McNair and A. D. Watts, *The Legal Effects of War* (4th *edition*), Cambridge University Press, 1967, p.369.

② See O.Debbasch, *L' occupation Militaire*, quoted from Eyal Benvenisti, *The International Law of Occupation*, Princeton University Press, 1993, p.14.

③ See Yoram Dinstein, "The International Law of Belligerent Occupation and Human Rights", *Israel Yearbook on Human Rights* (1978), Vol.8, p.113.

国分离的效果。① 这一点在改造型军事占领中体现得最为明显。

第二次世界大战后,占领德国的盟军的目标就在于完全改变德国的政治制度,因此在立法上完全突破了《海牙章程》规定的限制。当时美国认为,敌对状态终止时德国的形势表现为在征服的概念的范围之内,依此概念,由于战胜国甚至能够吞并德国,至少他们有完全的权利因德国完全战败而向其提出附加要求,这些国际法规则对占领国的限制,只限于不能犯有任何构成反和平罪和反人道罪的行为。② 这种看法给军事占领制度带来很多混乱。不过由于盟军对德国的占领目标在于彻底消灭纳粹制度,所以实践中并没有受到太多批评。与之相类似的情形是 2003 年英美两国对伊拉克的军事占领,至少从彻底变更社会制度的角度来说是这样,因为英美两国的目的是推翻萨达姆的独裁政权。这次军事占领扩展了占领国立法权的来源。

实践表明,英美作为占领国在伊拉克设立的联盟临时管理当局享有广泛的立法权,但这种立法权的行使并非基于上述理由,而是基于联合国安理会的授权。在联盟临时管理当局发布的第 1 号条例中,其第 1 条第 2 款明确提到:"联盟临时管理当局有权根据相关的联合国安理会决议(包括第 1483 号决议)与战争法规和惯例,为达到其目标③行使一切必要的行政、立法和司法权。"④根据第 1 号条例的规定,联盟临时管理当局有权发布条例和命令,其中条例用来定义联盟临时管理当局的制度和权限,命令则是有拘束力的细则,并

---

① See Theodor Meron, "Applicability of Multilateral Conventions to Occupied Territories", *American Journal of International Law* (1978), Vol.72, p.550; Adam Roberts, "Prolonged Military Occupation: The Israeli-Occupied Territories Since 1967", *American Journal of International Law* (1990), Vol.84, p.94.

② [德] 马克斯·普朗克比较公法及国际法研究所主编:《国际公法百科全书》(第三专辑——使用武力、战争、中立、和约),中山大学法学研究所国际法研究室译,陈致中、林致平校,中山大学出版社 1992 年版,第 75—76 页。

③ 英美两个占领国在伊拉克的目标是:恢复伊拉克的安全和稳定,并在此条件下使伊拉克人民可以自由地决定伊拉克的政治前景;并通过进一步的努力恢复和建立治理伊拉克、促进经济复苏和可持续的重建和发展的国家和地方机构。See Section 1(1) of Coalition Provisional Authority Regulation Number 1, CPA/REG/16 May 2003/01。

④ See Coalition Provisional Authority Regulation Number 1, CPA/REG/16 May 2003/01.

且联盟临时管理当局发布的条例和命令具有优先于所有其他伊拉克法律的地位。在这个前提下,截至 2003 年 4 月 16 日仍现行有效的伊拉克法律继续适用于伊拉克,除非其妨碍了联盟临时管理当局行使权利和承担义务或与上述条例和命令相冲突。从理论上来说,英美两个占领国在伊拉克的立法权完全突破了《海牙章程》"除非万不得已"的限制,因为两国的目标就是为了改变伊拉克的现有体制,这对传统的军事占领制度造成了一定程度的冲击。①

三、立法的范围

《海牙章程》允许占领者在被占领土内立法以贬抑与之不符的现行法律,但是对于占领者可以立法的范围却没有明确作出说明。有学者根据第 43 条的字面意思认为,占领者仅能就恢复公共秩序和平民生活有关的事项采取立法措施,以关注当地居民的利益以及占领者和当地居民的共同利益。按照这种观点,在上述事项以外而纯为促进占领国的军事利益而进行的立法是被禁止的。② 将占领者可以立法的范围局限在与恢复公众秩序和平民生活有关的事项上,明显是对第 43 条的曲解。第 43 条第一句的措辞"合法政府的权力实际上既已落入占领者手中"暗示了被占领土前政权的权力都已落入占领者手中,这自然包括全部的立法权。也有学者作出这样的解释,占领者在被占领土内享有广泛的立法权,第 43 条对占领者立法权施加的限制仅仅适用于那些恢复公共秩序和平民生活有关的措施,而不适用于其他立法措施。也就是说,对于其他立法措施的更改不需要满足"万不得已"的要求。③ 从第 43 条的谈判过程来看,这种观点也有失偏颇。事实上,该条对占领者立法权的限制应当包

---

① 关于这一点的详细论述,请参见第 5 章第 2 节。

② See Meurer, *Die Haager Friedens-Konferenz*, quoted from Edmund H. Schwenk, "Legislative Power of the Military Occupant under Article 43, Hague Regulations", *Yale Law Journal* (1945), Vol.54, p.395.

③ See Charles Cheney Hyde, *International Law: Chiefly as Interpreted and Applied by the United States*, Little, Brown, and Company, 1922, pp.367-368; Meurer, *Die Haager Friedens-Konferenz*, quoted from Edmund H. Schwenk, "Legislative Power of the Military Occupant under Article 43, Hague Regulations", *Yale Law Journal* (1945), Vol.54, p.396, note 9.

括立法的全部领域,这也是现在普遍接受的观点。退一步讲,即使承认第43条规定的限制仅限于涉及占领地公共秩序和平民生活的立法措施,占领者在其他领域的立法措施也应当受到战争惯例、道德和人道的限制。①

除此以外,对第43条规定的"法律"一词也出现了解释上的争议。有学者认为,占领者应当尊重占领地现行有效的法律(law),不包括政令(decree)或条例(ordinance)。② 很显然,无论从第43条制定的目的还是从实践来看,这种观点都站不住脚。一般来说,国内法上关于法律和政令、条例的区分只是形式和效力等级上的而不是实质上的,第43条所用"法律"一词应当是对占领地所有具有法律拘束力的规范性文件的统称。不过对于占领地的一般法律和非正常状态下的特别法律(如战时法令或措施),占领者对它们的态度确实有所不同。第43条不要求占领者必须对后者予以尊重。譬如,在第一次世界大战中德国对比利时的占领期间,德国总督曾发布命令终止比利时国王此前颁布的一项适用于战时的法律,在由此引发的诉讼中,比利时法院就判决《海牙章程》第43条规定的限制只适用于普通法律(ordinary law)而不适用于战时措施,因此德国总督对上述法律的终止是有效的。③

而根据《日内瓦第四公约》第64条第2款的规定,占领者享有的立法权范围主要包括三个方面:首先,占领者为履行其根据《日内瓦第四公约》所承担的义务,可以发布相关的法规,这些法规可能涉及多个领域,如儿童福利、劳工、食品、卫生和公共健康等等。其次,占领者可以在其权限范围内制定必要的法律以维持对占领地有秩序的统治。再次,占领者有权制定保护其自身的刑事法规,不仅包括其在被占领土内设立的所有民事或军事组织,还包括它所使用的设施和交通线。由此可以看出,1949年《日内瓦第四公约》第64条赋

① 这一观点是由米尤拉提出的。See Meurer, *Die Haager Friedens-Konferenz*, quoted from Edmund H. Schwenk, "Legislative Power of the Military Occupant under Article 43, Hague Regulations", *Yale Law Journal*(1945), Vol.54, p.397。

② See Meurer, *Die Haager Friedens-Konferenz*, quoted from Edmund H. Schwenk, "Legislative Power of the Military Occupant under Article 43, Hague Regulations", *Yale Law Journal* (1945), Vol.54, p.398.

③ See Hackworth, *Digest of International Law*(1943), Vol.6, p.395.

予占领者的立法权是相当广泛和复杂的,但这些立法权只能在实现第 2 款规定目的的必要范围内行使。在任何情况下,占领者的权力都不能被用作镇压当地居民的手段。

四、立法的形式

《海牙章程》没有对立法的形式作出规定,这一点反映在《日内瓦第四公约》的第 65 条,后者对占领者订立刑事法规的形式作出了具体规定。该条规定:"占领国所订之刑法规定,在公布及用居民本国语言使居民周知以前,不得生效。该项刑事法规不得具有追溯力。"事实上,这是一条不证自明的原则。但由于两次世界大战期间该原则并没有得到很好的遵守,因此在外交会议上各国普遍认为应当在公约中明确宣示该原则。①

占领者订立的刑事法规必须公布以让被占领土内的居民知晓。公布的方式可以有多种,譬如通过当地媒体、在政府公报上或在公众可见的地方特别设置地点张贴公告等等,当然占领者也可以综合运用上述各种方式,以尽可能让所有占领地居民都了解立法的内容。公布法律,特别是刑事法律,是法无明文不为罪(*nullum crimen sine lege*)的必然要求。在所有可能的情况下,大多数占领军都会首先颁布军事刑法处理那些针对占领军人员及军事设施的犯罪行为,这也是在第二次世界大战中经常发生的情形。因为如果占领军不这样做的话,从法律上讲,在上述犯罪行为发生的情况下,占领军就只能诉诸被占领土的军法或刑法加以惩治。不过,占领者公布刑事法律应尽可能避免仅仅通过广播的方式,因为广播很可能只有一部分当地居民可以听到。

占领者公布法律应当使用占领地居民本国的官方语言,也就是该国以前公布法律时所使用的语言。在被占领土存在多种官方语言的情况下,占领者应当根据当地情况以及被占领土本国以前的做法,以一种或多种语言公布其刑事法律。如果占领者以本国语言颁布法律,那么应当附上可作准的当地官方语言的译本,在这种情况下,占领者本国语言的文本通常在解释上具有优先

---

① See Jean Pictet(eds.), *Commentary on the Geneva Conventions of 12 August 1949*, Volume IV, ICRC publication 1958, p.338.

地位。譬如联盟临时管理当局颁布的第 1 号条例,其第 3 条第 2 款就规定:"联盟临时管理当局任何条例或命令的颁布都必须经过行政长官的核准或签署。条例或命令经核准或签署后即生效,应以相关语言公布并尽可能广泛地予以散发。在产生分歧的情况下,英语文本优先。"①

占领者公布的刑事法律不具有溯及力,这体现了"法不溯及既往"的一般原则,这一点在《日内瓦第四公约》第 67 条也有所体现。刑法不具有溯及力是绝对的:在行使刑事管辖权上,占领者不能脱离既定的实践;该条款为被占领土内的居民提供了免于迫害的重要的法律保障。②

五、结论

在不同的法律领域适用《海牙章程》第 43 条可能会导致不同的结果,这是由于该条用语模糊造成的。从某种程度上说,尊重占领地现行有效的法律在公法领域比在私法领域更加难以实现,因为战争或国际性武装冲突本就是国家间的行为。譬如在宪法领域,传统上认为占领者虽不受占领地宪法的约束,但是要尊重被占领土的政治经济制度,不过根据第 43 条我们并不能得出这样确凿的结论。因此,有学者认为,尊重被占领土的政治经济制度也不是盲目的,如果这一制度对占领军的存在和安全构成永久性威胁,那就有绝对必要取消它。③ 在行政法领域这种情况表现得更为明显,因为行政法通常都会与占领者的利益相冲突。所以当军事占领确立时,占领者一般都会中止占领地相关行政法的实施,比如涉及新闻出版、集会、武器弹药的持有、选举投票、自由旅行、征兵等方面的法律。但是在与个人生命、自由等基本权利密切相关的法律领域,如刑法,情况可能有所不同,这正是 1949 年《日内瓦第四公约》具体规定的情形。

无论是 1907 年《海牙章程》还是 1949 年《日内瓦第四公约》,都承认占领

---

① See Coalition Provisional Authority Regulation Number 1, CPA/REG/16 May 2003/01.

② See Jean Pictet(eds.) , *Commentary on the Geneva Conventions of 12 August 1949*, Volume IV, ICRC publication 1958, p.339.

③ See A.C. Davidonis, "Some Problems of Military Government", *American Political Science Review*(1944) , Vol.38, p.467.

国在一定的条件下享有在被占领土内的立法权,但《日内瓦第四公约》的规定比《海牙章程》更为具体和确切,并且它只关注那些和保护平民直接相关的事项。根据公约第154条的规定:"在受一八九九年七月二十九日或一九〇七年十月十八日海牙陆战法规与惯例公约之拘束并为本公约之缔约国之各国关系上,本公约应为上述海牙公约所附规则第二编及第三编之补充。"因此从某种程度上说,《日内瓦第四公约》的规定构成了《海牙章程》的特别法(lex specialis)。但这仅仅意味着,《日内瓦第四公约》具有优先适用的地位,不代表《海牙章程》的相关规定失去效力。20世纪以来的几乎每一次军事占领中,占领国都会在被占领土内大量立法,或废除、或取代、或修改被占领土内的现行法律。总的趋势是,《海牙章程》第43条和《日内瓦第四公约》第64条规定的限制被进行更为宽泛的解释。

The Legislative Power of Occupant in Occupied Territory: A Special Form of Military-Civilian Integration during Armed Conflict

Abstract: In order to ensure public order and safety, the occupant is vested with the legislative power in the occupied territory according to the law of occupation. In the light of traditional viewpoint, the occupying power is not a sovereign in the occupied territory and has no power to change laws in that territory unless the imperative military necessity. Instead, it has a duty to administer the territory on the basis of laws in force. However, many military occupations since 20th century are beyond this limitation, especially the transformative military occupation. In fact, the occupying power must determine the proper balance between desirability of change vis-à-vis the interest in stability and respect for the *status quo*.

Key words: military occupation; legislative power; military necessity; The Hague Regulation; The Fourth Geneva Convention

美国规制私人军事公司制度析论

- 王 勇 *

内容提要：美国私人军事公司（以下简称 PMC）在冷战后蓬勃发展，赢利丰厚，但是它们侵犯人权，违反人道主义，劣迹斑斑。尽管美国通过《武器出口管制法》等相关法律规制和惩处 PMC 及其雇员的违法行为，但是该规制制度漏洞百出，作用有限。美国规制制度的发展受到诸多因素的制约，如 PMC 公司利益与美国国家利益的趋同性、美国 PMC 具有巨大的政治影响力以及 PMC 的规制问题本身处于当今国际法与国内法的"双重盲区"等。从美国规制制度的发展趋向来看：美国政府加强规制是一个基本态度，但是这个过程是复杂而长期的；美国政府现在及未来一段时间主要通过国内法的小修小补作为主要调整方式，而国际法对美国规制制度的影响作用将日益深入。

关键词：私人军事公司 规制制度 制约因素 发展趋向

一、 导言

私人军事公司（PMC）在美国最早出现是 1975 年，美国弗吉尼亚一家军事建筑公司和沙特阿拉伯签署了一项 7700 万美元的合同，内容是为沙特阿拉伯训练国民自卫队以保护其油田。① 这一举动引来轩然大波，在媒体排山倒海的声讨中，美国 PMC 一度销声匿迹。冷战结束之后，随着民族国家对暴力的垄断呈现出一定的松动以及美国现役军队被大量裁减，美国的"私人军事

---

* 王勇，华东政法大学国际法学院副教授，博士后。

① 乐道：《"倒萨"秘密军队：私人军事公司》，载《时事报告》2003 年第 1 期，第 48 页。

产业"不断发展壮大,诸如黑水公司(Blackwater,2009 年后更名为 Xe)、职业军人资源公司(MPRI)、文内尔公司(Vinnell)、布朗与路特公司(Brown & Root)等一大批 PMC 出现了。它们以牟利为目标,从事着范围广泛的业务活动,从军事顾问、军队培训、安全保卫到情报搜集、后勤保障、战斗支援,无不涉足。美国不少 PMC 经济实力雄厚,经营利润相当可观,2002 年美国 PMC 的营业额已达到 1000 亿美元。[①] 在伊拉克战争期间,美国众多 PMC 更是空前活跃,获利丰厚。[②] 但是,美国 PMC 在对外行动中不负责任,劣迹斑斑:它们不顾武器出口方面的限制,从事武器的走私贩运,使冲突国聚集了大批的武器装备,令冲突进一步升级;它们违背国际人道主义准则,侵犯人权;它们经常滥用武力,杀伤无辜平民,甚至伊拉克虐囚丑闻也和这些公司的雇员有关;它们协助一些公司掠夺发展中国家的石油、金刚石等自然资源、盘剥第三世界国家;它们扶植国际犯罪团伙,如传授哥伦比亚贩毒集团如何进行反侦察以及使用高技术武器;它们培植反政府武装,如美国 PMC 所培训的玻利维亚反毒军队动辄杀人、放火、抢劫,并以武力对抗政府等等。[③] 虽然 PMC 的问题日益凸显,但是目前国际法上还没有直接规制 PMC 的制度,国内法上也只有美国和南非有相关的规制制度。在这种情况下,研究分析 PMC 的头号母国——美国规制 PMC 的制度并且揭示其发展趋向显然具有重要的意义和价值。

二、美国规制 PMC 的具体制度

首先,美国主要依据《武器出口管制法》(AECA)和《国际武器转让条例》(ITAR),并通过许可证制度来规制 PMC 的军事出口服务。美国《武器出口管制法》第 22 章第 39 节"武器出口控制"和美国《国际武器转让条例》第 22 章第 1 节"国会"的第 M 项"国际武器交易规制"是规制 PMC 的具体法律依据。其核心内容是将军事服务出口与武器出口相联系,用武器管制来约束军事服

①　P.W,Singer,the Dog of War Go Corporate,*the London News Review*(March 19,2004), p.23.

②　王秀梅:《私营军事公司及其国际规制问题初探》,载《河南省政法管理干部学院学报》2009 年第 4 期,第 89 页。

③　魏宗雷等:《西方"人道主义干预"理论与实践》,时事出版社 2003 年版,第 303 页。

务的出口。具体内容如下:美国国务院依据《武器出口管制法》第 2778 节,在美国总统的授权下对武器和军事服务的进出口进行管理。根据《国际武器转让条例》,PMC 在出口军事服务之前,必须向美国国务院下属的武器交易管制办公室(ODTC)登记申请。后者审查合同以确保它们在不违反美国政策和出口限制的情况下,向 PMC 发放许可证。对于出口武器或军事服务合同的标的额超过 5000 万美元,或者军事设计或建造服务合同的标的额超过 2 亿美元,或者造价达 1400 万美元的重要军事设备的购买合同,必须由美国国务院告知国会。出于国家安全的考虑,上述合同并不一概向公众公开。另一方面,在决定是否批准一个出口许可申请时,国务院武器交易管制办公室应与相关的政府机构比如美国国防部或国务院进行沟通和协调,并征求他们的意见;如果发生了涉及美国政治利益的任何争议,应由国务院武器交易管制办公室负责协调和解决;许可证的有效期是 4 年或者是合同的实际履行期限,如果合同条款没有发生实质性的变更,期限还可以修改。① 总之,美国的许可证制度以严格控制著称。根据这项制度,PMC 出口合同的每一个细节都要获得美国武器交易管制办公室的批准。这种制度对于 PMC 的活动会产生直接的控制作用。②

除了登记和许可程序,美国政府还保持着对 PMC 活动的后续监控,这项职能由美国政府责任办公室(GAO)和国会共同负责。其中美国政府责任办公室可以对 PMC 成立后各个合同的签订与履行进行一定的监督,监督的具体程序取决于合同的本质以及是否存在与该合同相关的特别法等内部因素。③

其次,美国主要依据《联邦刑法典》、《外国人侵权索赔法》和《域外军事管辖权法案》来追究 PMC 及其雇员的违法侵害责任。美国《联邦刑法典》禁止

① Clive Walker and Dave Whyte, Contracting out War? Private Military Companies Law and Regulation in the United Kingdom, *International and Comparative Law Quarterly*, Vol.54 (July 2005), pp.667-669.

② Clive Walker and Dave Whyte, Contracting out war? Private Military Companies, Law and Regulation in the United Kingdom, *International and Comparative Law Quarterly*, Vol.54 (July 2005), p.667.

③ Caroline Holmqvist, Private Security Companies, the Case for Regulation, *Stockholm International Peace Research Institute Policy Paper No.9* (January 2005), p.30.

"美国公民接受外国政府的军事任务从而以战争方式对抗那些与美国保持和平关系的国家"。① 违者将受到美国刑事处罚。此外,根据美国的《外国人侵权索赔法》(ATCA),外国公民可以根据国际条约对于 PMC 的不法侵害行为提起侵权诉讼,美国联邦地区法院对此类案件拥有初审管辖权。美国现实中为数不多的起诉 PMC 违反国际人道主义法的几起案件都是根据《外国人侵权索赔法》提起的民事诉讼。例如,在伊拉克的阿布格莱布监狱(Abu Ghraib),CACI 公司雇佣的审问者对被拘禁者施以酷刑,Tita 公司雇佣的翻译者也有类似违法行为。受害者已经根据《外国人侵权索赔法》对上述 PMC 雇员提起诉讼,控告他们违反国际法。② 此外,2000 年生效的美国《域外军事管辖权法案》(MEJA)第 18 章第 212 节"域外军事管辖"第 3261—3267 条规定:在海外服务美国军事活动且直接与美国国防部签合同的公司及其雇员,如果有违法侵害行为,可以受到美国法院管辖。

再次,美国 PMC 合同本身也在一定程度上起到规制 PMC 的作用。美国 PMC、政府官员和非政府组织通过多种方式在 PMC 格式合同中植入诸如保护人权、透明度和反贿赂等重要的公法条款,从而预防 PMC 合同方的违法行为。③ 有些 PMC 合同中还包含了诸如保护人权和遵守国际人道主义法等国际法原则以规制 PMC 及其雇员。还有些 PMC 合同明确规定雇主和雇员都要接受国际人权法和国际人道主义法的培训。需要指出的是,在美国私人安保公司与诸如监狱、医疗机构、福利机构和教育机构所订立的国内安保合同中,上述规制内容往往是很充分的。④

最后,美国 PMC 的行业自律。早在 2001 年 8 月,作为美国 PMC 的行业

---

① Fred Schreier and Marina Caparini, Privatising Security: Law, Practice and Governance of Private Military and Security Companies, *OCCASIONAL PAPER*- №6, (March, 2005), p.106.

② Tina Garmon, Domesticating International Corporate Responsibility: Holding Private Military Firms Accountable Under the Alien Tort Claims Act, *Tulane Journal International and Comparative Law*(Spring, 2003), p.325.

③ Laura A. Dickinson, Public Law Values in a Privated World, *Yale Journal of International Law*, vol.31(2006), p.394.

④ Jody Freeman, the Private Role in Public Governance, *New York University Law Review*, Vol. 75(2000), p.543.

协会——国际和平行动协会(IPOA)就通过了《行动守则》从人权、透明度、责任、顾客、安全、雇员、保险、控制、伦理、合作、适用与执行等十一个方面规定了行为守则,供 PMC 自律时参考执行。① 该《行动守则》在 2009 年 2 月得到修正,从而更加完善。同时,美国一些 PMC 已经开始"自我约束",他们对自身提出了更多的规制要求,其目的是想让私人军事行业从原先的坏名声中走出来。

三、美国规制制度的局限性

第一,美国缺乏专门规制 PMC 的法律,现有的法律制度不仅针对性不强,而且漏洞百出,根本无法发挥有效规制 PMC 的作用。如前所述,美国主要通过《武器出口管制法》、《国际武器交易条例》、《联邦刑法典》、《域外军事管辖权法案》等来规制 PMC 及其雇员。上述法律并非专门针对 PMC 所立,而且大部分颁行于 PMC 兴起之前,无法考虑 PMC 的特殊情况,故而针对性不强。其中,美国将规制 PMC 海外活动与规制本国武器出口联系起来,以 PMC 海外活动时携带武器作为连结点,显得"生硬"。毕竟 PMC 的海外活动其侧重点是输出人力以及智力支持,武器只是人力的一个辅佐工具,其关注重点在于"人",而武器出口的规制重点在于"物",何况除了携带的武器,PMC 海外活动还有提供军事训练、政策、咨询等与武器出口完全无关的业务领域。更为严重的是,美国规制制度漏洞百出。就《武器出口管制法》和《国际武器交易条例》而言,虽然美国要求 PMC 在向国外出口军事服务之前,要获得许可证。但是,美国国防部根据对外军事出口计划与美国 PMC 订立的出口合同,就不要求后者提供出口许可证。而且美国国防部作为中间商,可以直接向外国政府出口武器或军事服务,而由五角大楼向 PMC 支付对价。例如,文内尔公司的训练沙特阿拉伯国民卫队的合同,以及职业军人资源公司的一些训练巴尔干半岛军队的合同就属于美国对外军事出口计划。② 此外,虽然国会有权监

① http://ipoaworld.org/eng/codeofconduct/87-codecodeofconductv12enghtml.html.

② JC Zarate, the Emergence of a New Dog of War: Private International Security Companies, International Law, and the New World Disorder, *Stanford Journal of International Law*, Vol. 75(1998), p.106.

督标的额超过 5000 万美元的合同。但是在现实中,PMC 可能会人为地将一个合同分割为几块或者订立子合同,减少标的额至 5000 万美元之下,以规避国会的监督。① 这说明美国根本没有足够的手段监督 PMC 在取得许可证之后的行为。就《联邦刑法典》而言,虽然其禁止美国公民充当外国政府的雇佣军,但这只限于那些与美国保持和平关系的国家。而在发生恐怖主义袭击或者存在低烈度冲突的情况下,很难判断"和平关系"的状态。例如,在 US v.Elliott 案中,美国地区法院将该法律规定适用于一个阴谋炸毁赞比亚铁路的美国人,因为美国与赞比亚处于"和平"状态。在 US v.Terrell 案中,美国认为向尼加拉瓜反对派提供武器的行为并没有违反法律规定,因为美国政府与尼加拉瓜当局处于非和平状态。② 可见,美国《联邦刑法典》在规制 PMC 方面也存在重大疏漏,无法发挥有效规制作用。就《域外军事管辖权法案》而言,虽然该法案将其适用范围扩大到那些在海外服务美国军事活动的公司及其雇员,但是它的适用前提是这些人必须直接与美国国防部签订合同,与其他政府机构例如中央情报局合作则不在范围之内。例如黑水公司由于受雇于美国国务院就无法适用该法案。

第二,美国规制 PMC 的责任制度特别薄弱,根本无法起到有效追究 PMC 及其雇员责任的作用。首先,美国一些重要军事法律对 PMC 责任保持沉默,很不利于追究 PMC 的责任。例如,美国《中立法》禁止的是在美国境内募集雇佣军,却不禁止军事性质服务的买卖。美国《统一军事审判法典》只适用于美军服现役士兵,规定了其在海外的违法活动的处罚制度,但对一同在海外参战的 PMC 雇员违法的惩治却只字未提。"③其次,细究美国的《外国人侵权索

① Juan Carlos Zarate, The Emergence of a New Dog of War: Private International Security Companies, International Law, and the New World Disorder, *Stanford Journal of International Law*, Vol.75(1998), p.132.

② Clive Walker and Dave Whyte, Contracting out War? Private Military Companies Law and Regulation in the United Kingdom, *International and Comparative Law Quarterly*, Vol.54 (July 2005), p.668.

③ 吴媛媛:《私营军事公司在国际法上的地位探究》,清华大学国际法专业硕士学位论文 2008 年,第 33 页。

赔法》,被侵权的外国公民虽然可以根据此法案对 PMC 提起诉讼,但是却还要面临很多程序上的难题,比如通常被告会成功的利用便于审理原则、穷尽行政救济原则、国际礼让原则或者当事人非必要诉讼人等原则来进行辩护;此外,如果被告是非美国籍的 PMC 雇员,根据美国的属人管辖原则,对被告的管辖权只有其在美国境内实行了有计划且持续的侵权行为时才能得以确立。①因此,美国《外国人侵权索赔法》存在诸多程序上的漏洞,无法发挥有效追究PMC 侵权责任的作用。最后,美国国内立法无法追究美国 PMC 所导致的美国国家责任。从国际法法理上说,那些受到美国直接控制的 PMC 在国外实施不法行为后会产生相应的美国国家责任。但是由于美国实行"政府合同豁免",导致在美国国内法院诉讼过程中无法追究美国的国家责任。

第三,美国的 PMC 合同制度本身也存在诸多漏洞,无法起到有效规制的作用。如前所述,在美国私人安保公司与诸如监狱、医疗机构、福利机构和教育机构所订立的安保合同中,有效监管的内容往往是很充分的。而在美国PMC 的出口合同中,上述内容却非常薄弱。有效的 PMC 合同制度必须包括大量受到良好训练且经验丰富的合同监督员,但是最近美国政府似乎走错了方向,很少有合同监督员受到国际人权法和国际人道主义法的专门培训。②美国国防部总检察官指出:从 1990 年到 2001 年,美国国防部从事 PMC 合同监管的工作人员减少了 50%,而整个部门的合同监管工作量却增加了 12%。③更为严重的是,目前任何美国政府部门都没有政府与 PMC 所订合同的全部记录,这种情况招致美国外交事务委员会的批评。④ 特别是,美国 PMC 与伊拉克政府所订的合同内容粗糙,规制很少,空白点很多,而且欺诈与贿赂是司空

① Nathaniel stinnett, Regulation the Privatization of war: How to stop Private Military Firms from Committing Human Rights Abuses, *Boston College International and Comparative Law Review*, Volume 28(2005), p.5.

② Laura A.Dickson, *Contract as a tool for regulating private military companies*, *From Mercenaries to Market*, ed.Simon Chesterman & Chia Lehnarrdt (Oxford: Oxford University press, 2007), p.8.

③ Ibid, p.11.

④ House of Commons Foreign Affairs Committee, Private Military Companies, *Ninth Report of Session*(2001-02 HC 922), Para.17.

见惯的事。① 例如,美国驻伊拉克官员斯坦因(Robert J.Stein)主管伊拉克重建合同的分配,他已经被指控受贿犯罪。② 又如,美国的卡姆战斗公司(Custer Battles)从美国国际发展局获得了两份价值共 1600 万美元的合同,上述合同旨在为巴格达机场和伊拉克造币厂提供安保服务。该公司经常对原材料采取低价买进高价报销的手段。有一次,该公司对于用 350 万美元买的原材料,却称花了 1000 万美元。③ 因此,美国国防部总检察官经过调查后,"一针见血"地指出:50%以上的伊拉克合同没有得到有效监督。④

第四,美国 PMC 的行业自律以及美国各州规制制度的作用更加有限。美国 PMC 的行业自律以自愿为基础,作用非常有限。另一方面,美国各州法关于 PMC 的规制制度更加薄弱。美国有 16 个州规定不需要对 PMC 的公司背景进行审查;30 个州规定不需要对 PMC 雇员进行培训,其余各州也只规定了 1 到 48 个小时不等的培训时间;22 个州规定 PMC 活动不需要获得许可证。⑤

综上,美国规制制度存在严重的局限性,难怪美国海军陆战队军法检察官约瑟·伯拉克评论说:"这些法律规定得根本就不够严密,不够完善,没有人清楚地知道应该在什么时候、哪种情况下去适用它们。"⑥

---

① Laura A.Dickson, *Contract as a tool for regulating private military companies*, *From Mercenaries to Market*, ed. Simon Chesterman & Chia Lehnarrdt (Oxford: Oxford University press, 2007), p.4.

② James Glanz, Two Years Later, Slayings in Iraq and Lost Cash are Mysteries, *New York Times*, 9 May 2006.

③ Waste, Fraud, and Abuse in US Government Contracting in Iraq: *Hearing Before the Democratic Policy Comm.* 109th *Cong.* 10 (2005), pp.1-2(statement of Alan Grayson).

④ Office of Inspector Gen., US Dep't of Defense, "Acquisitions: Contracts Awarded for the Coalition Provisional Authority by the Defense Contracting Command—Washington" *Report No. D*-2004-057(2004), p.24.

⑤ Fred Schreier and Marina Caparini, Privatising Security: Law, Practice and Governance of Private Military and Security Companies, *OCCASIONAL PAPER - №6*, (March, 2005), p.106.

⑥ Joseph R.Perlak, the Military Extraterritorial Jurisdiction Act of 2000: Implications for Contractor Personnel, 169 *Mil.L.Rev.* 92, (2001), p.95.

四、美国规制制度发展的制约因素

虽然美国 PMC 劣迹斑斑,但是美国规制制度作用有限,这种状况还处于持续当中。那么,美国规制制度发展的制约因素是什么呢?

(一)PMC 公司利益与美国国家利益的趋同性

首先,PMC 是美国在冷战后,竭力推动经济全球化并鼓吹新自由主义经济政策的产物,它符合美国的全球经济战略。美国在冷战后,不遗余力地推行以私有化、市场化和非管制化为特征的新自由主义。随着美国的许多公共部门被私有化之后,美国的军事领域也受到了影响。在不影响国家军事实力,甚至作为国家军事实力补充的前提下,美国放松了对暴力的绝对垄断。于是,"私人军事产业"和"私人军事公司"出现了。

其次,从国防经济学的角度看,防务开支具有纯粹的消耗性,美国目标是力争将防务开支降到最低。但是,防务需求具有很强的不确定性,战争来临时需求会突然膨胀。因此,对于美国来说,维持 PMC 的存在具有很大的成本节约意义。特别是美国国际战线漫长,PMC 可以随时弥补美国因裁减军队数量而在漫长国际战线上出现的空虚,同时不增加国家的军费负担。

再次,PMC 可以完成许多美国正规军队难以完成的任务。美国前国防部长拉姆斯菲尔德 2001 年就任时,就开始实施所谓的"变革路线图"。他在这一过程中将"国防部总兵力"定义为"构成作战能力的现役和后备役部队、文职人员及承包商"①。美国部队的全部成员驻扎在全球几千个地点,并执行着完成关键使命所需的各种职责。这样,美国政府更愿意将 PMC 派往那些五角大楼不愿意出现的地点,使其继续完成向全世界输出美国军事和外交影响力的任务。此外,美国 PMC 不仅客户广泛,而且赢利非常丰厚,这无疑给美国政府带来了非常可观的税收收入。

综上,PMC 公司利益与美国国家利益的界限日益模糊,导致美国政府很难公正地考虑其不法行为对国际社会以及其他各国的实际影响,从而难以对

---

① 王秀梅:《私营军事公司及其国际规制问题初探》,《河南省政法管理干部学院学报》2009 年第 4 期,第 89 页。

PMC 及其雇员的不法行为作出公允的判决。正如美国学者里查德（Louis Richards）指出的：美国政府不太愿意去干涉一个盈利可观，并且符合美国利益的产业。①

（二）美国 PMC 具有巨大的政治影响力

美国 PMC 具有巨大的政治影响力，这无疑大大增加了美国政府规制其的难度。冷战期间，美国军事部门与防务承包商以高额军工订货为基础，以双方人士交流为纽带结成了一种联盟——"军工复合体"，并在很大程度上左右着美国的对外政策。冷战结束后，美国 PMC 与美国军事部门结成了一种新联盟，我们将之称为"军公复合体"。"军公综合体"的联盟关系首先体现在美国的 PMC 与政府和军队之间存在一扇"旋转门"，即美国政府和军队的官员与美国 PMC 的高级职员互相出入，通过 PMC 施加政治影响，这是美国 PMC 能够成功的核心因素。据统计，从 1997 年到 2004 年，20 个最大的美国联邦 PMC 合同商雇用了 224 位前政府高级官员作为公司的高级职员。② 此外，美国许多 PMC 中前政府和军队高官比比皆是。正如美国非营利组织"政府监管计划"（POGO）指出：这扇"旋转门"已经如此受欢迎，以至于经常很难判断到底哪里属于政府和军队，哪里属于 PMC。③ 另一方面，美国 PMC 是美国政府的超级"赞助商"。仅在 2001 年，美国 10 家最大的 PMC 花了 3200 万美元作为公关费和 1200 万美元作为总统选举的政治献金。其中，德阳集团公司在 1999 年到 2002 年间花了 50 万美元作为政治献金。Titan 公司在 1998 年到 2004 年期间花了 216 万美元用于公关。自 1989 年以来，黑水公司的创始人艾锐克（Erik Prince）及其家庭已经给共和党的选战捐献了 275550 美元。④ 不仅如此，美国 PMC 还往往与大的跨国公司、企业财团保持着千丝万缕的联系。

---

① Fabien Mathieu, Nick Dearden and Louis Richards, *Corporate Mercenaries: the threat of private military and security companies*, Vol.34 No. 114, Dec 2007, pp.750-752.

② Fabien Mathieu, Nick Dearden and Louis Richards, *Corporate Mercenaries: the threat of private military and security companies*, Vol.34 No. 114, Dec 2007, pp.750-752.

③ POGO report, *the Politics of Contracting*, 29 June, 2004.

④ Fabien Mathieu, Nick Dearden and Louis Richards, *Corporate Mercenaries: the threat of private military and security companies*, Vol.34 No. 114, Dec 2007, pp.752-755.

比如,布朗与路特公司是哈利伯顿石油公司的子公司;文内尔公司最初只是一个建筑公司,转到军事服务领域后,成为 BDM 公司的分公司,依附于国际投资巨头卡莱尔集团。2000 年,职业军人资源公司被美国 L-3 通信公司收购。

与"军工复合"相比,"军公复合体"更有影响力。前者存在的基础是五角大楼、国会、防务承包商三者之间存在的"铁三角"关系。防务承包商要想拿到军工订货,就必须对国会施加影响。因而军工企业只是间接地诱导、推动政府出兵卷入战争,而不是直接置身于硝烟炮火的战争和冲突中。而美国 PMC 却可以绕开国会,直接以私人活动的方式派兵海外。此外,PMC 的海外行动资金可以来自他国,即便需要美国出资,也不用国会审批。因此,PMC 通过怂恿美国政府对外穷兵黩武为自己的存在寻找根据。

(三)PMC 的规制问题本身处于当今国际法与国内法的"双重盲区"

PMC 这个新兴的事物既不同于传统的雇佣军,也不同于一般的商业实体,而 PMC 的规制问题本身就处于当今国际法与国内法的"双重盲区"。一方面,对于大多数的国家来说,PMC 是个很遥远的话题,因为 PMC 只集中在少数的几个国家,PMC 的活动区域也主要集中在非洲地区。因此,大部分国家到目前为止对 PMC 问题几乎没有表明任何政治立场,它们对 PMC 未来的发展也秉持暧昧不定的观望态度。在这种情况下,世界上多数国家的立法要么完全忽略 PMC 的存在和活动,要么将规制的任务推给国际社会,要么现有立法的定义以及条文内容存在着很多缺陷与不足,这种国内法的现状必将持续相当长的时间。另一方面,PMC 又处于国际法上的灰色地带,PMC 及其雇员的行为不受当今国际法的直接规范和调整。即使是《蒙特勒文件》的倡导者,一直致力于规范 PMC 的国际红十字会也指出:由于现行国际法存在障碍,故而没有一个适用于所有私营军事和安保服务公司雇员的简单答案,只能一事一议。

这种状况的存在既未给美国加强规制造成大的国际压力,又成为美国继续"不作为"的客观理由,从而更多地促使美国采取谨慎观望的态度。例如,同样作为 PMC 的超级母国的英国虽然早在 2002 年就由议会下院通过了《私营军事公司——加以规范的几种选择》绿皮书(Green Paper),建议对以英国为基地的私营军事安保公司制定一些规范性条例。但英国政府采取谨慎观望的态度,10 年过去了至今还没有出台相关的国内立法。

（四）其他客观因素的制约作用

由于美国 PMC 内在结构和基础设施都极为简单,加之雄厚的资金支撑,其跨国流动能力非常强。① 面对美国政府的管制,其能够很快地作出反应并将公司巧妙地转移到政策宽松的国家,或者通过在其他国家注册附属公司的方式规避美国法律对其管制。不仅如此,由于美国 PMC 具有跨境执业的特点,②其在实践中的不法行为绝大多数发生在弱小的不发达国家或者政局不稳定的地区,这就出现了一个问题:当地政府很可能无力对 PMC 进行管制并追究其相应的法律责任。"像阿富汗和伊拉克那样的国家在一定时期内甚至不存在有效政权",③更谈不上对 PMC 进行追究和制裁了。作为 PMC 的母国——美国在面对国外复杂的战争环境以及调查取证的困难等因素,对于制裁 PMC 的海外违法行为也常常无计可施。除此以外,美国也可能出于政治原因考虑不会去追究 PMC 及其雇员的责任。例如,2003 年时任美国伊拉克占领当局最高行政长官布雷默签署一道命令,规定美国私营安全公司的雇员在伊拉克执行安全合约时,不受伊拉克法律约束。如此一来,相当一部分 PMC,无论对于美国法律还是伊拉克法律,都享有实际上的豁免权,这使得他们可有恃无恐地为非作歹。

五、美国规制制度的发展趋向

（一）美国政府愿意加强 PMC 规制是一个基本态度

首先,从国际防务市场的秩序角度来看,PMC 要想存在和发展,就不能不接受一定的约束。目前国际防务市场的混乱状况从根本上说不利于 PMC 的牟利,因此,加强法律规制从而提供创造一个井然有序的商业环境是非常必要

---

① Caroline Holmqvist, Private Security Companies: The Case for Regulation, *Stockholm International Peace Research Institute Policy Paper*, No. 9 (January 2005), p.54.

② 【美】杰里米·斯卡希:《黑水内幕——私人保安公司如何崛起为世界最强大的军事公司》,闫鲜宁译,中信出版社 2008 年版,前言 XVIII 页。

③ 宋世峰:《私人军事和安全公司的国际法地位述评》,《探索与争鸣》2009 年第 3 期,第 67—70 页。

的。其次,非政府组织、国际组织和学界要求美国加强规制制度的呼声非常强烈,给美国政府造成了不小的压力。有些组织已经在大力开展改革工作。例如,"大赦国际"已经将 PMC 合同的改革作为年度人权评估报告的重要内容。又如,美国的全国质量管理委员会(NCQA)已经根据国际人权标准独立评估 PMC 的行动。国际和平行动协会也开展了类似的行动。① 这些行动都在推动着美国采取改革措施。再次,在美国等西方国家内部一些人士担心:PMC 替代政府军队执行某些海外行动任务会弱化军队的能力。而且,在恐怖主义肆虐猖獗的今天,PMC 所扶植的国外武装力量也许会在未来的某个时刻将枪口掉转。最后,美国加强 PMC 规制的意义还在于:PMC 活动很有可能被看作美国外交政策的延伸。② 由于美国 PMC 与美国有千丝万缕的军事、经济和政治联系,使得人们很容易去猜测和怀疑其是海外军事活动的真正操纵者。基于上述原因,美国也表现出愿意加强规制 PMC 的态度。例如,2005 年 12 月 5 日,美国国防部长拉姆斯菲尔德在约翰·霍普金斯大学的高级国际研究学院(SAIS)作了一个名为《伊拉克的未来》的演讲。在回答关于规制 PMC 的提问时,他指出:"我们有相应的法律去管束那些在伊拉克的美国人,法律部门盯着他们呢。联合国的决议和美国自己的法律也是具有效力的,所以在伊拉克,每个人都要明确自己的身份并且规范自己的行为,否则就要受到法律的制裁。"③此外,2008 年 9 月 17 日,17 个国家在瑞士蒙特勒签署了《武装冲突期间各国关于私人军事和安保服务公司营业的相关国际法律义务和良好惯例》(即《蒙特勒文件》),该文件是国际社会通过的第一份旨在规制 PMC 的文件。美国作为该文件的签署国,再次向世人表明了其愿意加强规制 PMC 的态度。

(二)美国加强 PMC 的规制需要一个复杂而长期的过程

从本质上说,20 世纪 90 年代加速发展的经济全球化是资本的全球化,代

① Laura A.Dickson,Contract as a tool for regulating private military companies,From Mercenaries to Market,ed.Simon Chesterman & Chia Lehnarrdt(Oxford:Oxford University press,2007),p.15.

② P. W. Singer:War, Profits, and the Vacuum of Law:Privatized Military Firms and International Law,*Columbia Journal of Transnational Law*,(Jan 2004),p.534.

③ http://wenku.baidu.com/view/f12db84de518964bcf847cd5.html.

表着垄断资本全球扩张的要求。而经济扩张与军事扩张向来都是一体之两面,正如托马斯·弗里德曼曾经露骨地说:"没有一只看不见的拳头,市场这只看不见的手是不会起作用的。没有 F-15 战斗机的打造者麦克唐纳·道格拉斯,麦当劳是不会红火的。这只为硅谷技术赢得一个安全世界的看不见的拳头就是美国的陆军、空军、海军和海军陆战队。"①PMC 正是美国全球扩张的一只拳头,威力无比。但是 PMC 具有唯利是图的本性,美国最大的军事承包商 MPRI 公司执行总裁索伊斯特曾说:"要么受雇于外国政府,要么是美国政府派我们去,我们的目的就是为了钱。"②由于美国 PMC 侵犯人权和缺失责任,不少国家和地区的居民普遍感到:"它们(PMC)真正关心的不是我们的生命,而是我们的石油和矿产资源。"③可见,这种趋利本性导致其劣迹斑斑,既严重损害了私人军事行业的形象,又严重损害了美国的国家形象。于是,美国不得不出于维护美国形象对 PMC 采取一定的规制措施。

与国家形象相比,国家责任更加具体实在。《联合国国家责任公约》规定:在国际法上,任何政府机构的行为应被视为国家行为而由国家承担责任,代表国家行事的人的违法行为也应该由国家承担责任。国际法院和国内法庭适用该原则处理了很多案件④,从而使国家承担了应负的责任。根据国际法法理,那些直接由美国控制的 PMC 所造成的不法行为都应该由美国国家承担

① Chris Harman, Anticapitalism: theory and practice, *International Socialism* (Autumn 2000), p.24.

② 黄晖:《国际人道法框架下对私人军事公司的规制探究》,中国政法大学 2010 年军事法学硕士学位论文,第 6 页。

③ Cedric Ryngaert, Litigating Abuses Commited by Private Military Companies, *European Journal of International law*, Vol.19, Issue 5, (2008), p.54.

④ See, e. g., McKesson Corp. v. Islamic Republic of Iran, 52 F. 3d 346, 351 - 352 (D. C. Cir. 1995) (holding Iran responsible for corporation over which it exercised control); Foremost Tehran, Inc. v. Islamic Republic of Iran, 10 Iran-US Cl. Trib. Rep. 228, 241 - 242 (1987) (same); Maffezini v. Kingdom of Spain (Rectification and Award), 5 ICSID (World Bank) 387, 412-413 (2001) (holding Spain responsible for the acts of its state entity); Case Concerning Barcelona Traction, Light & Power Co. Ltd. (Belg. v. Spain) (Second Phase), 1970 I.C.J. 4, 39, 58. (Feb. 5) ("[V]eil lifting is admissible to play. a role in international law.").

责任。虽然美国国内法院不会追究美国国家责任。但是,这并不妨碍国际法院和他国国内法院追究美国国家责任。因此,国家利益与国家责任如何平衡也成为美国规制制度改革的重要考虑因素。

此外,美国一些 PMC 出于公司利益反对美国政府加强规制。例如,德阳集团公司在 2001 年雇佣两家公司去阻止一项法案的通过。依据该法案,联邦机构将以节约成本为基础判断 PMC 合同的合法性。美国国会曾在 2004 年试图对全国的 PMC 推行强制性的培训和强制性的公司背景检查,但是由于PMC 的反对而失败了。[①] 美国的一些 PMC 还以增加公司成本为由反对政府加强规制措施。[②] 与此相呼应的是,美国一些政府人士也反对加强规制,理由是:军事私有化本身的目的就是为了节约政府开支,加强规制将增加政府的开支,从而违背军事私有化的初衷。

综上,美国国家利益与美国国家形象、美国国家利益与美国国家责任、PMC 公司利益与私人军事行业的形象等诸多矛盾不可避免地要体现美国规制 PMC 过程之中,导致这种立法过程既是复杂的,又是长期的。

(三)通过国内法的小修小补是美国现在及未来一段时间的主要调整方式

PMC 母国的国内立法规范既十分必要,又是监管 PMC 的主要方式。理想的模式应该是美国通过一部专门规制 PMC 的法律,其中包括:建立标准明确的许可证制度;明确区分禁止的 PMC 活动和允许的 PMC 活动,并对后者严格规范;明确 PMC 透明度和责任原则的基本标准,并对 PMC 雇员的培训和行为守则作出规定;制定监管 PMC 及其雇员活动的制度;建立美国国会的监督机制;建立 PMC 合同招投标的公开、竞争和透明的机制;确保规制所需的财政保障等。但是由于美国规制制度的改革涉及诸多复杂的因素,很难在短期内

---

① Fred Schreier and Marina Caparini, Privatising Security: Law, Practice and Governance of Private Military and Security Companies, *OCCASIONAL PAPER – №6*, (March, 2005), p. 106.

② Fred Schreier and Marina Caparini, Privatising Security: Law, Practice and Governance of Private Military and Security Companies, *OCCASIONAL PAPER – №6*, (March, 2005), p. 106.

出台一部专门规制 PMC 的国内法。于是,近年来美国对国内法进行小修小补的工作:2005 年 8 月,美国国防部关于规范 PMC 合同的文件规定:PMC 必须培训其雇员如何正确使用武力;①2006 年 6 月 6 日美国国会通过了《在外国重建和维稳过程中管理美国平民法案》②。针对诸如阿富汗、伊拉克等国的战后重建,该法案授权美国国务院下设立"外国重建和维稳指导办公室",对处于上述国家的美国平民活动进行管理;2007 年,美国新修订的《国防预算拨款法案》规定:"可以对在有宣战的战争或者突发事件中参战的军事承包商进行起诉"。而这之前,该法案仅适用于那些战争时在某地区武装部队服役的人或者护送武装部队的人。

　　总之,通过这种方式,美国既可以对 PMC 加强规制,又可以向世人显示美国的姿态。因此,这种方式也将是美国未来一段时间的主要调整方式。

　　(四)国际法对美国规制制度的影响作用将日益深入

　　美国有义务遵守国际人道主义法、战争法以及国际人权法等国际法。虽然上述国际法并不直接规范 PMC 及其雇员,但是美国 PMC 及其雇员屡屡侵犯人权和违反人道主义的行为,至少显示了美国对于上述国际法极大的不尊重,甚至可以说,美国违反了上述国际法的宗旨和原则。对于那些直接受美国控制的 PMC,其行为更加容易导致美国的国家责任。因此,美国也在努力促使本国的规制制度符合国际法:第一,美国直接规定 PMC 或其雇员应遵守国际法或国际条约。例如,2005 年 8 月,美国国防部关于规范 PMC 合同的政策规定:PMC 合同方必须遵守国际条约。《2006 年美国国防部指令》在针对 PMC 的工作说明中"要求承包商制定和实施有效计划以防止其雇员和分包商违反战争法,包括战争法培训和传播"。第二,美国加强对人权的保护和监督,减少 PMC 侵犯人权现象的发生。例如 2006 年 6 月 6 日美国国会通过的《在外国重建和维稳过程中管理美国平民法案》SEC. 61(a)(3)(c)要求"外国重建和维稳指导办公室"对上述国家的人权状况进行监督管理。第三,美国以国际人道主义法中的个人刑事追责制度为基础,加大对于 PMC 及其雇员

----

①　US Department of Defense Instruction, NO. 3020. 41 §6. 1, 3 October, 2005.

②　http://www.govtrack.us/congress/billtext.xpd? bill = s109-3322.

不法侵害行为的惩处力度。例如,2001 年,美国纽约南部地区法院在 Tachiona v.Mugabe 案中进一步扩大了个人责任的概念。在该案中,美国法院判处由穆加贝总统领导的津巴布韦爱国阵线集体对违反国际法事件负责。这样,美国法院通过判例将国际法上的个人责任扩大到那些资助、煽动他人(包括 PMC)实施国际违法行为。① 又如,美国 2007 年通过的《域外军事管辖权法案的补充和实施细则》规定,美国联邦机构军事合同雇员犯了相关罪行,如果依美国法将实施 1 年以上监禁,则将受到美国法院的管辖和审判。美国 2007 年的《加强军事安保合同的透明度和责任法案》规定:美国联邦调查局(FBI)设立威胁调查单元,对于军事合同缔约方在履行军事合同过程中的个人刑事犯罪行为进行调查。② 最后,2008 年通过的《蒙特勒文件》虽然不是有拘束力的国际条约,但是该文件重申国家有义务确保在武装冲突中开展工作的私营军事安全公司遵守国际人道法和国际人权法,并且列出了大约 73 条良好规范。该文件必将对美国规制制度的发展产生积极的影响。综上,国际法对美国规制制度的影响作用将日益深入。

The U.S.Regulating System of the Private Military Companies

Abstract:The Private Military Companies(hereinafter referred as PMC)have developed smoothly after the Cold War,however they violated human rights and humanism frequently while making profit and become notorious. Though the Arms Control Act and other related acts and regulations are legislated by the United States to regulate and penalize PMC and their employees,the Arms Control Act is not strict and effective enough. The development of U. S. regulating system is re-

---

① Tina Garmon Domesticating International Corporate Responsibility:Holding Private Military Firms Accountable Under the Alien Tort Claims Act,*Tulane Journal International and Comparative Law*(Spring,2003),p.1.

② United State of America v.Paul Alvin Slough,Nicholos Abeam Slatten,Evan Shawn Liberty, Dustin Laurent Heard,Donald Wayne Ball,United States District Court For The District of Columbia,Indicmentfield in open court.,pp.2–3.

stricted by many factors, such as the convergence of the interest of both PMC and U.S., the huge political influence of PMC, the system itself is in the "double blind" area of both International law and domestic law and so on. I conclude from the development tendency of the regulating system that the U.S. government holds a basic attitude to strength the regulating system while it would be a long and complicated progress. I also conclude that the international law will make deeper and deeper influence to the regulating system; while recently, the U.S. government would revise the system through little amendments of its domestic law.

Key words: PMC; regulating system; constraint; development tendency

责任编辑：张　立
装帧设计：周涛勇
责任校对：孟　蕾

图书在版编目(CIP)数据

中国军事法学论丛(第六卷)　海空安全、信息化建设和军民融合式发展/
　薛刚凌 主编. －北京：人民出版社，2013.6
ISBN 978－7－01－012186－4

Ⅰ.①中⋯　Ⅱ.①薛⋯　Ⅲ.①军法-法学-中国-文集　Ⅳ.①E266－53

中国版本图书馆 CIP 数据核字(2013)第 113430 号

中国军事法学论丛(第六卷)
海空安全、信息化建设和军民融合式发展
ZHONGGUO JUNSHIFAXUE LUNCONG DILIUJUAN
HAIKONGANQUAN XINXIHUAJIANSHE HE JUNMINRONGHESHIFAZHAN

薛刚凌　主编

人民出版社 出版发行
(100706　北京市东城区隆福寺街 99 号)

北京中科印刷有限公司印刷　新华书店经销

2013 年 6 月第 1 版　2013 年 6 月北京第 1 次印刷
开本：710 毫米×1000 毫米 1/16　印张：17.25
字数：275 千字　印数：0,001-2,000 册

ISBN 978－7－01－012186－4　定价：48.00 元

邮购地址 100706　北京市东城区隆福寺街 99 号
人民东方图书销售中心　电话 (010)65250042　65289539